はじめに

「あらゆるキャラクターもパターンの組み合わせで作れる」

本書のコンセプトを、姉妹編『増補改訂版　物語づくりのための黄金パターン117』のコンセプト「あらゆるストーリーはパターンの組み合わせで作れる」にならって紹介すると、このようになる。

本書は二〇一二年に刊行した『図解でわかる！　エンタメ小説を書きたい人のための黄金パターン100キャラクター編』の増補改訂版だ。姉妹編と同じく、私が専門とするエンターテインメント小説への活用が第一義ではあるが、物語という点においては基本的な考え方はどれも同じであるため、ほかにも漫画やアニメ、ゲームなど、各種フィクションのどれにでも対応できるようにしたものである。

ストーリーにもキャラクターにも、パターン（類型）があり、基本的にはここに沿っていないと、読者は意外と安心して読んでくれない。もちろん、本当にただただパターンを並べればいいというものではない。いろいろと変えていかないと読者が飽きてしまうので、一割ほどは作者らしい試みをする必要がある。そうすることでその作品が「ヒット作と似たような何か」ではなく作者のものになるのだが、突然の新しさというのは残念ながら本人によほどの才能がないと理解されない。まずは既存のエンタメの中に自分なりの色を付けていくのだ。

それは題材でもいいし、キャラクターの職業でもいいし、作品を俯瞰《ふかん》する構図でもいい。ライトノベルにおいては「魔王」「妹」がキーワードだったりするし、エンタメだと「もし○○が××だったら」や「女子高（大）生の事件簿」みたいなものが近年のはやりだったりする。

そしてそれは一番に始めるのがやはり勝ちだ。追随作品はどうしても埋没してしまい、やがてブームそのものが去っていく。ではどうしたら「勝てるか」と考えたときに、「既存のイメージに意外な別のモノをくっつけると新鮮な印象になる」というのを押さえてほしい。答えはあなたの身近で、それでいて気が付かないところにある。なので、パターンをしっかり習得した上でいろいろと組み合わせてみるべきなのだ。

以上のようなことを考えつつ、ぱらぱらと本書をめくって、よくあるキャラクターパターンというのを再確認して行ってほしい。また、その上でパターン同士を組み合わせてみよう。「これはないでしょ！」みたいなものほど意外とアリかもしれない。

この度、増補改訂版を制作するにあたっては旧版でご好評いただいたコンセプトをさらに活かすべく、左記の二点に基づいて新規項目を追加した。

①パターンは数を多く知っていれば知っているほど、創作のための力になる。

旧版では黄金パターンとして、王道のキャラクター百パターンを三つの種類に合わせて紹介した。これは物語の中での役割を示すもの、性格類型を示すもの、職業や立場を示すものであり、詳しくは別項で紹介する。

増補改訂版においてもこのコンセプトは継承された。加えて、新たなパターンを十七本収録し、紹介パターンは百十七となった。

②パターンは物語創作をする人にとっては「素材」である。それ単体で成立するものではなく、「これをどうやって活用すれば魅力的なキャラクターになるかな？」と考えなければいけない。

旧版においても「はじめに」において、本としてのコンセプト、パターンをどう活用してキャラクターを作るかについては簡単に紹介したが、やはりスペースが不足し、また図版なども使えなかったので、残念ながら少々説明不足であったかのように思う。

そこで増補改訂版においてはキャラクター作りにおけるパターンの重要性、本書のコンセプト、また本書を活用してキャラクター作りのテクニックを養う方法について紹介するコーナーを用意した。これにより、旧版時よりもさらに本書が使いやすくなったのではないだろうか。

榎本秋

もくじ

第二章：キャラクタータイプ（性格類型）

もくじ

第四章：職業・立場2（ファンタジー&SF編）

もくじ

パターンと王道

キャラクターパターンの種類

まず、本書のコンセプトを改めて確認したい。本書の姉妹本である『黄金パターン』が、ジャンル分けはしつつもさまざまな物語パターンを並列的に紹介する本であったのに対して、本書で紹介するキャラクターパターンは明確に「種類分け」がある。

本書では「キャラクターは三種類のキャラクターパターンを組み合わせて作るものである」と定義し、その種類ごとに各パターンを分けて紹介しているのだ。

キャラクタータイプ ①物語上のポジション

一つ目は「キャラクタータイプ（物語上のポジション）」だ。

人類皆平等、一人の命の重さは同じ……というのはリアルの話。創作においては存在の重要さ、出番の大小、果たすべき役割がきっちりと存在しているし、そこを切り分けたほうが物語の面白さはよく際立つというものだ。

あなたのキャラクターは物語の中でどんな位置を占めているのか。どんな役割を果たすのか。しっかり考えておけば、物語が非常にスマートな印象を与えることになるだろう。

キャラクタータイプ ②性格類型

二つ目は「キャラクタータイプ（性格類型）」だ。

人間には性格や性根、信条、価値観など、精神のパターンともいうべきものがある。「キャラ性」と呼ばれるものともほぼ近似する。怒りっぽかったり、すぐにめそめそしたり、意志が強かったり、どうしても譲れないものがあったり……と考えてもらえばわかりやすいだろう。

これらの性格類型は、その人間が行動を決定するにあたって大きな判断基準になる。たとえば、歩いていたら道に女の子が倒れているのを発見してしまった、としよう。

お人よしのキャラクターなら、すぐに近寄って抱き起こし、介抱しようとするだろう。女好きなら行動は一緒でも、あわよくば女性の体に触れたり、恩を着せてお近づきになりたい、と考えるかもしれない。冷静なキャラクターなら動かしたり揺らしたりするとむしろ危険な可能性もあると考えて観察し、携帯電話で救急車を呼ぶかもしれない……。

もちろん、これ以外のさまざまなシチュエーションにおいて、性格類型はキャラクターの行動に影響を与える。そして、あなたの作品においてそこまで描写されていた性格類型と、実際の行動が合致していたならば、

「この作品のキャラクターは生き生きしている」
「付け焼き刃で作られた、安っぽい存在ではない」
「地に足の着いたキャラクターだ」

などの評価をもらうことができるだろう。これは作品の魅力を増すにあたって非常に重要なポイントだ。

大事なのは、地の文で「彼は熱血だ」「彼女はお人よしだ」と書くだけでは足りない、ということだ。あるいはキャラクターのセリフとして「あの人は熱血だよね」と言わせるのでも同じこと。

熱血キャラクターなら熱血らしいことを、お人よしキャラクターならお人よしらしいことを、ちゃんと物語の中でエピソードとして描かなければ、読者の心には届かない。多くの書き手が面倒くさがったり、あるいは意識することができないポイントなのだが、実のところ、キャラクターが魅力的な作品は皆ここをしっかり押さえている。外さないように注意しよう。

③職業、立場

最後、三つ目は「職業、立場」だ。

どんな職業についているのか？　社会的にはどのような立場にあるのか？　これはまさにそのキャラクターの「顔」を示す重要な要素である。

実際、私たちが他者を理解するにあたっては、相手がどんなグループに属しているかで付き合う部分が大きいはずだ。どんな性格や内面をしているかは付き合いが深くなるうちに見えてくるものだ。

また、そのキャラクターができること、つまり「能力」という要素も、この職業や立場に深く関わってくる。現代日本の学生にできること、ファンタジー世界の戦士や魔法使いにできること、あるいは超能力者やサイボーグにできること……と考えれば、なんとなく想像できるのではないだろうか。

これに関係して、もう一つ紹介したいことがある。榎本式のメソッドでは、キャラクターの魅力を作り上げるにあたって「憧れ」と「共感（感情移入）」を重視する。

「あんな風になりたいなあ」
「こんな環境だったら幸せだなあ」
「こういう風に生きていきたいなあ」

が憧れで、

「気持ちがわかる」
「こんな時、我慢できないよな」
「自分もこういう風になってしまうなあ」

が共感だ。この二つの要素が盛り込まれていると、多くの読者にとってそのキャラクターは魅力的な存在として映りやすくなる。

これらの印象は、キャラクターを構成するさまざまな要素（長所と短所どちらにでも）に関係して発生する。ただ、職業や立場についてこそ最も強く発生することが多いようだ。

ここまで話してきた内容をひっくり返すようで大変申し訳ない。だが、この小タイトルは全くの事実だ。

三要素は、キャラクターを構成する最も重要な要素だ。しかしだからと言って、それだけで一人のキャラクターを完全に表現できるわけがない。

たとえばあなた自身のことを考えてほしい。あなたが何かしらの事件に巻き込まれるとして、あなたという一人の人間を、「その事件の中でのポジション」「性格」「職業や立場（とこれに関係する能力）」だけで表現できるだろうか？　どう考えても無理だろう。

たとえば、こんな要素が関わってくるはずだ。

・どんな外見をしているだろうか？
（顔の形だけでなく、服装や雰囲気、仕草などが該当する）
・メインの職業や立場から離れたところでどんなこと

本書のコンセプト

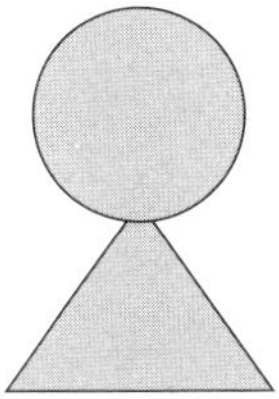

キャラクター

キャラクターをどんな風に考えるか、どんな要素に分解するかは考え方がさまざまにあって、それぞれに適したやり方がよい

↓

履歴書を書いてみたり、他のキャラクターとの関係で考えたりするのが定番ではある

本書での考え方は……

① キャラクタータイプ（物語上のポジション）

物語の中でどんな役割を示すのか？
その役割を果たすためにはどのような要素が必要なのか？

↓

主人公、ヒロイン、ライバル、黒幕、師匠、モブ……

② キャラクタータイプ（性格類型）

どんな性格をしていて、行動する時にどのように作用するのか？
精神の在り方はキャラクターを考える時に非常に重要

↓

熱血、クール、内気、お人よし……

③ 職業、立場

どんな職業や社会的立場にあるのか？
そのキャラクターができること、しなければいけないことを決める

↓

学生、超能力者、戦士、神や悪魔……

三つの要素の組み合わせから、
無限の可能性のキャラクターが生まれる

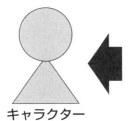

ができるだろうか？

（副業などのメインではないサブの職業や立場がある、趣味を持っている、などが該当する）
・もっと細かいパーソナルデータにはどんなものがあるだろうか？
（生年月日、血液型、星座、食べ物の好き嫌い、落ち着ける場所、癖、異性の好み、住んでいる場所、愛用の道具などが該当する）
・どんな経歴を持っているのだろうか？
（生まれてから作中の現在に至るまで。あるいはさらにその先、死ぬまでの人生が該当する）
・他のキャラクターとどんな関係があるのだろうか？
（好きな人、嫌いな人、興味のない人。絶対に許せない人、どうにか守りたい人……）

これらの要素が混然一体となってキャラクターを作り上げることは間違いない。ただ、本書で紹介している三要素は各種要素の中でも最も重要かつパターン化できるものなので、まずはそこから考えてみたらどうだろうか、という提案なのだ。

掘り下げることの意味

そのうえで、

「三要素は作り終えたから、今度は他のもっと細かい要素に目を向けてみよう」

と試みることで、キャラクターをより掘り下げることができる。そのことは、作者が実際に作品の中で動かすにあたって大いに役立つはずだ。

また、こんなケースもあるだろう。

「三要素から作ってみようと思ったけど、どうにもうまくいかないなあ」

こういう人の多くは、大づかみの印象から作るのが苦手なタイプだ。そこで、逆に細かなキャラクター性の掘り下げから先にやってみることをお勧めする。

「このキャラクターはどんな食事が好きかな？　うーん、気張ったレストランで食べるよりも、行きつけのラーメン屋で親父さんと喋りながら食べるのが好きそうだな。ということは、気さくで人好きのするタイプかな」

「このキャラクターの趣味は何かな……読書が似合い

そうだな。でもお金はなさそうだな。土日ごとに図書館に通って本を読んでるんだろう。具体的にはどんな本を読むのかな……」

と、このような具合だ。

キャラクターが作れなくて悩んでいる場合でも、頭の中にもやもやとしたイメージがあることが多い。そのあやふやで具体性を欠くイメージに、より具体的な「趣味は？」「普段は？」「血液型は？」「服装は？」「これまでどんなことがあったの？」などの問いかけをぶつけることによって、はっきりとしたイメージを作り上げることができる、というわけだ。

キャラクターシートの活用

それでは改めて、本書におけるキャラクター作りについて改めて整理したい。

最も重要なのは、

①キャラクタータイプ（物語上のポジション）
②キャラクタータイプ（性格類型）
③職業・立場

の三要素を決めることだ。しかし、これらはあくまでタイプに過ぎないので、具体的情報について考え、また細かなアレンジを施す必要がある。

たとえば①が「主人公」であるなら、主人公として彼（彼女）は何をするのか？　またどうしてこの物語における主人公という立場になってしまったのか？

そのようなことを決めなければいけない。

加えて各種パーソナルデータを始めとして細かい掘り下げをしていく必要がある。

そのため、次ページにキャラクターシートを用意した。このシートにはまず、三要素と掘り下げのためのスペースがある。この時点では綺麗な文章は書かなくていいし、なんとなれば細部の整合性のようなものもある程度無視していい。箇条書きレベル、殴り書きレベルでいいからどんどん書いていってほしい。

書けることは全部書けたな、うまいことまとまったな、という段階になったら、目をシートの右側に向けよう。ここに「キャラクターまとめ」というスペースを用意した。そのキャラクターがどんな人で、どんなことができて、どんな性格なのか……清書し、綺麗にまとめて書くのはこの段階でよい。

キャラクターシート

細かい要素の掘り下げ
（外見、趣味、パーソナルデータ、経歴、関係など）

キャラクターまとめ

名前

キャラクタータイプ（物語上のポジション）「　　　　　　　　」

キャラクタータイプ（性格類型）「　　　　　　　　」

職業・立場「　　　　　　　　」

本書の使い方

読み物として

本書の活用法の第一は、単純に読み物として頭から読んでもらうことだ。別に創作を志すわけでなくても、

「へえ、こういうキャラクターがいるんだなあ」
「そうそう、こういうキャラクターがヒロインの作品多いよね」
「こんな職業がメインのお話、一度読んでみたいなあ」

などと知るだけでも十分に意味があるように制作したつもりだ。

もちろん、創作したい人、クリエイターにとってはより大きな意味がある。

「こういうキャラクターを出してみたい」
「ハーレムものに出すヒロインのネタが尽きてたんだけど、これならいけるかな?」
「そうか、このタイプのキャラクターはこういう風に使えばいいんだ!」

などと考えながら読んでほしい。

あるいは、今の時点ではあまり興味が湧かなかったり、役に立つとは思えなくとも、本書に書かれているような網羅的知識を一度頭に入れておくことには大きな意味がある。

インターネット全盛の現在、知りたいことの多くは信憑性さえ期待しなければ、ネット検索でかなりわかってしまう。

だが、それは逆に言えば検索するキーワードがわからなければ何も調べられない、ということでもある。「なんとなく大づかみにしにくい」ことはインターネットの大きな欠点と言えるだろう。

しかし、一度網羅的に学べていると、この欠点がかなりカバーできる。いわば、頭の中に索引・リストができている状態だから、詳しいことはインターネットでとりあえず調べる、あるいは図書館で詳しく調べる、ということができるようになるからだ。そのため、本

書はなるべく広い範囲の情報をわかりやすく網羅することを目指した。

事典として

創作を志す人にとっては、本書は一度読んで終わりではない。むしろ、一回読了し、満足して、本棚に収めた後こそが本番と言える。

あなたが創作の日々を過ごすにあたって、悩むこと、困ることは日常的にあるはずだ。

「似たようなタイプの主人公ばっかりと言われてしまった。どうしたらバリエーションが出るかな？」

「好きなタイプのキャラクターなんだけれど、もうちょっと詳しく知りたいなあ」

こんな時に、お目当てのタイプや関係するタイプを紹介しているページだけを開くわけだ。つまり、事典的な用法である。

引っかかったこと、気になったことは放置せず、なるべく調べた方が良い。普通のことなら百科事典で十分調べられるが、物語パターンについては普通の事典などにはなかなか載っていない。

そこで、本書が大いに役立つはずだ。困ったな、と思えばすぐに本書を開いて、調べ、確認する。そうすることで知識を確認し、強化することができる。だから、本書は是非本棚でも創作作業用の机の近くのスペースに置いて、いつでも手に取れるようにして欲しい。

問題集として　①発想力の必要性

クリエイターの皆さんにとって一番実践してほしいこの本の活用法。それはある種の問題集、ドリルとしての使い方である。

創作者を目指して発想力を養うためにまず最初にやるべきことは、多様な物語を読み、鑑賞し、遊んで、自分の中に取り込むことだ。いわゆるインプット作業である。

このインプット作業にも本書は役立つ。

「このキャラクターはどんなタイプの組み合わせによってできているんだろうか？」

「このキャラクタータイプにはこういう理屈があるから、この場面で活躍するんだな」

と、内容・方法論を理解するのに役立つからだ。

だが、本書が真に役立つのはこれからである。

発想力を養うためにはインプットだけでは足りない。これと対になるアウトプット、つまり自分の中にため込んだアイディアや知識を吐き出して物語を作る行為も十分にしなければいけないのだ。知っているだけでは役に立たない、実践を積んで経験を得なければ意味がない、というのはあらゆることに通用する真理であろう。

問題集として　②あっさりキャラクター作り

では、具体的にどうしたらいいのだろうか。

実はキャラクター作りではここからがちょっと難しくなる。本書の姉妹本であり、ストーリーのパターンを紹介している『黄金パターン』にも本項と同種の項目があり、そこではプロット（物語の設計図）を習慣づけて作ることによって、ストーリー構成の練習をすることを奨励している。

ストーリーはそれでよい。だが、キャラクターはちょっと事情が異なる。キャラクターは単体では成立しないからだ。ストーリーがあり、世界設定があって、キャラクターがある。どんな世界で生きているのか、どんな物語で活躍するのか。それがはっきりしないと、なかなか魅力的な物語にはならないからだ。

そのうえで、二つほど手法を提案したい。

一つは、あまり深いことを考えず、肩に力を入れず、ちょっとしたクイズのつもりでキャラクターを作ってみることだ。

この場合ではストーリーや世界設定のことまで考えなくていい。あくまで気楽に、「だいたいこんな感じ」で作ってみよう。

たとえば本書をパラパラとめくり、どこか適当なところで開く。あるいは、誰かに頼んで適当なパターンを選んでもらう。

そうして当たったパターンで、

「こんなキャラクターがいてもいいんじゃないかな？」

「私だったらこのパターンならこういうキャラクターを作ってみるな」

と考えてみるのだ。

もう少し本格的にやってみたかったら、三つの構成要素のうち二つを決めて、最後の一つを空白にするとよい。この空白はいわばフリー枠、ジョーカー枠で、どんなパターンを当てはめてもよい。

たとえば、「アクティブ主人公」「異世界人」と引き当てたら、性格類型が空白になっている。二章をペラペラめくって、どんな性格類型にするか決める。そのうえでキャラクターを作ってみるわけだ。

私たち榎本事務所の講師がさまざまな専門学校の生徒さんなどに実際にやってみてもらった経験からすると、この手法を試す場合には性格類型か職業・立場のどちらかを空白にした方が作りやすいようだ。ストーリー上のポジションを空白にしてしまうと、選択肢が広がりすぎてうまくいかないようである。参考にしていただければ幸いだ。

こちらのやり方はそこまで苦労しないだろうから、二〜三日に一回はできるのではないか。そうして繰り返すことによって創作の習慣がつき、発想力も磨かれていく。あまり深いことは考えず、さらっと作れることを目指していこう。

問題集として ③じっくりキャラクター作り

二つ目は、腰を据えてじっくりとキャラクターを作ってみることだ。この場合、ランダムにページを開いて……などのやり方はあまり適切でない。ランダムはあくまでランダムで、発想の訓練としては良いがじっくり考え込む時には邪魔になることが多いからだ。

あくまで、今自分がどんなキャラクターを作ってみたいか、どんなキャラクターなら面白いと思うか、己の内面と対峙《たいじ》しながら深く考え込んでみるのだ。もちろん、この時にも本書は役立つ。ランダムは適切でなくとも、頭の中のモヤモヤしたものに形を与え、発想に刺激を受けるという点ではいいものだ。たとえば、ヒントを求めて本書をペラペラめくってみたり、目次とにらめっこしてみて、ピンときたもので作ってみる、というのはいいだろう。

そうしてキャラクターを作ってみたら、今度は「このキャラクターが活躍するべきストーリーや世界設定はどんなものだろう」と考えてみる。別に段階を踏まなくてもよい。頭の中にもやもやとキャラクターが出来上がってきた段階で、「こんな感じのキャラクターならこういうストーリーが似合う」と考えたり、「こんなキャラクターはどんな世界から誕生するかな」と考える形で構わない。キャラクターとストーリー、世界設定は深く結びついたものだからだ。

この時、文章の形で綺麗に書くことができる人はそれでいいが、上手く形にならないようであれば、「思いついた端から書く」ことをお勧めする。白い紙に、

「このキャラクターならこういうピンチが映える」

「こんなヒロインが必要」

と、どんどん書いていくのだ。こうすると、書くことが刺激になって、さらにアイディアが浮かんでくることが多い。さらなる挑戦として、その主人公キャラクターを取り巻くヒロインやライバル、黒幕、脇役たちも一緒に作ってもらえればさらに良い。この時、相関図も描いてみると、よりストーリー全体への理解が深まるだろう。

一つ目のケースと違って、こちらの手法ではそんなに頻繁な挑戦はできないはずだ。単にキャラクターを作るだけでなく、世界設定やストーリーまで考えることになるのだから、当然である。週に一回くらいできればいい方ではないだろうか。

だが、この手法で挑戦し続けると、「キャラクターから物語を作る」やり方が身につく。それは主人公が十分に活躍する物語であり、主人公の魅力を引き出す物語だ。これができると、エンタメの世界であなたが作家として戦っていくにあたって非常に強力な武器になってくれるだろう。

キャラクターをいかに作り上げるか

本項で紹介した二つのやり方について、どちらに挑戦するかは全てはあなた次第だ。

もちろん、他に第三の道もあるかもしれない。しかし、とりあえず榎本メソッドとしてはこの二つを推薦するし、実際に自分で試したり、あるいは生徒さんにやってもらって、手応えのあったものだ。「いいアイディアが思いついたら二つ目の手法で挑戦し、そうでなかったら一つ目の手法でやってみる」くらいでもいいのではないか。

ぜひ、挑戦してみてほしい。

第一章
キャラクタータイプ（物語上のポジション）

　そのキャラクターは物語の中でどんな役割を期待され、どんなポジションにいるべきなのか？　個性や能力、立場よりもまずこのポジションをしっかり定めることが、ブレのない魅力的なキャラクター作りにつながるのだ。

①アクティブ主人公

主人公は自分から事件に飛び込んでナンボ!?

主人公の四パターン

まず主人公のパターンについて、四タイプに分けて紹介する。やはり主人公は物語の中心に位置する存在であり、読者が最も感情移入する立場でもあるだけに、**「どんな主人公を置くか」は他のキャラクターにも影響を与える重要な問題**なのである。

本項で紹介する「アクティブ主人公」は、**能動的・積極的に物語へ関わっていく**パターンである。いわゆる冒険活劇でよく見られるタイプで、「困っている人を見捨てられずに助けてみたら、そのせいで事件に巻き込まれてしまい……」というのが基本パターンだ。

多くの場合、**強い目的意識や固有の信念、譲れない何か（あるいは強烈な欲望）**を持ち、そのために事態を見て見ぬ振りをすることができない。物語開始当初は未熟かもしれないが次第に成長し、ついに目的を達成する――それがアクティブ主人公の王道なのだ。

アクティブであることの理由

アクティブ主人公最大のキーポイントは**「なぜアクティブなのか」**ということだ。

これが青春もので「友人の恋愛を成就させるために奔走する」程度であれば、ちょっとしたお人よしなら喜んで首を突っ込む。しかしそれがたとえば「拳銃を構えたヤクザの集団に追われる少女を救う」や「世界の命運をかけた殺し合いに挑む」であったらどうか。相応の理由がなければこのような異常事態に首を突っ込むわけがない。

少女の境遇と自分自身を重ねたのか、ヒーローになる日を夢見ていたのか、あるいは自暴自棄になっていて体のいい自殺をするつもりなのか――何かの理由が必要になる。そうでなければ、「結局はご都合主義か」ということになり、物語全体から説得力が失われてしまうのだ。

アクティブ主人公

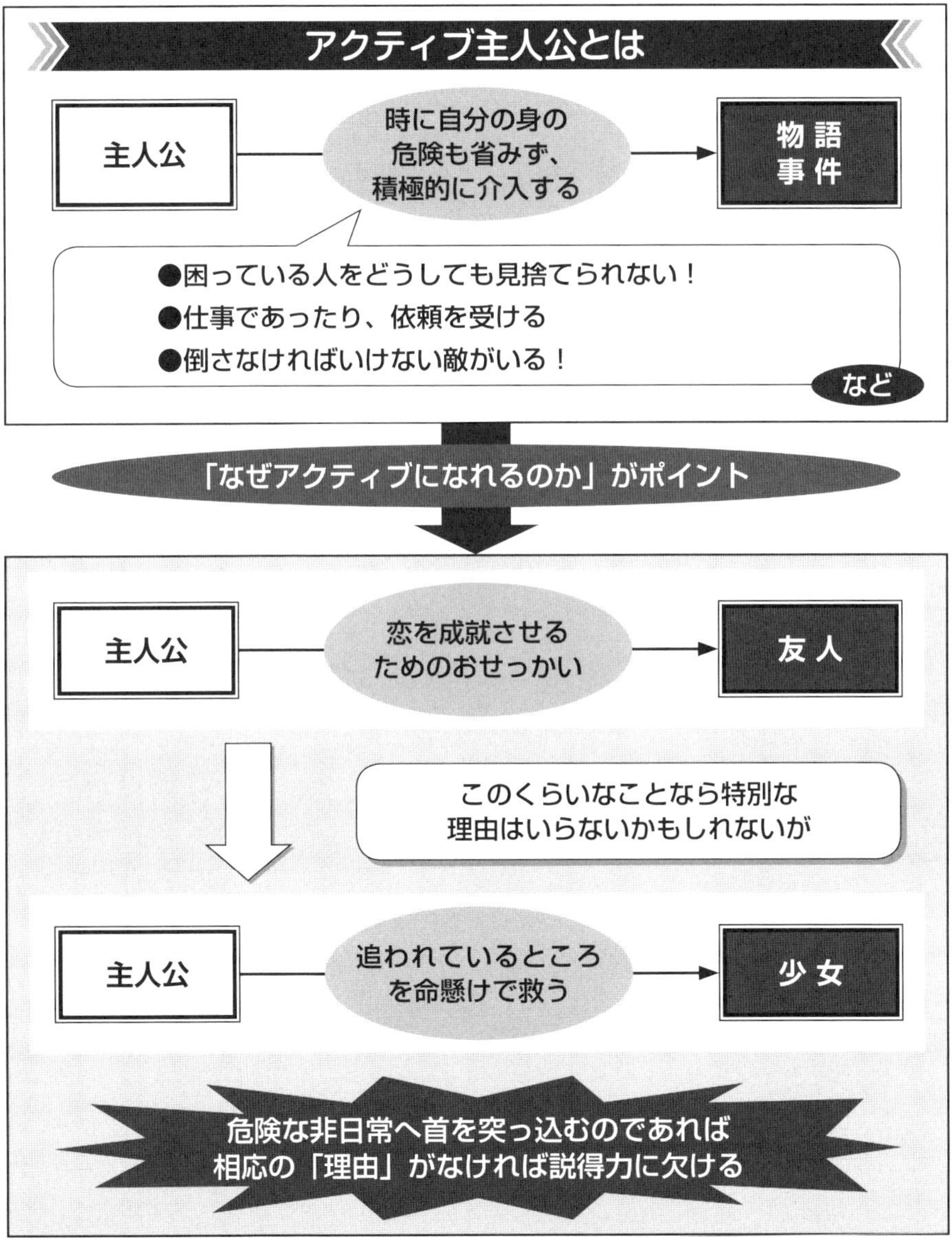
アクティブ主人公とは
主人公
時に自分の身の
危険も省みず、
積極的に介入する
物語
事件
●困っている人をどうしても見捨てられない！
●仕事であったり、依頼を受ける
●倒さなければいけない敵がいる！
など
「なぜアクティブになれるのか」がポイント
主人公
恋を成就させる
ためのおせっかい
友人
このくらいなことなら特別な
理由はいらないかもしれないが
主人公
追われているところ
を命懸けで救う
少女
危険な非日常へ首を突っ込むのであれば
相応の「理由」がなければ説得力に欠ける

②ノンアクティブ主人公

勝手に動いていく物語の中で主人公は何を思うか

アクティブ主人公は疲れる!?

ノンアクティブな、**物語へ積極的に関わっていこうとしないタイプ**の主人公も存在する。基本的に受け身で能動的な行動をせず、周囲のキャラクターの振る舞いや急激に動いていく周辺の状況に翻弄されるのが主なパターンだ。

このようなノンアクティブ主人公は近年の少年少女向けフィクションでは増加傾向にあるとされる。その理由として考えられるのが読者側の嗜好《しこう》の変化だ。アクティブ主人公に感情移入して物語を楽しむのには、読者側にもエネルギーが必要になる。それよりも「自分が何もしなくとも周囲が何かしてくれる」タイプの物語と主人公の方がラクに楽しめる、「読んでいて疲れる」ことがない――これが、読者には受け入れられるにあたって大きな武器となっているようなのだ。

また、ノンアクティブであるということは、「事態を自分からは動かさない」ということだ。自分にとって心地良い環境があり、それを壊すのが嫌だから身動きせずじっとすることを選ぶ。これは思春期の少年少女によく見られる心の動きであり、そこもまたこの種の主人公が好まれる理由の一つなのだろう。

決めるべきところでは決めろ!

では主人公を置物のように配置してそれで済むかというと、もちろんそんなことはない。問題が二つある。

一つは「**ノンアクティブなのに主人公でいられるのはなぜか**」ということだ。「登場人物たちが皆、主人公を狙っているから事件の中心になる」など理由付けがないと、単なるご都合主義にしか見えない。

そして、もう一つは「**最後までノンアクティブでいいわけではない**」ということだ。どこかの場面で能動的に動き、事態に介入していかなければ、主人公には見えない。ただの観察者になってしまうのだ。

ノンアクティブ主人公

ノンアクティブ主人公とは

主人公 ← 主人公は事件に巻き込まれ、あるいは他キャラクターが絡んでくる — 物語・事件 他キャラクター

基本的には受動的な行動しかせず、自分から能動的に動くことは少ない
→何かをする際には「追い詰められて仕方がなく」「ほかに選択肢がない」ということになりがち

最後まで「何もしない」とダメなキャラクターに見える
↓
クライマックスでは成長し、自分から動く！

**物語を勢い良く動かすのに向かない
ノンアクティブ主人公が人気のあるわけは？**

※理由1

読者 — 能動的すぎてついていけない → アクティブ主人公

※理由2

読者 — 自分から動かないことに共感できる → ノンアクティブ主人公

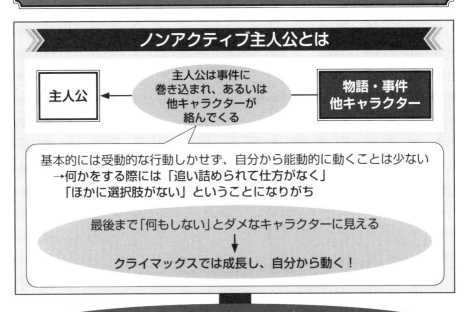

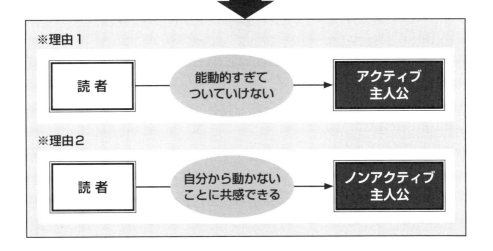

③成長型（未熟型）主人公

未熟なところから成長していくのがエンターテインメントの醍醐味！

「成長」は人気のあるテーマ

成長型主人公は文字通り、**「物語の中で成長していく」主人公**だ。そのためには成長の余地がなければならないため、多くの場合、このタイプの主人公は同時に未熟でもある。能力が半人前であったり、視野が狭く偏った価値観しか備えていないなど、人間として未成熟であったりするわけだ。そんな主人公が物語の中でさまざまな人と出会い、時には挫折を経験するなどして変わっていくところが、物語の主題となるわけだ。成長というテーマは広い層にとって魅力的なものであるため、娯楽小説における定番といえる。

どんな状態からどう成長するか

成長型（未熟型）という名前通り、このタイプのキャラクターにとって重要なのは**「どう成長するか」**ということであり、それはそのまま**「どう未熟なのか」**につながる。

この場合、単純に「技術が未熟」というだけでは物語が面白くない。もちろん、「物語の序盤で失敗した経験を応用し、終盤の大舞台で大活躍！」というのはアクションものの定番なのだが、そうした単純な技術の問題ではなく、より**キャラクターの根幹に関わるような部分で変化と成長**を見せてほしいのである。

たとえば、「ヒーローにあこがれる少年が現実のヒーローたちの姿に幻滅する。しかし自分なりのヒーロー像を模索していく」というのはどうだろう。この場合、単純に既存のヒーローたちを「ダメな存在」として描いて主人公を理想化していくのもいいが、「実は主人公が最初に夢見ていたヒーロー像が独りよがりで非現実的なものであり、彼らの振る舞いの方がヒーローの理想にかなうものだった」とすると、これは現実にもよくある図式で、多くの読者の共感を得られて面白いのではないだろうか。

成長型（未熟型）主人公

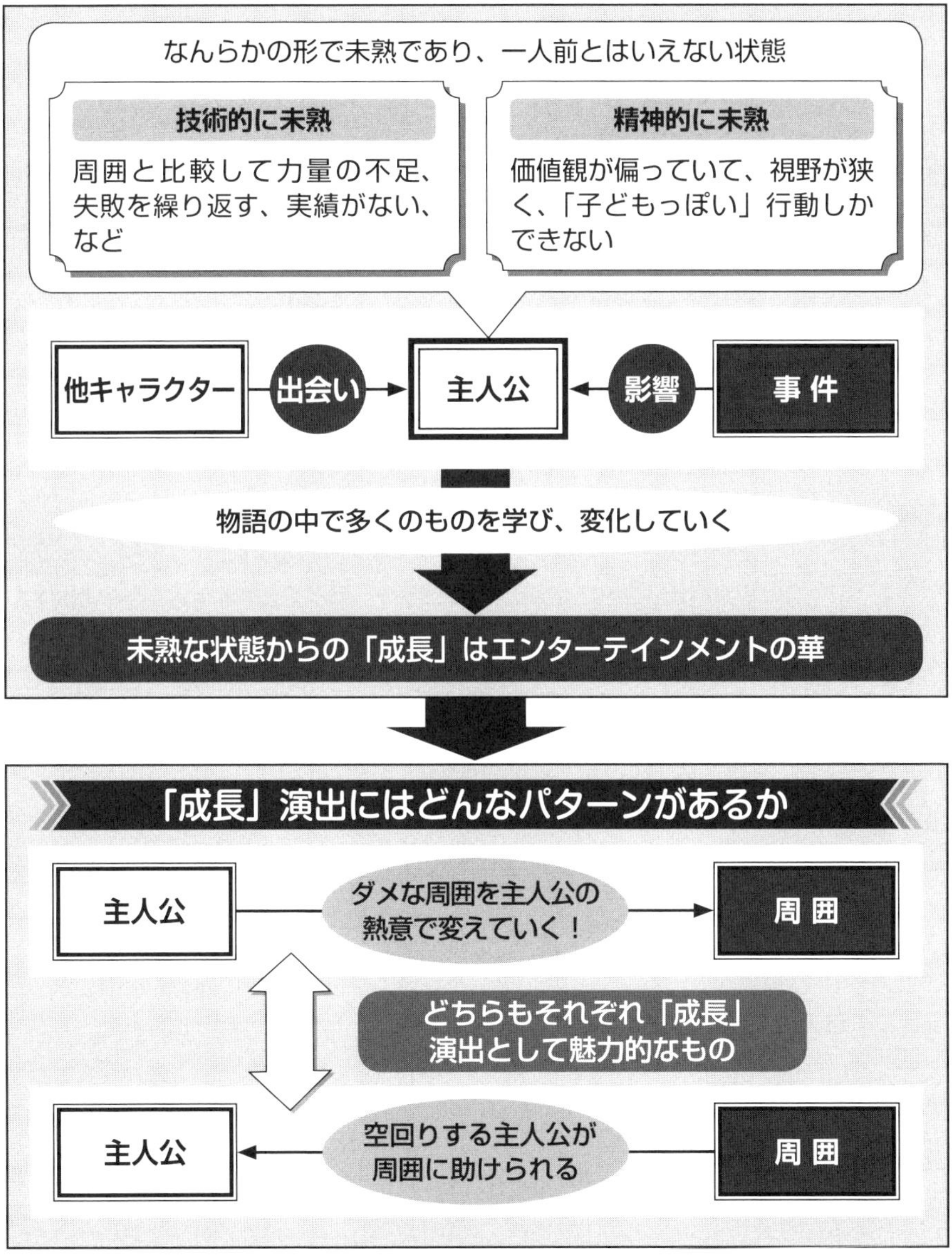
なんらかの形で未熟であり、一人前とはいえない状態
技術的に未熟
周囲と比較して力量の不足、失敗を繰り返す、実績がない、など
精神的に未熟
価値観が偏っていて、視野が狭く、「子どもっぽい」行動しかできない
他キャラクター
出会い
主人公
影響
事件
物語の中で多くのものを学び、変化していく
未熟な状態からの「成長」はエンターテインメントの華
「成長」演出にはどんなパターンがあるか
主人公
ダメな周囲を主人公の熱意で変えていく！
周囲
どちらもそれぞれ「成長」演出として魅力的なもの
主人公
空回りする主人公が周囲に助けられる
周囲

④ベテラン（プロフェッショナル）型主人公

ベテランは周囲に変化を与える存在

「大人」が主人公だからこそ

　前項では未熟であることがウリの主人公パターンを紹介したが、それだけが主人公のあり方ではない。**一流の技術を備え、人間的にも成熟した「大人」**を主人公とした物語も人気がある。

　むしろ、大人向けフィクションとしては、ある程度安定したキャラクターが自分の力を駆使して活躍する方が主流とさえいえるかもしれない。このパターンを本書では「ベテラン（プロフェッショナル）型主人公」と呼ぶことにする。

　ベテラン型主人公は技術的にも人格的にもすでに一定の成長を遂げており、多くの場合、ある程度の名声をも獲得している。物語の中心になるのは主人公自身の成長や変化よりも、**主人公が関わっていくことによって救われる（あるいは破滅させられる）人々の成長や変化**の方ということになるわけだ。

ベテランとしてのあり方

　ベテラン型主人公を物語の中で活用する場合、**「どうベテランなのか」「どんな技の持ち主なのか」**が重要になってくる。本人の成長や変化が描きにくい分、華々しく活躍するシーンの重要性が高まることになるからだ。そこで「最初はただのボンクラに見えるけれど、実は……」と物語の中での変化を見せたり、あるいは**「誰にも真似できない得意技」**によって劇的に状況を変化させるというのが定番になる。

　ベテランだからといって、必ずしも成長や変化と無縁ではない。ベテランが毎回失敗をするようでは興ざめだが、ここぞという時に油断や傲慢からしくじり、周囲に助けられて再起し……という流れは物語がぐっと盛り上がるパターンだ。また、過去の出来事から金の亡者のようになっていた主人公が、トラウマを乗り越えて仕事のやり方を変えるというのも面白い。

ベテラン(プロフェッショナル)型主人公

ベテラン型主人公は自身がドラスティックな形での成長や変化をしにくい代わりに、その身に付けた技術や人間性によって他者に影響を与えるのが基本

相手が感化され成長したり
それまでの価値観を転換する
例がよく見られる

他者を破滅させたり、
本人への報いで結局救えない
というケースも

ベテラン型主人公 → 影響・変化 → 他キャラクター

倒しても倒しても次が出てくる、そもそも非常に強いなど、厄介な敵をいかに退けるか

もちろん、成長や変化をしてはいけないわけではない

基本的にはベテランだがまだ知らないことや未熟な部分も多く、周囲に助けられつつ、さらなる高みを目指して進んでいく物語

ベテランではあるが過去の失敗からトラウマを抱えており、それを取り戻すことによって成長・変化する物語

短編連作の最終話や長編のクライマックスなどで
それまで揺るがなかったベテラン主人公が揺れ、
成長や変化を見せるくらいでちょうどいい?

⑤ヒロイン

物語を鮮やかに彩るヒロインたち

本来の意味は「女主人公」だけれど

ヒロインという言葉は本来の意味では「**物語の中の女主人公**」を意味し、つまり女性キャラクターだけがこの位置に収まることになっていた。

しかし近年の用法ではここから転じて「**男女を問わず主人公（ヒーロー）と対になる存在、主人公の恋愛対象になったり、厄介な問題を抱えているところを主人公に救われたりする存在**」とすることも多いのだ。これは、女性キャラクターが積極的な動きを見せるようになっていることと関係があるのかもしれない。

たとえば、「強気な少女と、普段は彼女に引っ張られるが実は過去に謎があって事件の鍵を握る少年」の組み合わせで、物語が少女の視点で語られる場合などは少女こそが主人公（女ヒーロー）で、少年の方が「ヒロイン」と呼ばれることがあるわけだ。本書ではこちらの考え方を採用することとする。

複数ヒロインの注意点

ヒロイン的キャラクターが**物語の中に複数登場**することも珍しくない。その場合は、二人のヒロインが主人公を取り合ったり、あるいは主人公とメインヒロインの関係性を物語の中心に据えつつ、その周囲に大量の（といっても長編一冊分の物語の中では多くて三〜四人というところだろうか）サブヒロインを配置するなどの手法がとられる。

どちらにせよ、複数のヒロインを登場させる場合は**キャラクター性のバランス**がちょうど良くなるように工夫しなければならない。ダブルヒロイン制なら片方は活発で片方はおとなしい、あるいは片方は超能力の持ち主で主人公とともに戦うが、片方は一般人で主人公が戦いから帰ってくるのを待っているなどの形でハッキリと対比させた方が、それぞれの魅力が増すというものだ。

ヒロイン

ヒロインの定義

本来の用法は「物語の中の女主人公」

（後述する「塔の中のお姫様」型ヒロインのように、
ただ「主人公に救われる女性」の意味合いも強い）

↓ しかし近年では……

男女問わず、「ヒロイン的立場」のキャラクター

（主人公と恋愛的関係になるキャラクター、主人公に救われる
キャラクターが「ヒロイン的立場」と受け取られる）

人によってこの辺りの価値観は大きく異なるので注意

↓

ヒロインは一人とは限らない！

ヒロイン A → 主人公 ← ヒロイン B

二人（あるいはそれ以上）のヒロインが物語の中で
並列し、主人公と関わっていくのもよく見るスタイル

ダブルヒロインを対比させるだけならともかく
それ以上を登場させる場合は物語を壊さないよう注意

↓

一名のメインヒロインを確定させるのが無難

⑥「塔の中のお姫様」型ヒロイン

ヒロインといえば
基本は「待つ女」？

主人公に助けられるのが役目

ヒロインの定番といえば「塔の中のお姫様」――多くの人がこれに賛同してくれるのではないか。もちろんここでいう「塔」というのは比喩的表現で、本当に**厚い壁に囲まれた塔の中に幽閉されている**場合もあれば、**何かしらの問題のせいで身動きが取れなくなっている**（過保護な父親がなかなか外出を許してくれない、あるいは虐待を受けているせいで外へ出られない！）場合もある。

そしてもちろん、そのような**「塔」からヒロインを助け出すことこそが主人公の役目だ。**助け出すところから物語が始まるパターンもあれば、どうにかして助け出せないかと奮闘するのを主題とするパターンもある。また、近年では「お姫様」側もただ助け出されるのを待つだけでなく、自分にできることを必死に模索していく――というパターンがしばしば見られる。

「塔の中のお姫様」型ヒロイン

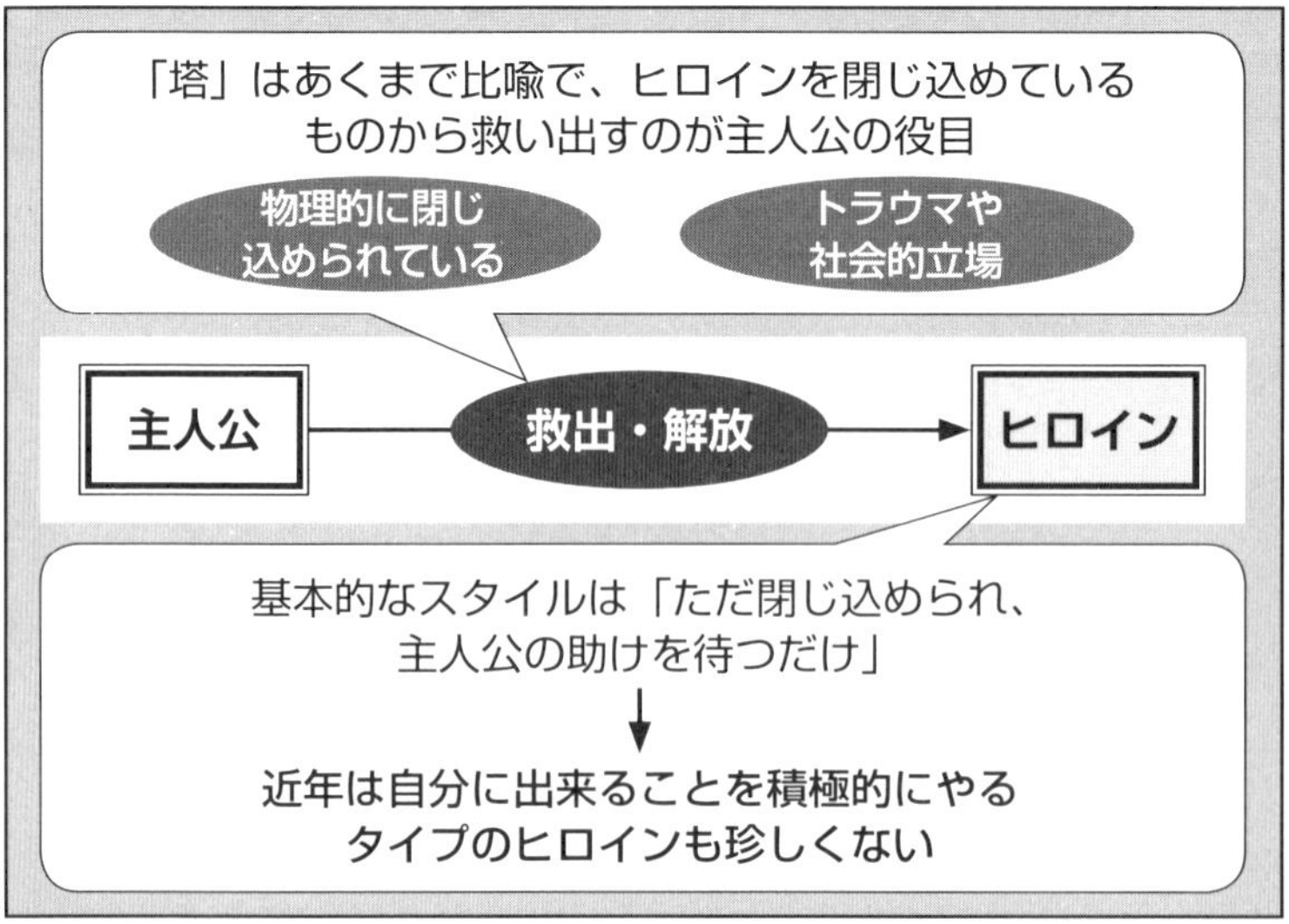

「塔」はあくまで比喩で、ヒロインを閉じ込めている
ものから救い出すのが主人公の役目
物理的に閉じ込められている
トラウマや社会的立場
主人公
救出・解放
ヒロイン
基本的なスタイルは「ただ閉じ込められ、
主人公の助けを待つだけ」
近年は自分に出来ることを積極的にやる
タイプのヒロインも珍しくない

⑦バトルヒロイン

「待つ」だけがヒロインの役目ではない！

戦闘能力を備えた戦えるヒロイン

いかにも「ヒロインらしい」パターンだった前項に対し、近年の定番となりつつあるのが「バトルヒロイン」パターンだ。こちらのヒロインは、塔の中に閉じこもって主人公に助けられるのを待っていたりはしない。むしろ**積極的に動き、日常の世界に生きていた主人公が非日常の世界へ踏み込んでいくきっかけになる**というパターンが非常に多い。いわゆるヒロインという言葉でイメージされるか弱さよりも、強気だったりクールだったりと主人公を圧倒するキャラクター性を備え、さらに戦闘能力においてもしばしば主人公を凌《りょう》駕《が》する（だから「バトル」ヒロイン）なわけだ。

もちろん、ただ強くて主人公を振り回すだけではヒロインとはいえない。実は、彼女には隠された弱みや願いがあって、それが主人公との交流の中で解決されていくというのが基本である。

バトルヒロイン

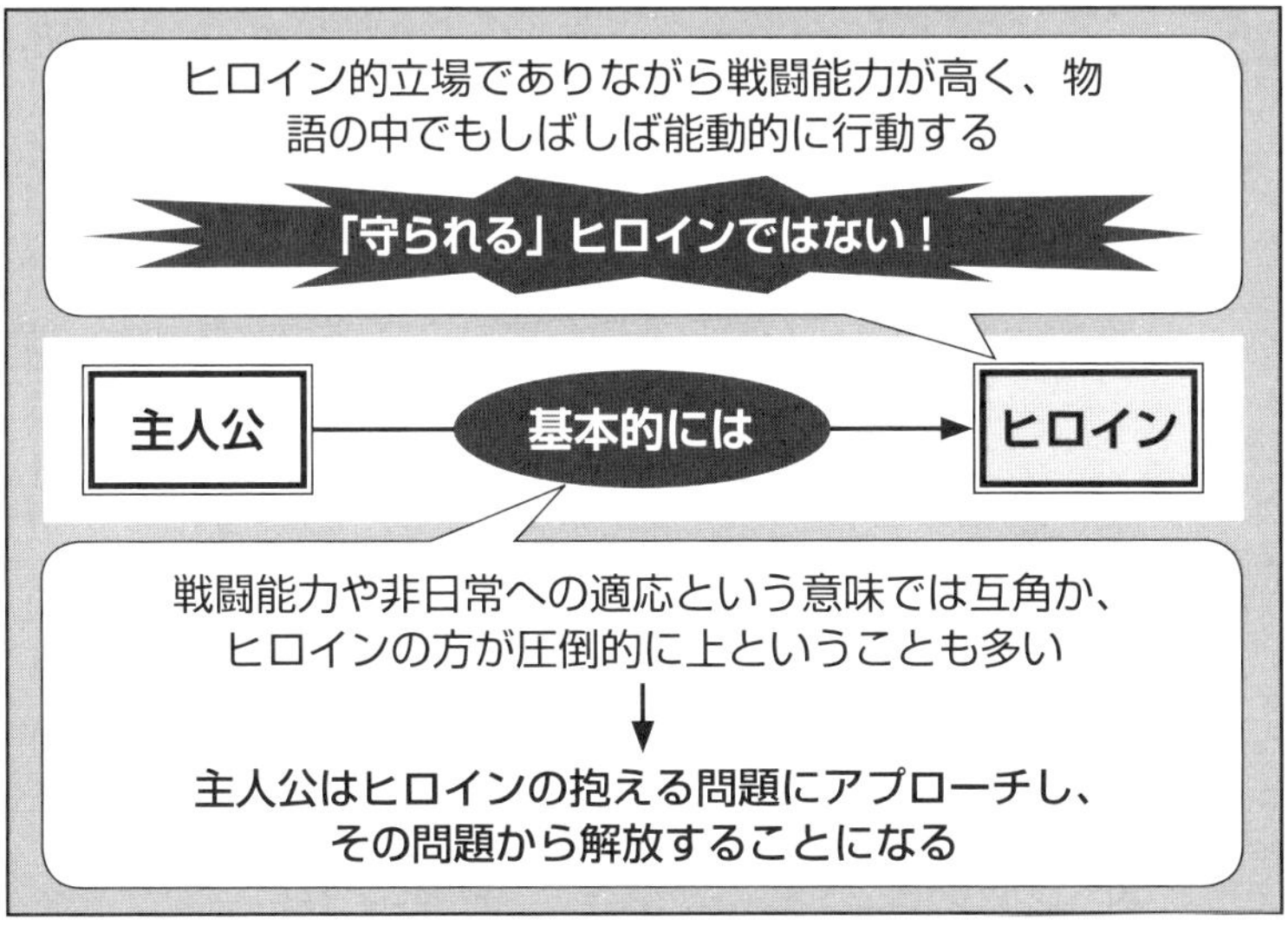

ヒロイン的立場でありながら戦闘能力が高く、物語の中でもしばしば能動的に行動する
「守られる」ヒロインではない！
主人公
基本的には
ヒロイン
戦闘能力や非日常への適応という意味では互角か、ヒロインの方が圧倒的に上ということも多い
主人公はヒロインの抱える問題にアプローチし、その問題から解放することになる

⑧相方／相棒

「バディもの」には絶対に欠かせない名脇役

時に助けあい、時に反発しあう

主人公の親友や同僚、あるいは恋人などの立場で主人公をサポートするのが「相方／相棒」キャラクターの役目だ。**時に主人公を助け、時に対立し、場合によっては喧嘩別れしてのちに和解――あるいは和解できずにライバルとして再登場する**ようなこともありつつ、物語を盛り上げていく。

このようなコンビを中心に動かしていくタイプの物語を一般に**「バディもの」**といい、ハリウッドのアクション映画や、あるいは刑事ドラマなどでしばしば見ることができる。

相方との組み合わせは三パターン

「相方／相棒」はまず主人公ありきのキャラクターなので、**「組み合わせて相性がいいか」**というのが重要なポイントになってくる。この組み合わせは大きく分けて三つのパターンがある。

一つは**まったく正反対の組み合わせ**をすることだ。定番は「熱血主人公にクールな相方」で、かみ合わずに衝突し合う二人が次第に理解を深め、ついには最高のコンビになっていく……というのが基本パターン。

二つ目は**よく似たキャラクター性だがちょっと違う**という組み合わせだ。二人とも熱血・直情的で火がついたら止まらないタイプなのだが、女性に対する態度はかたや硬派、かたや軟派……という具合で、コンビの衝突を防いで物語に勢いを生みつつ、しかもキャラクターかぶりを防ぐ、というのが基本コンセプトだ。

そして最後は相方を**あくまで控えめな、サポート専門のキャラクター**にすることだ。目立つのは基本的に主人公だけで、相方はその弱点をフォローし、また会話の相手になるに留めるのである。この場合、相方は「引っ込み思案で控えめ」「物静かな大人」「天真爛漫な賑やかし」などのキャラクター性が似合うだろう。

相方／相棒

主人公 ―― 協力、対立、和解、決別、融和…… → 相方

二人が協力し合いながら事件を追いかける、
あるいは騒動に巻き込まれるタイプの物語を「バディもの」と総称する

ハリウッド映画や刑事ものドラマの定番！

相方を異性に設定することで、
ヒロイン的立場を兼任させるのも面白い

バディものは主人公と相方の関係性、
キャラクター性の組み合わせこそが重要

組み合わせの３パターン

パターン１：正反対

熱血に対するクール、硬派に対する軟派など、
相反する個性を組み合わせ、対立と融和を描く

パターン２：同タイプ

同じ種類のキャラクター性を組み合わせて相乗効果を狙いつつ、
細かく違いを付けて個性を演出

パターン３：あくまで「サブ」

相方はあまり出しゃばらせず控えめな存在にし、
主人公の葛藤や成長に物語の重点を置く

⑨爽やか系ライバル

憎しみより友情、対立より競争……

競争や勝負の中で生まれる関係

「ライバル」とは**競争相手や対抗者**の意味で、単純に**「敵」**以上の意味を含有した言葉である。ただ敵対するばかりではなく、主人公と深い縁があったり、共通する要素があってお互いを重ね合わせたり、どこかで信頼する部分があったりするなど複雑な関係を称して「ライバル」と呼ぶ。

まず本項で紹介するのは、より**「競争相手」**としての側面が強いタイプのライバルだ。一番ありがちなのは、スポーツを始めとする競技や勝負におけるライバルだろう。主人公は勝敗や順位をめぐってライバルと争い、時には勝ち、また時には負けるだろう。その過程で友情が育まれるかもしれないし、「人間としてのあいつは大嫌いだがその実力や競技への態度は信用できる」という微妙な関係が成立するかもしれない。そうした爽やかな関係のライバルをイメージしてほしい。

また、冒険活劇ものや現代バトルもの、あるいはサラリーマンものでもこの種のライバルは十分存在し得る。同じ仕事を請けたり、あるいは同じターゲットを狙って競うことになるわけだ。

爽やかキャラクターとは？

タイトルに「爽やか系」と名付けたように、このような主人公と**「競う」**タイプのライバルはスポーツマンさながら爽やかなキャラクターの方が合う。陰湿な性格だと、この種のライバル関係は成立しにくい。

ギャグ・コミカル調に持っていくなら過剰なくらい爽やかにすればいい。逆にリアルな方向にしたいなら「悔しいけれど、今度こそ君に勝つ！」か、あるいは親友兼ライバル的な立場のキャラクターが「君に勝つためには今のままではいけないのかもしれない……」などと悩むさまを見せていくと、より深いライバル関係を演出することができそうだ。

爽やか系ライバル

ライバルとは

主人公 ← 基本的には「敵対」関係だが → ライバル

単純な「敵」ではなく、主人公との間に複雑な関係を構築し、
物語の中で重要な立場を占める
キャラクターこそが「ライバル」と呼ばれる

爽やか系ライバル

スポーツや学業、仕事などを中心に、
「競い合う」関係の中で構築されることが多い
↓
バトルものなどでも「良いライバル」は十分成立する

主人公 ← 「対立」よりも「競争」関係 → ライバル

根に持つ、自己反省できずに責任転嫁する、
陰湿なタイプのキャラクターだと関係が成立しない。
ある種ギャグ的なくらい爽やかなキャラクターも多い

変化球的展開としては

「爽やかなライバル関係はただの馴れ合いか、それとも……？」

といったテーマも似合う

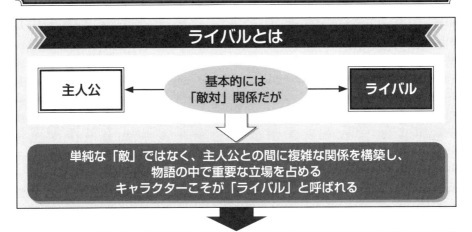

⑩憎々しい系ライバル

二人の間にあるのは憎悪かもしれない、しかし……

人間同士、いつも穏やかではいられない

複雑な感情はありつつも、どっちが勝ってもお互いを祝福できるライバル関係だけなら世の中は実に幸福だろう――しかし、残念ながら現実はそうではない。

命をかけて争ったりせず、将来にもそれほど影響を残さないスポーツや学業の世界でも、優劣や勝敗が絡んでくれば、ドロドロとした感情が生まれてきてもおかしくない。これが命懸けの戦いや陰謀、あるいは出世や将来をかけた大人同士の争いになれば、憎しみの交差する争いになるのは自明の理というものだ。同じくらい深刻に敵対するような関係としては、**「恋愛をめぐるライバル関係」**もある。惚れた腫れたはこじればこじれるほど深刻な恨みを生むからだ。結果、憎悪をぶつけ合う、「敵」という言葉がよりふさわしいようなライバル関係が成立する。これが本書でいうところの「憎々しい系ライバル」なのだ。

単純な「敵」だけではなく

とはいえ、仮にも「ライバル」として物語の中で重要な位置を占めさせるのであれば、単純な「敵」として扱うだけではもったいない。ただ主人公と戦って倒されて終わりではなく、ライバルの存在もまた読者の興味を引き、倒されてなお読者の心に残るようなキャラクターであってほしい。

そのために重要なのは**「なぜ主人公の前に立ちふさがるのか」「なぜ両者はわかり合えないのか」**という理由付けだ。ここがしっかりと説得力のあるものになっているかどうかが、ライバルの魅力を左右するといっていい。その上、主人公側の背景事情とかみ合っていて、かつ似たような部分などあれば（同じような悲劇を経験して主人公はそれを克服しプラス方向に捉え、ライバルはマイナス方向に捉えてしまったなど）、両者の対比が劇的に演出できて、さらに良い。

憎々しい系ライバル

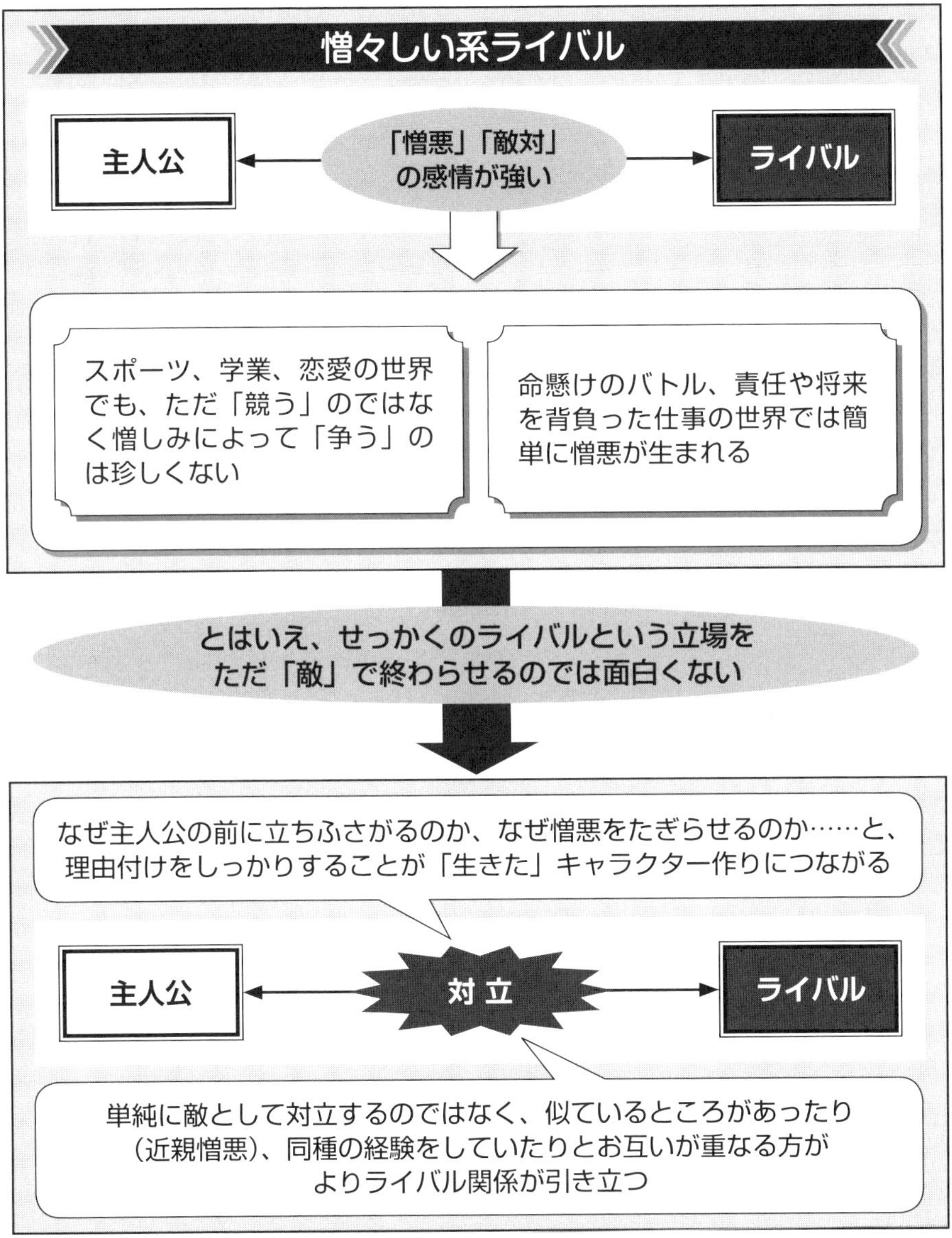
憎々しい系ライバル
主人公
「憎悪」「敵対」の感情が強い
ライバル
スポーツ、学業、恋愛の世界でも、ただ「競う」のではなく憎しみによって「争う」のは珍しくない
命懸けのバトル、責任や将来を背負った仕事の世界では簡単に憎悪が生まれる
とはいえ、せっかくのライバルという立場をただ「敵」で終わらせるのでは面白くない
なぜ主人公の前に立ちふさがるのか、なぜ憎悪をたぎらせるのか……と、理由付けをしっかりすることが「生きた」キャラクター作りにつながる
主人公
対立
ライバル
単純に敵として対立するのではなく、似ているところがあったり（近親憎悪）、同種の経験をしていたりとお互いが重なる方がよりライバル関係が引き立つ

⑪師匠／上司／援助者

「上」から助けてはくれるけれど、ズレる部分も多々あるもの

三パターンの「上」キャラクター

本項のタイトルに掲げた師匠、上司、援助者という三つのキャラクターパターンは、それぞれ主人公を上の立場からサポートしてくれるキャラクターという点で共通項にまとめたものだ。

師匠は**技術の伝達や精神的な支援**を、上司は**組織内での立場や職務においての援助**を、そして援助者は**金銭や物資などの提供をしてくれる人**というイメージである。たとえば青春ものにおける親は、社会的に半人前であり独立して生きていくことができず、精神的にも未熟な部分の多い子どもたちを多面的に助けてくれる援助者的キャラクターといえるだろう。

彼らのポイントは基本的に**「上から」のサポートしかしてくれない**、ということだ。ともに戦ってくれたり、同じ目線で助けてくれるわけでもない。あくまで実際の決断と行動は主人公のするべきことなのだ。

「上」からだけにズレはある

その意味で、主人公と師匠、上司、援助者らの関係には常に**ギャップ**が生じる可能性がある。主人公のためを思ってのサポートが実際には的外れだったり、あるいは的外れに思えた助言があとになってみると的確であることに気づいたり――というのはありそうだ。

あるいはそもそも主人公と師匠、上司、援助者らの思惑が根本的に異なっている可能性がある。彼らには彼らで独自の目的があり、実は主人公はそれに利用されているだけとか、あるいは主人公らと最終的に対立することになってもまったくおかしくはない。

さらにいえば、**「そもそも単純に無能であるだけ」**という可能性さえある。師匠はちょっとそぐわないが、「無能で足を引っ張る上司」「援助はしてくれるがそれ以上に口うるさく邪魔な援助者」はいくらでも存在し得るからだ。

師匠／上司／援助者

主人公たちの「上」に立ち、各種の支援・指導をしてくれるキャラクターは物語を動かしていくのに大変便利

師匠

技術を伝えるだけでなく、精神的な支えになってくれるケースも多い

上司

社会人にとって「頼れる上司」ほどありがたいものはそうない

援助者

資金的な支援であったり、あるいは社会的な支援であったりする

「上」キャラクター

↓↑

主人公

老練な判断力や広い視野を持たないがためにありがたさに気づかないことも

↓

「親の正しさを思い出すのは死んでから」もしばしば

ナチュラルな「上から目線」がしばしば下からの反発を引き起こすことに

↓

現場の常識を知らなければとんちんかんな介入にも

「上」キャラクターと主人公たちのギャップや価値観の違いから対立を描くのも面白い

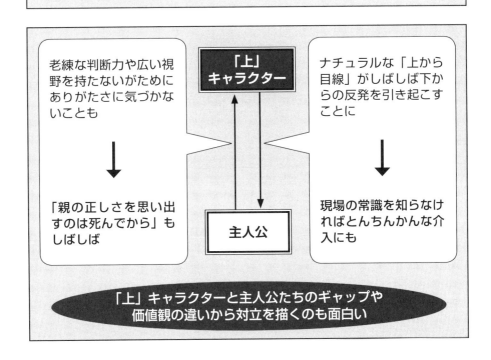

⑫ 庇護対象

主人公にとって守るべき人

支えにもなり、弱点にもなる

前項で紹介したのは主人公たちの上に立つキャラクターであったが、それに対して「庇護《ひご》対象」は**主人公たちの下に位置するキャラクター**だ。弟妹や年下の幼なじみ、学校の後輩、あるいは自分の子どもなどが基本的なところだが、立場によっては部下も庇護対象にカウントされるかも知れない。さらにいえば、ひょんなことから拾ってしまった少女を守ることになって……というのもハードボイルドものではよくある話。

「主人公が救うべき相手」としてヒロインと立場的に重なることもあるが、比較するとより**「守らなければいけない」「導かなければいけない」**という性質の強いキャラクタータイプといえる。それだけに支えになることもあるが、一方で主人公にとって大きな弱点となり、失ったときの衝撃も大きい。この点は物語を動かすにあたって活用すべきポイントだ。

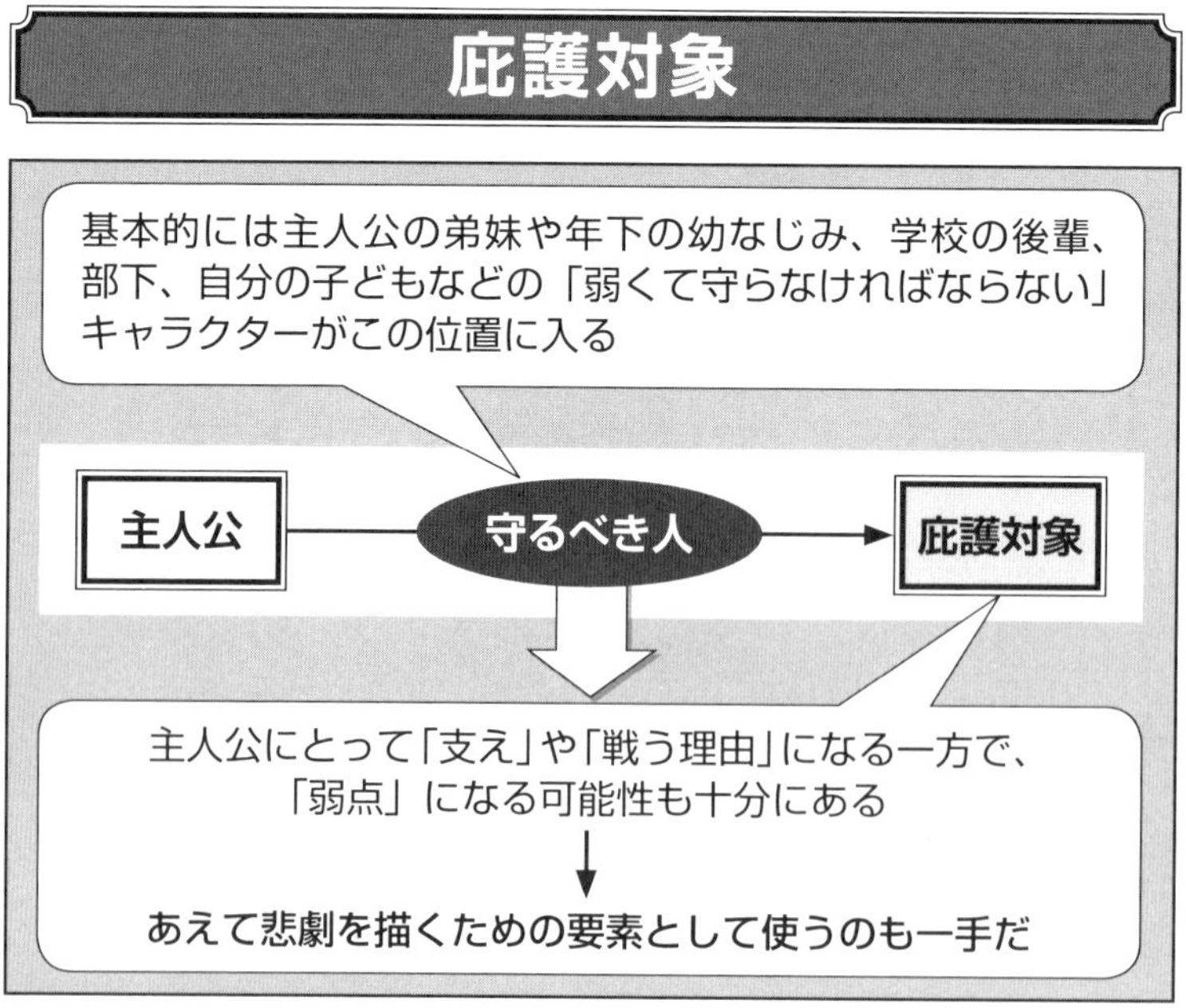

庇護対象
基本的には主人公の弟妹や年下の幼なじみ、学校の後輩、部下、自分の子どもなどの「弱くて守らなければならない」キャラクターがこの位置に入る
主人公
守るべき人
庇護対象
主人公にとって「支え」や「戦う理由」になる一方で、「弱点」になる可能性も十分にある
あえて悲劇を描くための要素として使うのも一手だ

⑬マスコット・キャラクター

「かわいさ」担当として

マスコットとは何か？

マスコットというのは「**縁起が良く、幸運をもたらすもの**」の意味で、お守りの類のことを指す言葉である。そこから転じて、物語の中では「**主人公たちのお守りのようにつき従う（たいていの場合は外見がかわいらしい）キャラクター**」のことを「マスコット・キャラクター」という。代表的なのは、いわゆる魔法少女ものにおいて主人公のお目付け役・変身補助役として登場するマスコットキャラクターたちだろう。

また、集団の象徴・偶像としてのキャラクターのことを「マスコット」と呼び、集団の中で養われている子どもや動物などを「マスコットキャラクター的存在」と見ることもある。

多くの場合、マスコットキャラクターは「かわいらしさ」を前面に出すキャラクターだが、そのパロディとしてやさぐれたり邪悪な本性を隠しているケースも。

マスコット・キャラクター

「マスコット」とは

本来の意味＝縁起が良く、幸運をもたらすもの

↓ など

主人公たちのお守りのようにつき従うキャラクター

ほかにも、集団や組織の象徴的キャラクターを
「マスコット・キャラクター」ということも

多くの場合、かわいらしさを
強調したデザインになることが多い

↓

パロディとして「外見はかわいいが、中身は……」
という演出も良くある

⑭ モブ

「雑魚《ざこ》」と侮るなかれ、役割は多様で重要

緊迫感を演出したり、爽快感を作ったり

モブというのは本来、**群衆や暴徒**などを示す言葉で、転じてゲームなどにおいてプレイヤーが操作するキャラクターに蹴散らされる**敵方の雑魚キャラクター**たちのことを指すこともある。

物語においても、彼らの基本的な役目は主人公方に襲いかかることであり、そこで逃げられたり倒されたりすることだ。個性はあまり重要ではなく、わらわら出て来て倒されることこそが役目とさえいえる。

主人公が「弱い」キャラクターであるならモブたちが追いかけ回すことで物語に緊迫感を与える。そして「強い」キャラクターであるならモブたちを一蹴することで、「どう強いのか」「どんな力を持っているのか」を読者にアピールすることができるのだ。少々かわいそうな表現ではあるが、ある種のサンドバッグ役と言い換えてもいい。

モブを掘り下げる、という手法

多くの場合、モブはただモブとして深く掘り下げることなく描かれるのだが、そこであえて個性や背景情報を設定するのが、物語や舞台設定に深みを与えるのに効果的な手法の一つだ。秘密を抱えた少女を追いかけるヤクザたちはなぜ彼女を追うのか？　ヤクザたち自身が彼女の秘密に気づいたのか、それともさらに上の組織に命令されただけなのか。単に「後ろ暗いこともできる労働力」として雇われただけというのもありそうだ。こうした理由によって、物語の中での彼らの振る舞いは大きく変わるはずだ。

そうして人間臭く振る舞うモブの姿は、読者に「**この作品は作りごとかも知れないけれど、登場人物たちは生きているかのようだ**」という印象を与えることができる。これは物語に説得力を与え、読者を引き込むのに大いに役立つ。

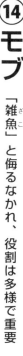

モブ

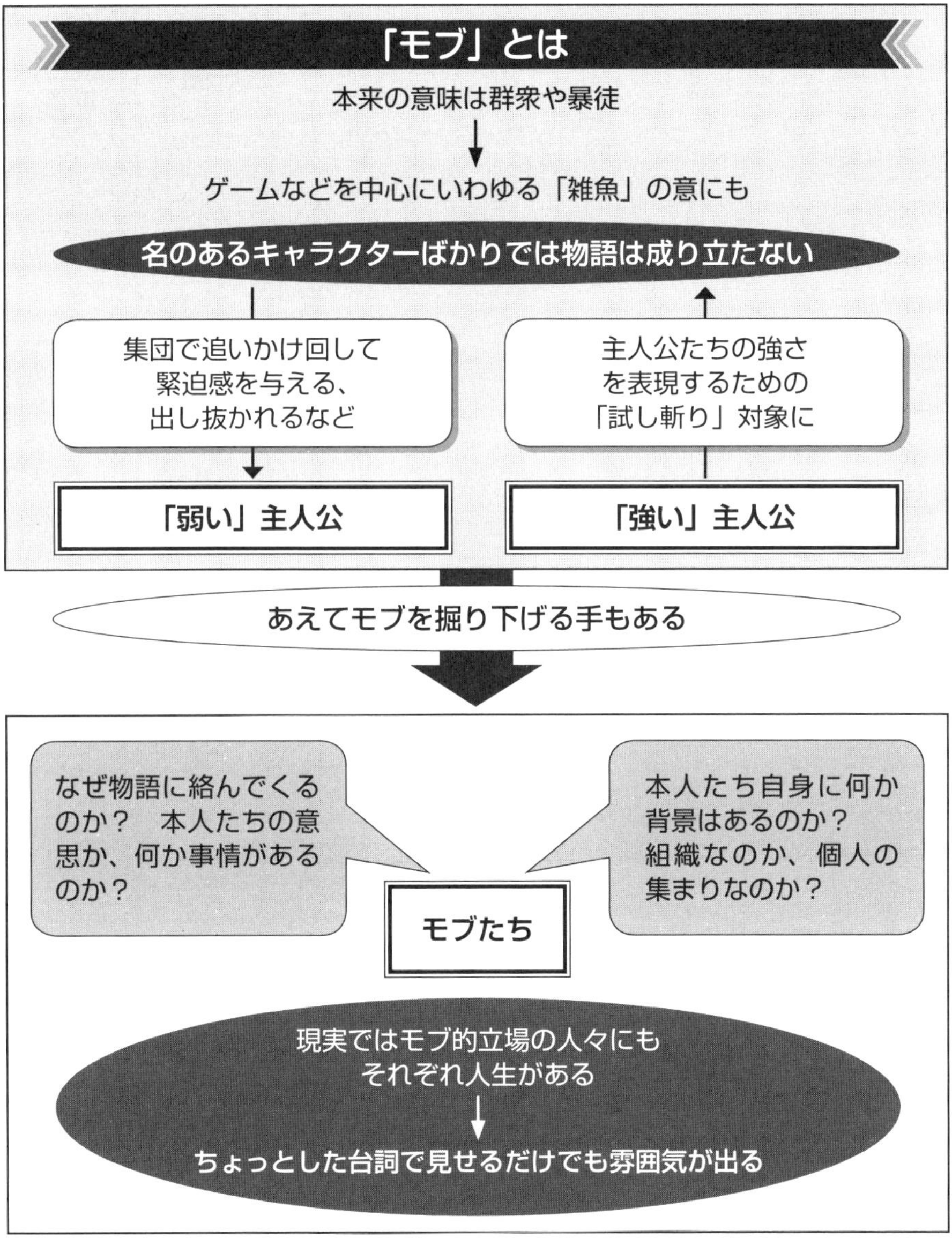
「モブ」とは
本来の意味は群衆や暴徒
ゲームなどを中心にいわゆる「雑魚」の意にも
名のあるキャラクターばかりでは物語は成り立たない
集団で追いかけ回して緊迫感を与える、出し抜かれるなど
主人公たちの強さを表現するための「試し斬り」対象に
「弱い」主人公
「強い」主人公
あえてモブを掘り下げる手もある
なぜ物語に絡んでくるのか？　本人たちの意思か、何か事情があるのか？
本人たち自身に何か背景はあるのか？
組織なのか、個人の集まりなのか？
モブたち
現実ではモブ的立場の人々にもそれぞれ人生がある
ちょっとした台詞で見せるだけでも雰囲気が出る

⑮仲間　ヒロインや相棒ほどの存在感ではないが、モブでもない

あらゆる場面に「仲間」がいる

物語の中ではしばしば「**相棒というほど密接な関係があるわけではないし、師匠や上司、庇護対象というほど立場の差があるわけでもない。かといってモブと言い切ってしまうには主人公との関係がそれなりにあって、敵対もしていない**」キャラクターが登場する。

このタイプのキャラクターの代表格が「仲間」だ。学校のクラスメート、バイト仲間、スポーツチームの仲間、同じギルドの構成員、一つの依頼を一緒に受ける冒険者仲間といった面々である。

何か特別な関係性（恋に落ちたり、ライバルになったり、対立したり……）が発生するのでない限り、これらの「仲間」キャラクターを掘り下げて設定する必要は薄い。「ああ、こんな人いそうだね」くらいの設定をつけてあげればいいだろう。名前を付けるかどうかは作品の雰囲気次第だ。

仲間を掘り下げると深みが出る

ただ、もしあなたが「**物語の舞台に強い説得力を持たせたい**」「**地に足の着いた、こんな場所本当にありそうだなという舞台を作りたい**」と考えるなら、仲間キャラクターの掘り下げには一考の余地がある。

主人公が自分の恋を成就させるために励んでいるとき、クラスメートはどうしているのか？　働いたことなんてなかった主人公が初めて出会ったバイト仲間はそれぞれどんな風に社会と関わっているのか？　デビューを目指して芸能の訓練に励む仲間たちそれぞれの動機、あるいは挫折は？　怪物と戦うために集められた冒険者たちはどのような来歴を持っているのか？

これらの設定がしっかりしていると、**舞台設定の、ひいては作品そのものの説得力がぐっと高まる。**モブキャラクター一人一人の掘り下げは無理でも、仲間くらいの狭い範囲ならできるはずだ。

仲 間

本書でいう「仲間」とは？

主人公 ― 相棒・親友というほど密接ではないが、目的や時間、空間を共有する関係 ― 仲 間

たとえばこんな「仲間」

- クラスメート
- バイト仲間
- 同じサークル
- SNS のフォロワー
- ギルドメンバー
- 冒険者仲間

など

モブに毛の生えたような立場で、
さほどキャラクター性の掘り下げはされないのが一般的

↓

しかし、「仲間」の掘り下げをすることによる効果もある

↓

仲 間 ― 性格や事情、背景、考え方、物語が展開する中での変化など → 作品の雰囲気

↓

主要キャラクターたち以外のモブに近い人々でも、人生があり、
事情があり、生活があり、変化もしていることがアピールできる

↓

作品に深みが出て、地に足の着いた雰囲気が出る！

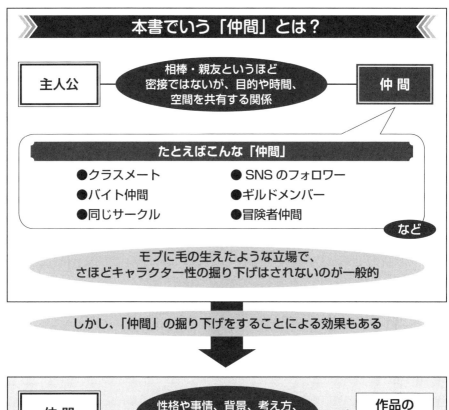

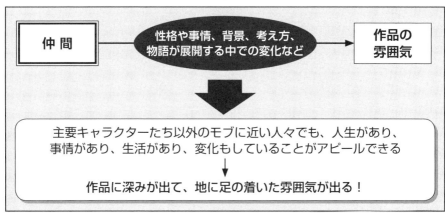

⑯ 来訪者

外からやってきて、安定した状況を崩すキャラクター

物語を動かすのが役目

来訪者は、**物語の舞台の「外」からやってくるキャラクター**だ。その役目は安定して固まっている状況を揺り動かし、破壊すること。物語の冒頭から登場することもあれば、起承転結の「転」、すなわちそれまでの展開をひっくり返すために登場することもある。

一番ありがちなのは**青春ものにおける転校生**だろう。たとえば「都会の空気を漂わせて田舎町にやって来た転校生」というのはどうだろうか。その存在は、ある意味で安定し、ある意味で停滞していた友人グループの空気をかき乱し、それぞれが心の中に隠していた思いを表に出させるわけだ。

よりファンタジーやSFなどの方向に持っていくなら「宇宙人を拾った少年が奇妙な同居人との生活に慣れかけたところ、黒服の男たちが現れ……」というのもある。これも結局のところ物語上の動きとしては同じことだ。安定した状態が壊れ、物語はクライマックスに向かって一直線に動き出す。その起爆剤になるのが来訪者というキャラクタータイプなのである。

環境が変われば人も変わる

ここまで紹介してきたのはサブキャラクターとしての来訪者だが、一方で主人公が来訪者としての性質を持つこともある。それこそ「田舎町にやってきた転校生」がよく見られるパターンだが、ほかにも「見知らぬ場所へ赴く旅人」「異世界に飛ばされてしまった現代人」などが主な類型だ。

主人公としての来訪者も停滞していた状況をひっくり返すという物語上の役目は変わらないが、それに加えてさらに**「それまでいたのとは違う場所にやって来ることで刺激を受け、成長・変化する」**というテーマを抱えることが多い。やはり環境の激変は人を相応に変化させるものなのである。

来訪者

物語の舞台の「外」からやって来るキャラクター

- ●青春もの → 遠くの地域からやって来た転校生
- ●ファンタジー → 異世界の勇者や怪物
- ●現代ファンタジー → 組織が派遣した黒服
- ● SF → 宇宙人やタイムトラベラー

それまで安定していた状態が、来訪者の登場によって変化していく
――というのが物語において重要になる

主人公としての来訪者

環境の変化は来訪者自身にも大きな影響を与えるのが当たり前。それによる成長・変化が物語のメインテーマとなる

それまで知らなかった別の世界を知ることは、しばしば自分を客観視することにもつながる

⑰黒幕

表舞台から身を隠し、陰謀を張り巡らす真の「敵」

ほかの敵役とは一味違う

「黒幕」はもともと歌舞伎において**舞台を隠す黒色の幕**のことなのだが、それが転じて**「表には出てこないが密かに指図をするもの」**の意味になった。

ライバルやモブは主人公たちの前に実際に現われてその脅威になるキャラクターだったが、黒幕は違う。彼らと同じ敵役ではあるが、基本的に物語の表には登場しない。時に顔を見せることもあるが、それは黒幕であることを隠した仮の姿であったり、あるいは主人公たちの知らないところで陰謀をたくらみ、部下に指示を与える様子であったりするわけだ。

そんな彼らが黒幕として物語に、主人公たちの前に登場するのはたいてい、追い詰められたときだ。黒幕は戦っても強いキャラクターかも知れないし、敵を目の前にしては何もできないキャラクターかもしれない。しかしどちらにせよ、表の舞台に引きずり出された黒幕はそれまでとは違う役割を要求されることになる。また、物語によっては中立的立場の黒幕が最後まで裏に潜んだままだったり、「真の黒幕を倒すまで旅は続く！」という形で決着をつけるものもある。

黒幕は正体不明であるべし

黒幕は（少なくとも舞台裏に隠れているうちは）正体不明さを強調していくのが基本的なスタイルだ。

何をたくらんでいるかわからない不気味な存在として時に主人公たちを追い詰め、場合によっては自分の目的のために主人公たちをあえて助けるようなことをする。主人公たちの活躍によって一つ一つの事件は平和に終わっているけれど、実は読者だけが見ている黒幕のシーンでは事件がまだ終わっていないこと、大きな事件がこのあとに待っていることが提示される――そのようにして「今後どうなってしまうんだろうか」と物語に緊迫感を与えていくのが黒幕の役目なのだ。

黒幕

黒幕とは

もともとの意味は「歌舞伎において舞台を隠すなどの用途に使われる黒色の幕」のこと

表舞台で主人公たちと争っているライバルやモブとは違い、直接登場せず、ひそかに介入して陰謀をたくらむ立ち位置

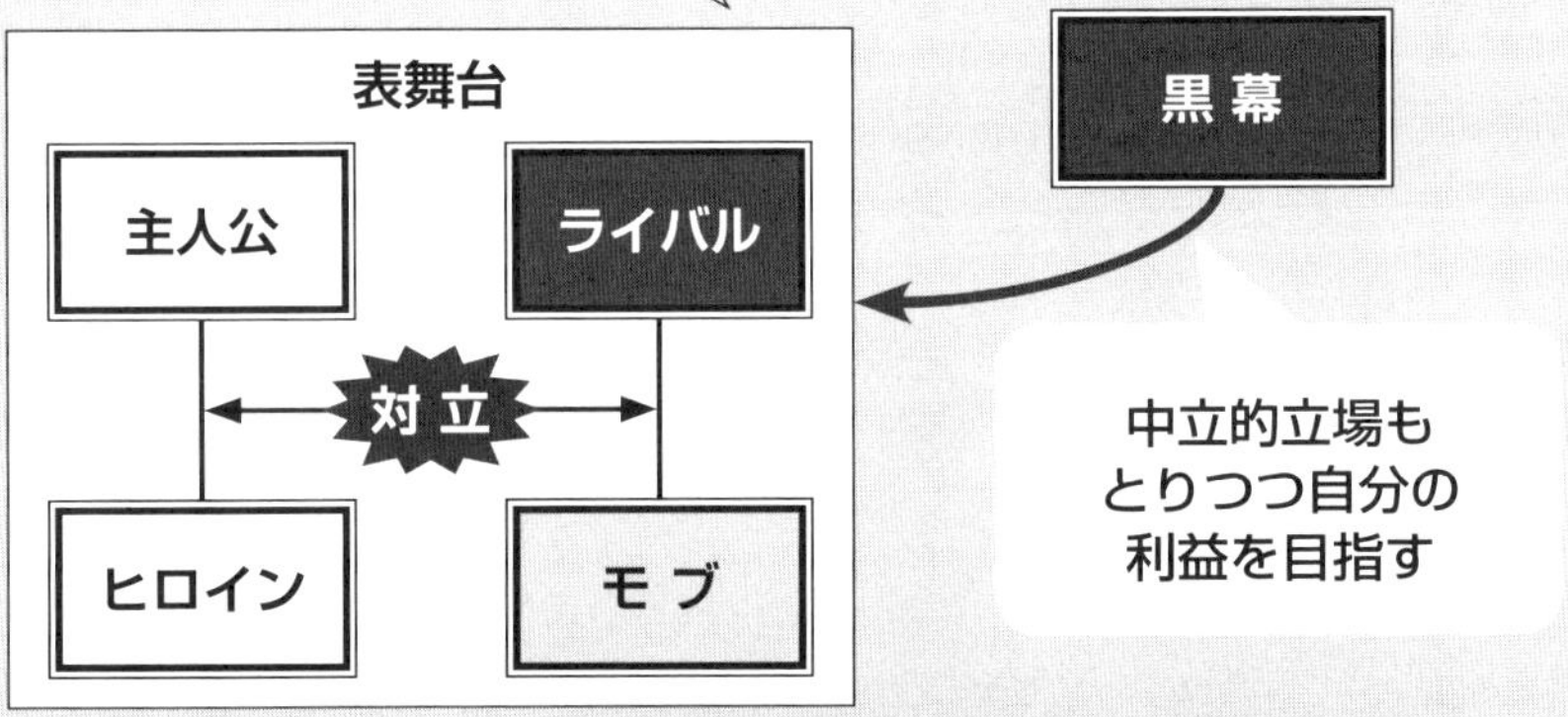

黒幕が表に引きずり出されれば、
もう黒幕ではいられない。ライバルとして戦うか、
それともモブ同然に打ち倒されるか……

黒幕に求められる最大の役目は
主人公たちにとって「正体不明」であること

主人公たちと読者にプレッシャーをかけ、
物語に緊迫感を与える！

❖コラム(1) 登場人物の数を絞れ！

　実際に物語を作っていくときにぜひ気を付けてほしいことがある。それは登場人物の数だ。

　スケールの大きな物語を作ろうと思うとどうしてもキャラクターの数は膨れ上がりがちになる。また、複数の人物の思惑が入り乱れる「群像劇」には独特の魅力があるため、それに魅かれて数多くの人物を登場させてしまう人は多いだろう。しかし、私は名前のある重要キャラクターは五人程度が適当だと思う。正確にいうと三～六人といったところだろうか。ミステリー、サスペンス、SF、ライトノベルなど長編エンタメ作品の新人賞に応募する場合、たいていは原稿用紙三〇〇枚ぐらいの量になるだろう。この枚数できちんと描写できるキャラクター数が、だいたい五人程度なのだ。

　具体的な内訳としては主人公、その相手役（相棒、あるいはヒロイン）、ライバルの三人を中心に、黒幕や味方、参謀などで数名追加するくらいが妥当ではないかと思う。なぜかというと、あまりに多くのキャラクターを出しても、まず書き手であるあなたがなかなか人物像を書き分けられない。その上、読者の方も覚えられず、「あれ？　誰だっけ」となりかねないのだ。

　そのためにもキャラクター数を絞る必要があるのだ。――といっても五人以上出していけないということはない。そんなことは無理だ。そうではなく、五人は名前が出てきて明確な個性があり、物語の中で活躍する主要キャラクターとするのである。

　これに対し、ほかのキャラクターは校長や担任、またはクラスメートといった立場のキャラクターであり、名前はないか、あるいは無個性のキャラクターとするわけだ。仮にその作品が売れてシリーズ化になったときに、初めの作品で名無しだった人物が固有名をもらえることもあるだろう。

　それよりもまずはキャラクターの数をしっかり絞り、物語全体の印象を整えたほうが効果的なのだ。

第二章
キャラクタータイプ（性格類型）

キャラクターの性格や特性、どんな風に考えるタイプなのか。これらがきちんと決まっていれば、書いていく中で迷うことも少ない。また、できれば主要キャラクターの性格はかぶらず、対比して面白いものにもしたいところだ。

⑱ 熱血漢

熱い血を燃やすような行動派は典型的なヒーロータイプ

男女問わず熱血キャラクター

熱血とは「**燃えるような血の熱さ**」の意味であり、すなわちそのような情熱を持って物事に取り組むキャラクターのタイプこそが熱血漢だ。タイトルに「漢」とついてはいるが、男女問わずこの種の「熱い」キャラクターは存在し得る。行動派やスポーツマン（ウーマン）タイプに多いが、「肉体の強さは追いついていないが魂は熱血」というタイプも含まれる。

彼らは**直情径行（自分の心を偽ったり抑えたりせず、思いのままに行動する）**を好み、「**細かいことは気にしない**」「**動いてから考える**」タイプの人間であることが多い。分岐点に差し掛かった際には立ち止まってためらうよりも、自身の直感を信じて突き進む方を選ぶわけだ。また、その多くが正義感に燃え、意志の強さを武器にして難関に突っ込んでいく――その反面、視野の狭さに苦しめられることもある。その振る舞いはしばしばとても賢明とはいえないものになるため、時に「熱血バカ」と呼ばれてしまうわけだ。

似合いすぎるのが問題だ……？

熱血漢は「アクティブ主人公」としてこれ以上なくふさわしいキャラクターだ。特に「**正義に燃え、不正を許せない熱血漢**」は古き良き典型的なヒーローであり、悪党と戦うのがこれほど似合うものもいない。

しかし、その一方で「あまりにも似合いすぎるせいか面白さが単純で、すでに飽きられてしまっている」という問題もある。そのため、ただ純粋な熱血漢ではなく、心に傷を負っていたり、熱血漢を装っているだけだったりと変化球的味付けをすることも多い。またはその定番具合を逆手にとって、「**空回って失敗ばかりの熱血漢ライバル**」や「**弱者のことを慮《おもんぱか》らず、自分のことしか考えない悪の熱血漢**」などパロディ・アンチ的キャラクターを登場させても面白いだろう。

熱血漢

熱血漢とは

文字通り「燃えるような血の熱さ」をもった、
何事にも積極的で直情的なキャラクターのこと

スポーツマンや行動派の
キャラクターであることが多い
↓
肉体的な強さだけが「熱血」
の条件ではない

「健全な肉体に健全な魂が宿る」
的なイメージで
↓
魂が熱く、気合を持っている
キャラクターも

↓

直情径行的な傾向があり、意志の強さで突っ走って問題を解決！

熱血漢

細かいことは気にしないし、先にくよくよ考え込んだりもしない！

↓

**正義感に燃え、行動力を発揮することから、
アクティブな主人公として活躍するのがぴったり！**

変化球としての熱血漢

熱血漢なライバル
↓
勢いはあるけれど、それが
空回って失敗ばかり！

「悪」の熱血漢
↓
善いことをしようするが、
弱者への気配りがない！

⑲ クールな理知派

熱狂に身をゆだねない冷静沈着タイプ

常にクールであれ！

クールという言葉には「冷たい」「(一定の)期間」など多様な意味があるが、ここでは**「冷静沈着」**で**「熱狂的でない」**様子のことを示す。

すなわち、クールなキャラクターといえば前項で紹介した熱血漢のそのまま真逆――**勢いや感情に自分の身をゆだねることがなく、どんな状況でも冷静に物事を判断し、理知によって問題を解決しようと試みる人間**のことである。

脇役だけとは限らない

クールな理知派には特に脇役が似合う。頭が良く、冷静な判断ができるキャラクターは、**行動力のある主人公と対比すると非常に映える**からだ。最初はクールな理知派の冷静さが主人公の勢いを封じ込めるが、主人公の力強さがクールな理知派の計算ミスを誘い、逆転する――という展開は定番中の定番である。これは「主人公VSライバル」の関係でも成立するし、バディものの構図でもかまわない。

もちろん、この関係性は逆転させても十分成立するため、クールな理知派が主人公の座についても何の問題もない。その場合の王道ストーリーは二パターンある。まずはあくまでクールに、**完璧な仕事ぶりによって事件を解決するパターン**で、『ゴルゴ13』的と言えばわかりやすいだろうか。

そしてもう一つはそのクールさの足元を掬《すく》われるパターンだ。賢いキャラクターはしばしば賢すぎるがゆえに他者の気持ちが理解できなかったり、書物だけで得た知識に振り回されたり、物事の変化や揺らぎを見落としたりして、手痛い失敗をする。そこから立ち直り、柔軟な強さを獲得して**「小賢しいガキ」**から**「真に賢い大人」**になる物語は非常に魅力的なストーリーといえよう。

クールな理知派

クール → 「冷たい」「一定の期間」「カッコいい」など複数の意味がある
↓
ここでは「冷静沈着」の意

クールな理知派の特徴

- 勢いや感情よりも理性を優先する
- 主観ではなく客観を重視する
- 状況に振り回されず、冷静であろうとする
- 行動力より慎重さを尊ぶ

など

理知派 ← 正反対 → **熱血漢**

ホットな熱血漢とクールな理知派は理想的コンビ
（戦隊ものにおける「赤＝熱血と青＝クール」が好例）
↓
熱血漢の勢いが勝ることもあれば、理知派の慎重さこそがいい成果を出すこともある

敵としても味方としてもお互いを引き立てる

もちろん、理知派だけでも主人公を務められるポテンシャルは十分に秘めている

あくまでクールに、完璧な仕事！

小賢しいだけのガキから立派な大人へ！

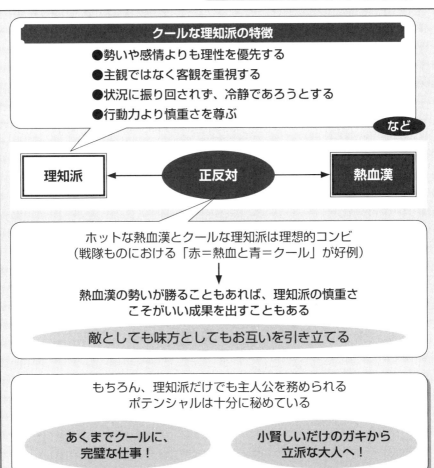

⑳お人よし

優しさは人を助け、自らを救い、しかし時には悪になることも……

情けは人のためならず

世の中には「お人よし」と呼ばれる類の人間がいる。困っている人には積極的に手を伸ばし、必要なら自分の身を傷つけ、資産を分け与えることもためらわない。誰かが幸運をつかんだ時には賞賛の声を送る——それがもし自分にとっての不幸であったとしても、せめて顔と声には出さず、心の中でだけ泣くことができる。

そんな「いい人」は**他者から食い物にされる**ことも多い。ある種の人間（後述する「卑怯者」など）からすれば、このような存在はただのバカにしか見えないに違いない。さらにお人よしキャラクターは自分から貧乏くじを引くことも少なくない。しかし「情けは人のためならず」というわけで、彼の善意に助けられ、あるいはその人柄に惹かれた人々は**自然とこのお人よしを慕う**ようにもなる。それどころか、彼が注ぐ無償の愛が時に悪人さえも改心させるかもしれない——。

優しさのプラス面とマイナス面

お人よしキャラクターは「誰かを救う」ため積極的に動くかもしれないし、むしろ一歩引いて困った人を迎え入れるかもしれない。どちらにせよ、**彼の優しさが迷える人に道を示し、傷ついた人を救う**ようなエピソードがあると、キャラクター性をうまく表現できている、といっていいだろう。

しかし、お人よしの優しさが常に物事を良い方向に展開させるとは限らない。誰かにいいように利用されて捨てられるかもしれない。人を救おうと思いつめるあまりにほかのことが目に入らず、もっと困難な状況を作り出してしまうかもしれない。時には突き放して自立させなければいけない場合もあるのに、相手にかまいすぎてむしろ堕落させてしまうこともあるだろう。そうした**お人よしであることのマイナス面**に目を向けるのも面白い。

お人よし

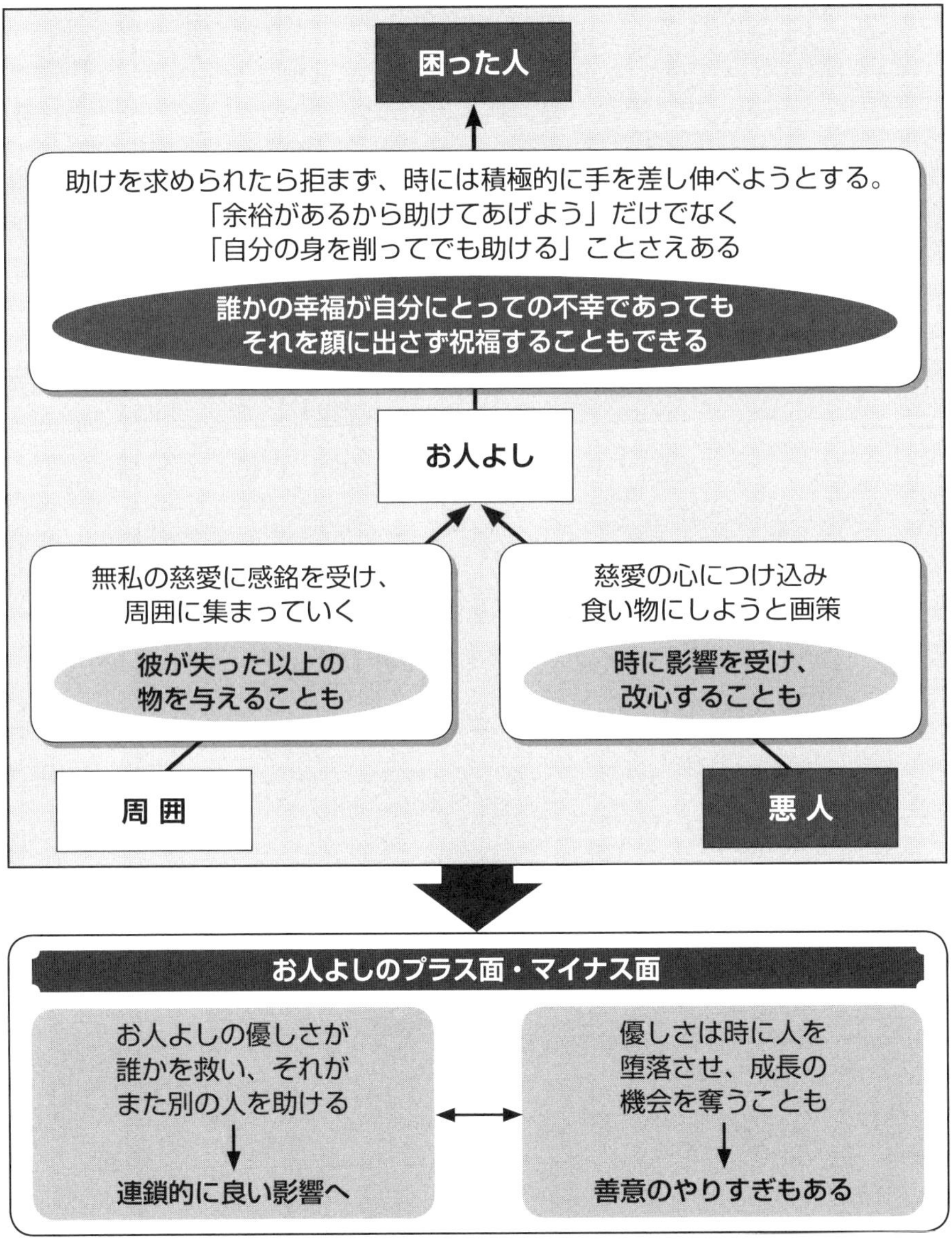
困った人
助けを求められたら拒まず、時には積極的に手を差し伸べようとする。
「余裕があるから助けてあげよう」だけでなく
「自分の身を削ってでも助ける」ことさえある
誰かの幸福が自分にとっての不幸であっても
それを顔に出さず祝福することもできる
お人よし
無私の慈愛に感銘を受け、
周囲に集まっていく
彼が失った以上の
物を与えることも
慈愛の心につけ込み
食い物にしようと画策
時に影響を受け、
改心することも
周 囲
悪 人
お人よしのプラス面・マイナス面
お人よしの優しさが
誰かを救い、それが
また別の人を助ける
連鎖的に良い影響へ
優しさは時に人を
堕落させ、成長の
機会を奪うことも
善意のやりすぎもある

㉑ 内気／気弱

誰もが英雄ではない、けれど……

ある意味で読者に一番近いキャラクター

当たり前のことだが、誰もがどんな状況でも常に能動的に、あるいは冷静に行動できるわけではない。**内気で知らない人と話すのが苦手だったり、気弱で相手が強く出てくるとついつい譲ってしまったり**、あるいは**臆病なせいで危険な状況に追い込まれたときに逃げ出したり**（足が震えて逃げることさえできない場合も！）、というのは人間として別に珍しくないし、むしろ読者からは感情移入されやすいキャラクターだ。

しかし、恐怖を恐れず突っ走る熱血漢や冷静に状況を確認するクールなキャラクターと比べたとき、隠れてガタガタ震える気弱なキャラクターや、そもそも物語に積極的に関われない内気なキャラクターが、「カッコ悪く」見えてしまうのは仕方がない部分もある。

また、普段は内気な人間も特定の状況によってガラリと態度を変えることがある。いわゆる「内弁慶」

――外ではおどおどしているが身内の前では偉そうに振る舞う――がその典型例だ。ひたすらに気弱なだけではむしろリアリティに欠ける、というのは押さえておいた方が良いポイントだろう。

物語の中で果たす役目

内気／気弱なキャラクター、サブキャラクターは物語の中でどんな役割を果たすのか。サブキャラクターとしては「単に事態を傍観する」、あるいはミステリーなどでは「臆病ゆえに真実を隠し、それによって悲劇を巻き起こす」というのが考えられそうだ。

そしてメインキャラクターとしては「**長く内へ内へとこもり続けてきた結果、積もりに積もった感情が暴発して事件を起こしてしまう**」、あるいは「**内気ながらも必死に事件へ関わっていく中で、自らの問題を乗り越え成長を遂げる**」、という二つが王道パターンだろう。

内気／気弱

「熱血」「クール」「いい人」といった、ある意味で特別な
キャラクターばかりが物語の登場人物ではない

**人と話すのが苦手な「内気」、
臆病でプレッシャーに弱い「気弱」キャラクターもいる**

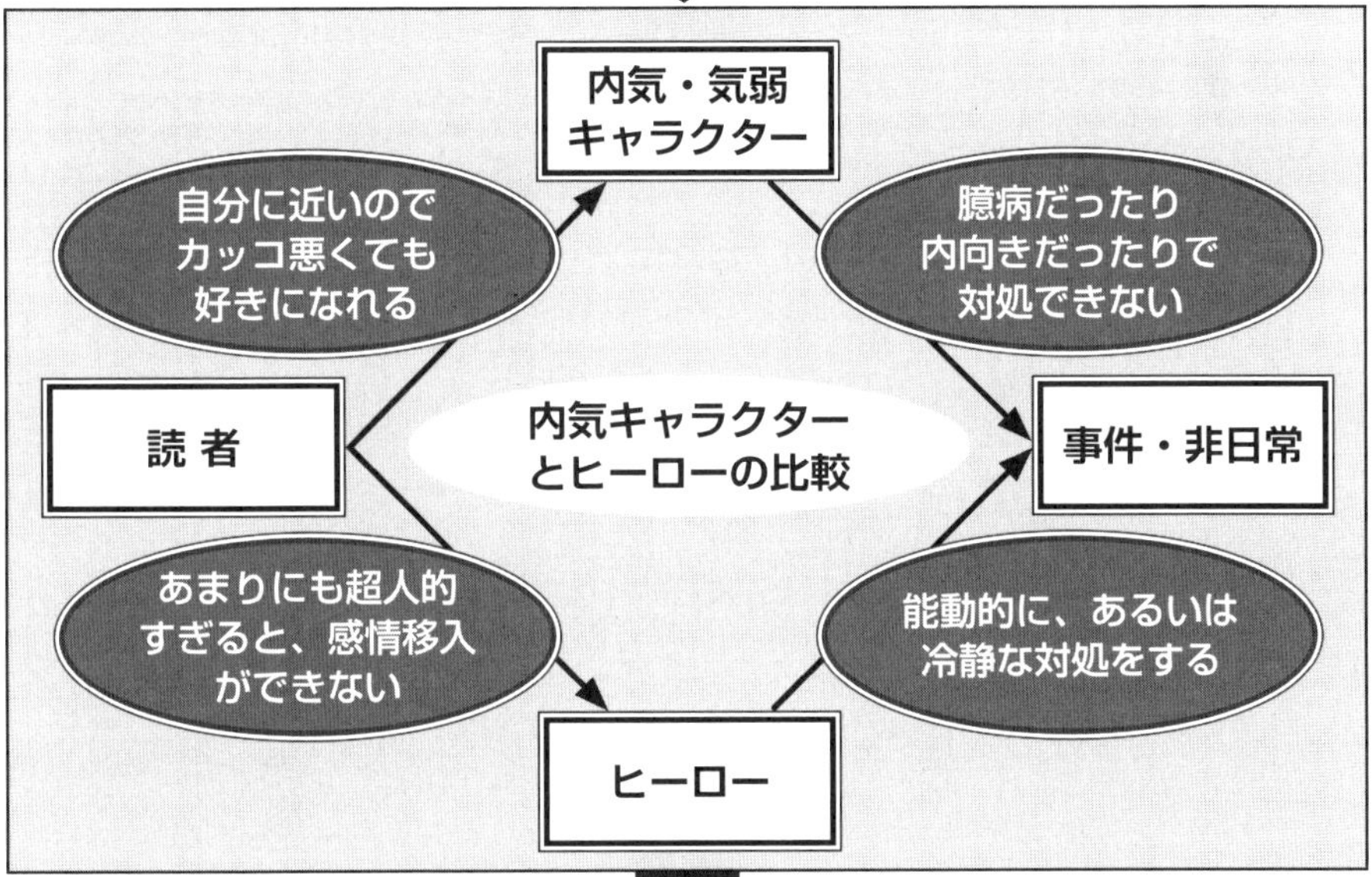

メイン級キャラクターとして

- ●長年の鬱屈を爆発させ、事件の発端や敵役となる
- ●内気や気弱の弱点を克服し、成長を遂げる

サブキャラクターとして

- ●物語に介入できず、事態を見守る「一般人」
- ●気弱さゆえに本来果たすべき役割ができない

㉒陽気／社交的

いつも明るく人を集める彼にも、思うところが……？

「陽」のキャラクター

内気／気弱キャラクターが「陰」であるなら、本項で紹介する陽気／社交的キャラクターは「陽」の存在だ。**「常に朗らかでにぎやか、他者との間に壁を作らない」**というのが基本的な性質になる。

そんな彼の周りには、自然と人が集まることになるだろう。それも、物怖じしない彼が多方面に働きかけることによって、たとえば同級生ばかり、同じ趣味の人間ばかりといった偏ったグループではなく、年齢や立場を超えたつながりができてもおかしくない。

陽気／社交的キャラクターは、たとえば主人公の友人として配置すると、物語全体の潤滑油的な存在になってくれるため、書き手にとっては大変に便利な存在といえる。**悩む主人公を時には優しく、また時には厳しくサポートし、その広い交友関係によって情報源にもなってくれる**わけだ。

陽気な仮面の裏にあるものは

しかし、欠点のない人間などいない。陽気／社交的キャラクターが底抜けに明るく、悩みなど何も持っていないような人間に見えても、実はその内心には葛藤を抱えている――というのはよくあるパターンだ。むしろ、「自分から積極的に相手と関わるのは主導権を取って自分の内面に踏み込まれないようにするため」「常に笑っているのは、それ以外の顔を見せるのを極端に嫌っているため」などという形で、他人よりも**深い心の闇を抱えている**ケースも珍しくない。

実は主人公を全面的にバックアップしてくれているはずの明るい友人が、主人公を追い詰めている真の黒幕だったなどということになれば、それが明らかになったときに主人公と読者が受けるショックは計り知れない。こうした**二面性の魅力、どんでん返しの衝撃は表向きが明るいキャラクターでこそ大きい**のだ。

陽気／社交的

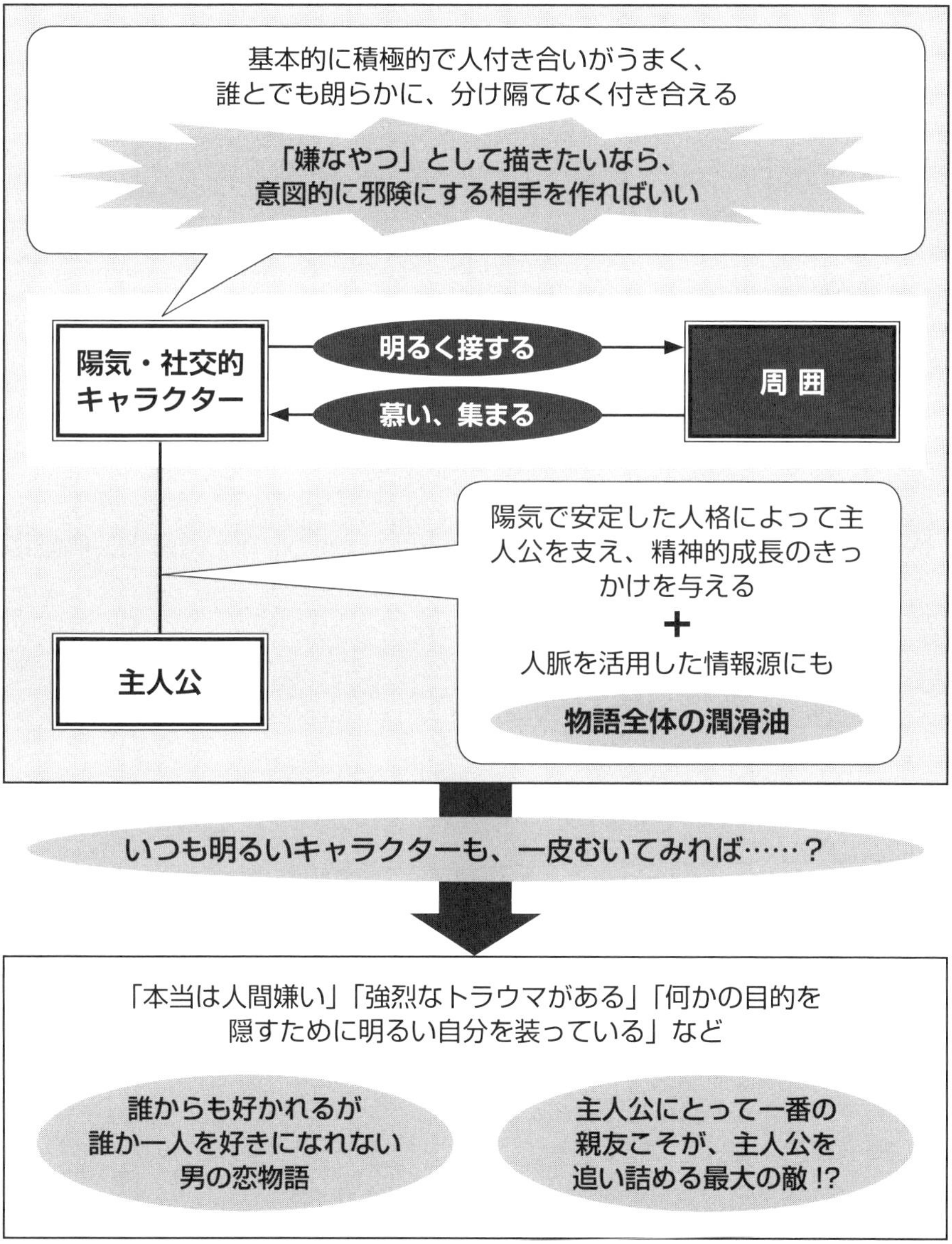
基本的に積極的で人付き合いがうまく、
誰とでも朗らかに、分け隔てなく付き合える
「嫌なやつ」として描きたいなら、
意図的に邪険にする相手を作ればいい
陽気・社交的
キャラクター
明るく接する
慕い、集まる
周囲
陽気で安定した人格によって主
人公を支え、精神的成長のきっ
かけを与える
＋
人脈を活用した情報源にも
物語全体の潤滑油
主人公
いつも明るいキャラクターも、一皮むいてみれば……？
「本当は人間嫌い」「強烈なトラウマがある」「何かの目的を
隠すために明るい自分を装っている」など
誰からも好かれるが
誰か一人を好きになれない
男の恋物語
主人公にとって一番の
親友こそが、主人公を
追い詰める最大の敵!?

㉓ ニヒルな皮肉屋

真っ直ぐに向き合うことに疲れたのか、それとも……

虚無を抱えたキャラクター

「ニヒル」というのは虚無や無関心、無価値の意味。すなわち、**何もかもが無価値であるかのように斜に構えた姿勢を取り、皮肉めいたことばかり言っているの**が本項で紹介する「ニヒルな皮肉屋」のキャラクター性ということになる。

とにかく他人の神経を逆なでするようなことばかり口にするのだから、どうしても嫌われがちになってしまう。誰だって（もしそれが本当であっても！）嫌なことは言われたくないものだ。過去の失敗をねちねちとあげつらわれ続けたり、みんなが「よし、がんばるぞ！」と結集したところで「そんなことに何の意味があるんだ」と水を差されたりすれば、どれだけのお人よしでもムッとするのは当たり前のことである。

結果、ニヒルな皮肉屋は**グループの中で浮いた存在**になってしまう。それがあまりにも度が過ぎるようであればグループを追い出され、一匹狼として立ち回らざるを得なくなるだろう。もちろん、そこまでハッキリと皮肉を口にするわけではなく、「物事に対して冷めていて、一歩引いているタイプ」くらいなら、グループの中に留まるのは十分可能なはずだ。

対比こそが面白い

主人公にせよ、脇役にせよ、真っ正直に相手と対峙するようなキャラクターにはない、**斜めに構えた態度**こそが皮肉屋キャラクターの魅力である。物事を見る角度が違うからこそ気づくもの、清く正しいヒーローには思いついても手を出せないやり方というものが必ずある。もちろんその逆に、皮肉屋なら照れてとてもできないような王道の手法を、たとえば熱血漢やお人よしといったキャラクターたちは堂々と行える。そうした**キャラクター同士の対比、組み合わせの妙を演出する上で非常に重要**なタイプといえる。

ニヒルな皮肉屋

ニヒル → 「虚無」「無関心」「無価値」などの意味
↓
物事が無価値にしか思えず、
まっすぐに向き合えない様子

グループの中の皮肉屋

ニヒルな皮肉屋 → 冷たく接する → 周囲
周囲 → 自然と避ける → ニヒルな皮肉屋

物事を真っ直ぐ捉えず、皮肉口をたたくような人間は、どうしても周囲から（嫌われないまでも）避けられ、孤立することになりやすい

ただの「不平屋」や、冷めていても
表に出さなければグループ内に残れることも多い

↓

皮肉屋 ← 対比 → 「真っ直ぐ」な人物

この正反対のキャラクターが対比される瞬間こそが
一番面白い、輝いている瞬間になる
↓
「正々堂々としている人間にはできないことが皮肉な人間には
できて、またその逆もある」というのがポイント

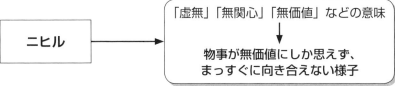

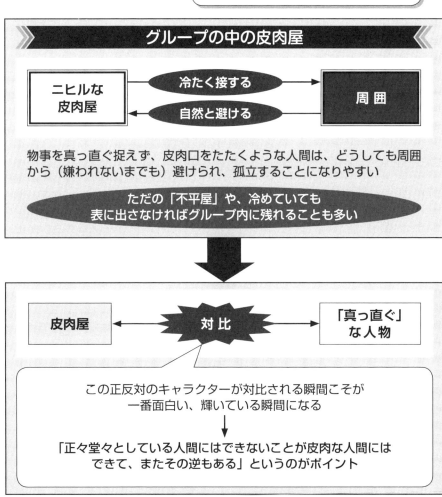

㉔生真面目／朴念仁

「いきすぎた真面目」キャラクターを読者に好きになってもらうために

真面目はいいことなのだが……

　そもそも「朴念仁《ぼくねんじん》」というのはあまりいい意味の言葉ではない。**「愛想がない」「頭が固く、頑固で、柔軟性に欠ける」**というわけで、つまり「ルールを守ってばかりじゃなくて、人との付き合いはもっと柔軟に接しろよ、お前はロボットか！」と言われてしまうようなタイプのキャラクターのことだ。

　また「生真面目」というのも、「真面目」だけならほめ言葉なのに、それがいきすぎてしまって融通が利かないほどになってしまっている人間を指す言葉だから、これもほめ言葉とは言いがたい。

　単にライバルや「お邪魔キャラクター（融通の利かない役人をどう説得すればいいのか!?）」として登場させるならそのまま頭の固い人物として演出すればいいが、メイン級のキャラクターならそれではつまらない。何か工夫がほしいところだ。

二面性を押すか、シチュエーションを変えるか

　最も良いやり方は、**「ただ頭が固いだけではない」**ところを見せることだ。四角四面で規則と法を遵守《じゅんしゅ》することだけを生きがいとしているように見えるキャラクターが、人がいなくなると同時にコロッと表情を変え、嬉々として甘いものを食べ始めたらどうだろう。あるいは、実はこっそりと困った人を助けるためにルール破りをしていたら？　生真面目の仮面で隠された生身の人間の素顔が見えたとき、そこに親しみを感じてもらえれば、読者からの印象はいい方向に変わってくれるはずだ。

　また、朴念仁であること、生真面目であることがなんだか**妙に面白おかしくなってしまう場合**もある。相手の言う冗談口やたとえ話が理解できず、「言葉通りに」受け取ってしまう姿などは、本人が真面目であればあるほど、はたから見ていると面白い。

生真面目／朴念仁

朴念仁

- 愛想がない
- 頭が固く、頑固
- 柔軟性に欠け、自分の価値観にこだわる

生真面目

いい意味での「真面目」ではない

↓

真面目具合がいきすぎてむしろ問題になっている

どちらも、本来ならプラスの要素である「意志の強さ」「真面目」が過剰でマイナスの要素になっている

ただの「嫌なやつ」「ダメなやつ」「付き合いにくいやつ」で終わらないために

二面性で攻める

ルールを守り、守らせることを徹底追及！ ←実は……→ 必要なら時にはルール破りもためらわない！

誰に対しても生真面目で固いキャラクター ←実は……→ 特定の人や動物の前ではメロメロに

あるいは、「朴念仁」「生真面目」であることがそれだけで面白くなってしまうシーンを見せていく

↓

冗談を頭から信じて行動してしまうところなど

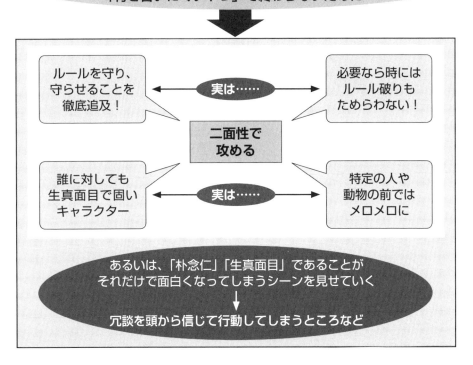

㉕天然

無邪気で天真爛漫なかわいさが人々を魅了する

「天然」とは何か？

天然という言葉の本来の意味は**「自然そのままで人の手が加わっていない」**だが、キャラクター性について「天然」というときには、ちょっと意味が変わってくるようだ。

この言葉について理解する際にはお笑い用語でいうところの「天然ボケ」について知るのが手っ取り早い。普通の「ボケ」は、客の笑いを取るために意図的にズレた発言をするのがおかしかったりすることを指す。これに対し、「天然ボケ」とは通常のボケのような作為的な言動ではないのに、他者と比較するとズレているため、まるでボケたかのように笑いを取ってしまうことである。

それと同じように、**作為があるわけではないのに周囲から浮き上がってしまう**キャラクターを「天然」と呼ぶ。しかし、そこに侮蔑のニュアンスは弱い。むしろ「天真爛漫《らんまん》」という言葉で表現されるような、無邪気さや屈託のないほほえましさ、かわいらしさというイメージが強い。

ありのままであることは良くも悪くも……

天然を物語へ登場させるにあたっては、その「かわいさ」がポイントになる。失敗やドジを繰り返すけれども、悪意がないから「しょうがないなあ」とほほえましく見過ごされるようなキャラクター性は、**ヒロインやマスコット的立場**として重要なものだ。

しかし、常に笑って許されるとは限らない。むしろ「何であいつばっかり周りから愛されるんだ」と**嫉妬**や**憎悪**を向けられる可能性がある。また、普通の人間なら周囲の空気を感じ取って反省して学ぶべきものを、取りこぼすことにつながるかもしれない。結果、天然の正体は「善悪の区別がつかない凶悪人物」というのもあり得る。

天然

「天然キャラクター」とは何か

本来の意味の「天然」

自然から生まれたもの、人工的でないもの、生まれたそのままで人の手が入っていないもの

↓ 転じて ↓

キャラクターとしての「天然」

作為のない、キャラクター作りをしていない姿。
逆に言えば、「普通それはキャラを作っていないとやらないだろう」という行動を意図せずやってしまう人

「天然ボケ」というのは、本来は作為による
「ボケ」を意図せずやってしまう人のこと

「天真爛漫」という言葉に象徴される、
「作っていないこと」から来る無邪気さ、かわいらしさ
こそが天然キャラクターの基本イメージになる

↓

プラス面

「作っていない」「悪意がない」
感じが癒しになる

↓

ヒロインにも
マスコットにもなれる

↔

マイナス面

「どうしてあいつばかり
許されるんだ」と嫉妬の対象に

あるいは

他者との感覚の違い
やズレは狂気……？

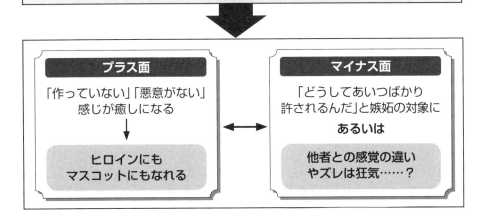

㉖甘え上手

天然を装う腹黒キャラクターも、一皮むけば面白いかも？

天然の反対は生真面目だけでなく

天真爛漫でほほえましさを振りまく天然キャラクターの反対軸は、ガチガチに頑固な生真面目キャラクター――と思うかもしれない。しかし、実は別軸にもう一つの反対パターンが存在するのをご存じだろうか。それが本項で紹介するところの「甘え上手」、別の言い方をするなら**「ぶりっ子」「作り天然」**だ。

このキャラクタータイプは文字通り「天然」を装っている。他者を傷つけるような発言、自らで利益を独占するような行動、あるいはドジや失敗で責められそうなことをしてしまったときに、**「自分は天然であってそこに作為（悪意）はない、だから自分を優遇してほしい（責めるのはおかしい）」**とアピールをするわけだ。つまり、自らの利益を得るための武器、あるいは自分を守るための防具として天然を装うキャラクターのことだと思ってほしい。

二面性をどう活用するか

物語において一番わかりやすい「甘え上手」の立ち位置は恋愛もののライバルだろうか。あるいは青春ものやサラリーマンものにおいて、困難な状況に置かれた主人公にとっての敵というのも面白い。「天然」の外面と「腹黒」な本性の二つの顔を使い分けて主人公を追い込んでいくわけだ。

一方、その**二面性のギャップ**を利用してヒロイン級のキャラクターとして描くのもなかなか効果的だ。自然体で甘えてくるキャラクターなら、その背景には事情やトラウマの存在を想像できる。自分で考え、意識して天然キャラクターを作っているのなら、それに疲れたり、あるいは何かの拍子で仮面がはがれてしまう瞬間があるはず。そうした内面に踏み込み、思いもよらぬ新たな顔を提示する――そうしたギャップによって描かれるキャラクターの魅力を上手に利用しよう。

甘え上手

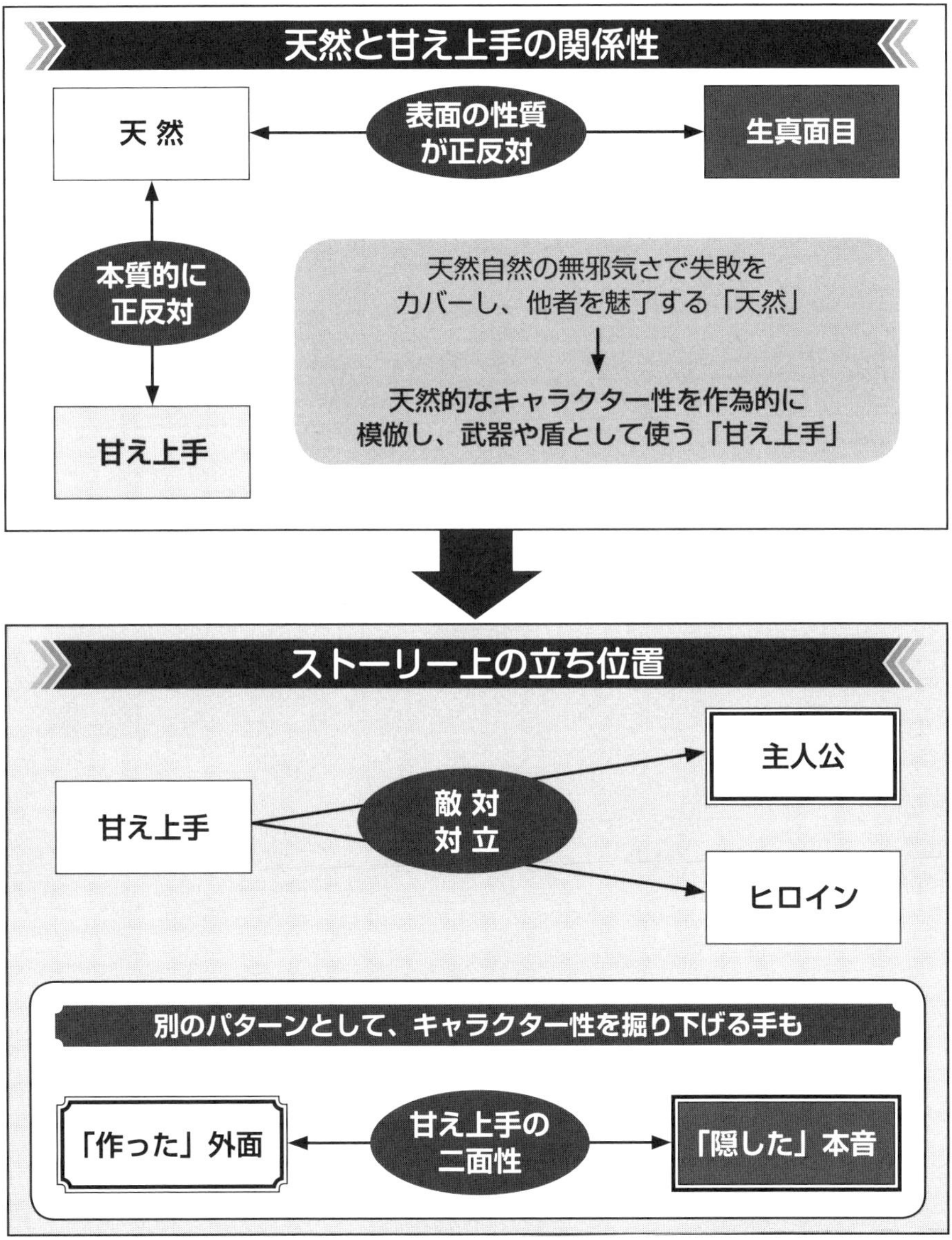
天然と甘え上手の関係性
天 然
表面の性質
が正反対
生真面目
本質的に
正反対
甘え上手
天然自然の無邪気さで失敗を
カバーし、他者を魅了する「天然」
天然的なキャラクター性を作為的に
模倣し、武器や盾として使う「甘え上手」
ストーリー上の立ち位置
甘え上手
敵 対
対 立
主人公
ヒロイン
別のパターンとして、キャラクター性を掘り下げる手も
「作った」外面
甘え上手の
二面性
「隠した」本音

㉗ 残念

いいところがあるのに、何故か残念なキャラクター

残念ってなんだろう

ラブコメ系、青春系作品に登場する主人公やヒロインにはしばしば「残念」属性が付加される。これはマイナスの意味を持つ言葉だが、単にダメな性格のキャラクターとはちょっと違う。**優れた能力や人の目を引く容姿などを備えているにもかかわらず、それらを打ち消してしまうようなマイナス特徴も兼ね備えているキャラクター**。それこそが「残念キャラ」だ。ギャップ属性の一種と考えてもらいたい。

「残念」属性はキャラクターに**親しみやすさやかわいさ**を付け加える効果がある。たとえば、都会のど真ん中に凄まじい広さの屋敷を持つお嬢様などと言われれば、多くの人は自分と違う世界の人間だと思い、気後れするだろう。だが、実はゲームやアニメが大好きだったりな素顔があると知れば、身近な人に思えてくるわけだ。これが親しみやかわいさにつながる。

短所がかわいさにつながる

面白いもので、人間は完璧なものよりどこかしら欠点のあるものをこそ魅力的に思う傾向があるようだ。十の長所と一の短所の組み合わせが、九ではなく二十にも百にも感じられることがある。どんな「凄さ」とどんな「残念さ」を組み合わせたら、魅力的になるだろうか。この配合こそが創作者の腕の見せ所と言っていいだろう。

皆さんにはなるべくオリジナリティのある組み合わせを模索してほしいのだが、定番のやり方もある。世間的イメージと内面を相反する組み合わせにするのだ。異性から人気があると噂のキャラクターが実は恋愛ベタだったり、バリバリの体育会系で社交的なはずのキャラクターがインドア趣味を持っていたり、何事も完ぺきなキャラクターが家に帰ると汚部屋に住んでいたり……あたりが定番であろうか。

残念

青春ものを中心に、若者向けエンタメでよく見る光景

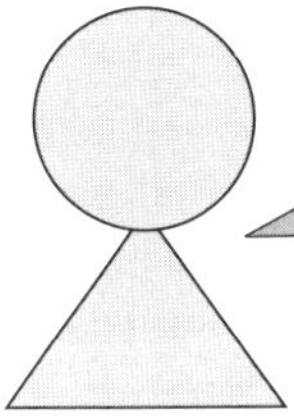

キャラクター属性として「残念」を付加される

能力・立場が優れているのに、なんだか
ダメな側面が目立ってしまうキャラクター

青春もの以外でもよく見られるし、
主人公や相棒キャラクターに付加されることも
↓
それだけ「残念」は人気があるキャラクター属性である、
ということ

どうしてそんな人気があるのだろうか？

長所
優れた能力、
魅力的な外見など

←　**ギャップ**　→

短所
生活能力がない、
性格が悪いなど

⇩

不完全さの中にこそキャラクターの魅力、特に
「放っておけないかわいさ」が生まれてくる！

「残念」とは、いわゆる「ギャップ」属性のバリエーションだ、
と考えるとわかりやすいのではないだろうか

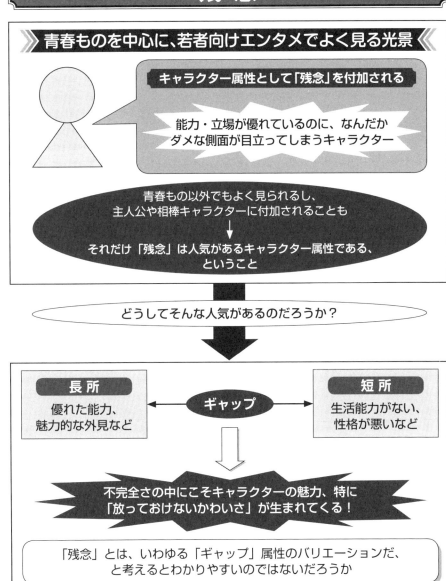

㉘頼りになる／包容力がある

頼れるキャラクターが一人いれば物語は安定する

必要なのは「器の大きさ」だ！

皆さんの友人グループの中に「何か困ったときはこいつに頼れば何とかなる」という人はいないだろうか。それはリーダーとして中心に立って引っ張っていくタイプかもしれないし、逆に普段は目立たないが縁の下の力持ちとして地味に仲間を助けてくれるタイプかもしれない。どちらにせよ、この種の「頼れる」キャラクターは**全体のバランスや組み合わせを考えても非常に有用**な存在といえる。

それでは、どんなキャラクターが「頼れる」のだろうか？「頭がいい」、「身体能力が高い」、「金を持っている」など能力・性質的な意味で優れているのも重要な条件かもしれないが、それ以上に大事なのは**「器の大きさ、包容力」**ではないだろうか。小さなことでグダグダ言わず、価値観の食い違いや相手のミスなどにもある程度鷹揚《おうよう》で、しかし締めるべきところではしっかり締められる——そんな大人物こそが真に頼れるキャラクターだろう。

頼ってばかりではいられない

「頼りがいのあるキャラクターが主人公を支える」、あるいは「主人公として周囲の人々を助ける」というのは大変安定感のあるストーリーなのだが、**安定しすぎるとそれはそれで問題にもなる**。主人公がピンチにならず、物語に起伏が生まれないからだ。そのため、「普段は表立って動かないが要所要所では活躍する」昼行灯《ひるあんどん》タイプのキャラクターにしたり、あるいは途中で殺されたり行方不明になったり裏切ったりと急展開の中で姿を消し、「さあこれから主人公は自立していかねばならないのだ」と緊迫感のある演出に利用するのがよくあるパターンだ。また、「実は弱点がある」「実は無理していただけ」という具合にその頼れる強さに揺らぎを作り、人間臭さを見せるのも面白い。

頼りになる／包容力がある

頼られ方はそれぞれ

●リーダーとして積極的にまとめ、統括する
●普段は目立たないが「縁の下の力持ち」的立場

頼りになるキャラクター ← **頼り、支持する** ― **周 囲**

どうして頼られるのか？

能力が高い（知力、体力、精神力、財力……）
のももちろん大事なのだが、それ以上に
↓
器の大きさ＝包容力こそが「頼られ具合」を決める

細かいことにこだわって相手を傷つけない、
鷹揚に認め、懐の深さで相手を包む

↓

あまりにも「頼れる」キャラクターは
物語をつまらなくする！

↓

●常には頼れないようにする
（実力を隠している、別の仕事で忙しい、何か思惑がある、など）
●物語の途中で退場してしまう
（主人公たちを守って死ぬ、裏切って敵側につく、など）

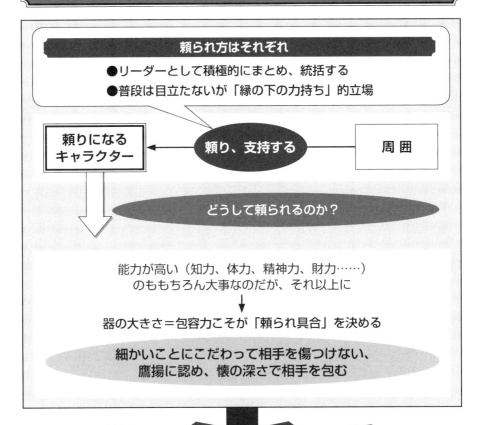

㉙卑怯者

卑怯上等、人間には何が何でも勝たねばならない勝負があるのだ！

物語上の「悪」の典型として

ここまで紹介してきたのは基本的に「いい奴」ばかりであったが、もちろん現実にいる人間はいい人ばかりではない。人は誰しも善悪両方の要素を備えていて、悪の顔が前に出ている人間はいくらでも存在する。

人間の「悪」のあり方も多用だが、物語の敵役として重宝するのは卑怯者の類ではないだろうか。**卑怯者は正面から相手から向き合おうとしない**。正々堂々と立ち向かったりもしない。姑息な手を駆使し、奇策を活用して、なるべく場外戦術で相手を葬り去ろうとする。それは実力では相手に勝てない、あるいは勇気がなく臆病であるために「負けるかもしれない」「自分が傷つくかもしれない」という状況に耐えられないからだ。そのような様子が他者からカッコよく見えるはずもなく、結果として**卑怯者は敵役が似合う**ということになる。

「卑怯＝悪」なのか

しかし、**卑怯であることは必ずしも悪ではない**。「絶対に負けられない戦いで全力を尽くす」、「強者の傲慢を弱者の機転が打ち崩す」と考えればむしろカッコいいシチュエーションに見えてくるはずだ。つまるところこれは匙《さじ》加減の問題なのである。

実際、卑怯ととられる手段にもいろいろなバリエーションがあって、単に一般的でないだけの手段もあれば、ルールの盲点を突いた反則ギリギリのやり口もあり、身近な相手を誘拐するなど誰が見ても完全に卑怯な手もある。だがそれらすべてが「命懸けの真剣勝負では当たり前、卑怯だなんだと騒ぐのはおかしい」と考えることもできる。そして、罪悪感を背負いつつも卑怯な手段を使う（あるいは直前で使うのをやめる）様を描くことで、いかにも人間臭いキャラクターに仕立て、読者の共感を得ることさえ可能なのだ。

卑怯者

キャラクターとしての卑怯者

物語の中に登場する「悪」のキャラクターと言っても
いろいろなタイプがあるが、中でも典型的なタイプ

正面から相手に立ち向かうことはなく、ひたすら姑息な手で立ち回る

卑怯者

臆病さや負けてしまうことの恐怖から、正々堂々と戦うようなことは不可能

「カッコ悪い」敵、主人公に叩きのめされる役として、
むしろ読者に近いところもあるような卑怯者という
立場は、逆に魅力的とさえいえる

卑怯は常に「悪」で常に「敵」なのか？

弱者 → 力の差を埋めるために卑怯になる → 強者

どうしても勝たねばならないとき、守らなければならないものがあるとき、あえて正攻法を捨てるのはある種の「カッコ良さ」があるのではないか？

卑怯な手段といっても種々さまざまで、
読者への印象はそれによっても違う

㉚ 傲慢／尊大

無意味に偉そうな奴が嫌われるのは当たり前のこと

人は時に傲慢にも尊大にもなる

「傲慢《ごうまん》」も「尊大」も「**実質以上に偉ぶり、相手をむやみに下に見るような様子**」のことである。人間は「**自分は選ばれた／上等な／正義の側に立った存在である**」と思うと、時に無制限に傲慢や尊大になる生き物だ。そのように驕《おご》り高ぶる原因は**生まれつきの身分・立場や、持っている資産、試験や競技の成績、それまでの人生でつかんできた社会的成功の量**などさまざまだが、あるいはまったくの思い込みで「とにかく自分は偉いのだ」「偉いから何をやってもかまわないのだ」と信じてしまっているのかもしれない。

ただ「嫌な奴」で終わらせるのか？

あまりにもリアルに傲慢だったり尊大だったりするキャラクターを演出してしまうと、単純に「嫌な奴」になることが多い。ライバルや黒幕など主人公たちに倒されることが前提のキャラクターなら嫌な奴として読者に嫌われれば嫌われるほどいいのだが、主人公をはじめメイン級にはちょっと向かないのだ（もちろん、卑怯者の項で紹介したように「程よくダメ人間」にして感情移入をそそるやり方はあるのだが、「偉そう」というのはそれにもいまいちなじまない）。

一つのやり方は**物語の中で自身の傲慢・尊大な欠点に気づき、それを克服させる**ことだ。ただ、改心する前にあまりにも読者に嫌われすぎると先が続かないので、そこに工夫が必要になる。あるいは**傲慢さに見合う魅力があるキャラクター**にするのでもいい。

そしてもう一つは、**傲慢振りをギャグ仕立てに突き抜けて演出する**ことだ。朗らかに「俺がこの世で一番偉い！」などと宣言させてしまうのである。現実にもいそうな「嫌な奴」だから気に障るわけで、ある程度のラインを超えて非現実なキャラクターになると、これが意外と気にならなくなるものなのだ。

傲慢／尊大

傲慢／尊大

傲慢・尊大
キャラクター

下に見て、
偉そうに振る舞う

弱者

その背景にあるのは……

自分の方が相手より上だ、という優越感

- 自分が正義で相手は悪だ！
- 自分は高貴な身分の生まれだ！
- 自分の方が優秀な成績だ！
- とにかく相手は劣った存在だ！

客観的な評価よりも、偏って一方的な
思い込みによる部分が大きい

単純に「悪」「敵役」として登場させるなら、
ひたすら傲慢振りを突き詰めるぐらいでちょうどいい

間抜けにしすぎたくない、
読者に嫌われすぎたくないなら

自身の傲慢に気づいて克服したり、あるいは傲慢さに見合うだけの成果や信念を持っているキャラクターにする

傲慢さ、尊大さも突き抜けたギャグ表現にしてしまえば、むしろ読者からは好感を得やすいことも

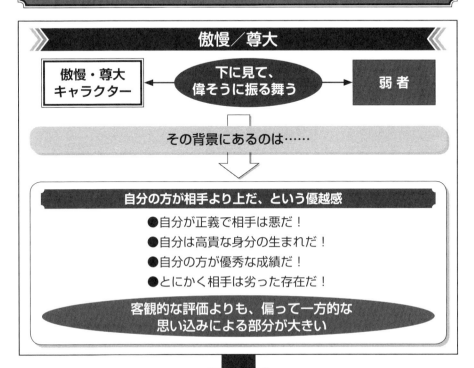

㉛欲深

欲が深いことは、けっして悪とは限らない

欲は人を動かすパワー

欲深とは文字通り欲が深い、つまり**「何かを欲しい」**と思う力が強いキャラクターのことである。

誤解しないでほしいのだが、何かが欲しい、と考えることは別に悪いことでもなんでもない。欲があるからこそ人間は頑張れる、という側面があるからだ。欲しいものがあるから頑張って働く。異性にモテたいから身だしなみに気をつける。出世したいから努力する。他人に負けたくないから勉強に励む。どれも良いことだ。

世に名を残す英雄というのも、多かれ少なかれこの「欲深」的な要素を持っていたのではないか。欲が強いからこそ、**普通の人であればリスクが高くて躊躇《ちゅうちょ》するような判断を下す**こともできる。強く欲すればこそ、**人よりも努力を続け、多くのことを知ろうとし、自らを育てていく**ことができる。「欲しい」は力なのだ。

欲は墓穴を掘ることも

ただ、何事もそうだがやりすぎは良くない。必要以上のものを欲しがったり、他人のものまで欲しがったりすれば、マイナスの事象が発生する。食べすぎて太ったり、人のものを奪って嫌われたりし、場合によってはそれが犯罪にもなる。清貧を美徳と考えている人にとっては、欲が深いというそれだけで悪と見えることもあるだろう。七大罪にも**「強欲」**がある。

何かを強く求めることは、**己の視野を狭める**ことにもつながる。理想を求めて頑張りすぎて、足元の小石につまづいて転んだり、体を壊したり。逆に小銭を集めることに執着しすぎて大金を獲得できるチャンスを見逃したり。「灯台下暗し」「急がば回れ」になるのも、「欲深」キャラクターの陥りがちな落とし穴であろう。

「欲深」ということはプラスにもマイナスにもなりえる性格だということがわかってもらえるだろうか。

欲深

欲の良い面、悪い面

欲深い人

あれが欲しい！　これも欲しい！
他人の物を奪ったり卑怯な真似をしてでも欲しい！

「強欲」は七大罪の一つに入るものでもあるし、
一般にあまりいい印象は与えないが……

- 何かを欲しい、と思う心
- 出世したい、と思う心
- お金持ちになりたい、と思う心

欲しいからこそ他人よりも努力して頑張る！

お金持ちになりたいから節約を心がける！

欲深さは必ずしも悪に通じるとは限らない
「欲しい」気持ちはプラスにもマイナスにも転じるもの

とはいえ、欲を制御するのは難しいもので……

「欲しい」はほどほどに……

必要以上に欲しがる

無計画に欲しがる

他人のものまで欲しがる

欲を制御できなければせっかく手にしたものを無駄にしたり他人に嫌われてしまったり
↓
ほどほどにセーブしたいところ

「欲しい」が目をくらませる

目標 ← 欲しい！ ― （人） ― 見えなくなる → デメリット落とし穴

㉜ 自由人

自由を求めることは、自由を捨てたいという心の表れなのかもしれない

陽気やクールの仮面の奥に

どこかひとところにとどまれず、あちこちをさまよう――いわゆる「自由人」と呼ばれるキャラクターパターンは、「あっしにはかかわりねえことでござんす」の木枯《こがら》し紋次郎《もんじろう》を始めとして古くから各種フィクションで登場し、非常に人気のあるものの一つだ。

自由人は一見すると社交的でとっつきやすいタイプだったり、逆にニヒルでクールな近づきにくいタイプだったりと第一印象はさまざまだが、実のところは**他者と本当に深いところで接するのを避けることが多い。**だからこそひとところにとどまるのを嫌い、一人の女と長々付き合うのを嫌い、あちらこちらをふらふら飄々《ひょうひょう》とさまようようなことになるわけだ。もちろん、まったく逆で完全に開けっぴろげ、何も隠さないことで他者の信頼を得るような自由人もいるが、そのようなタイプはむしろ心に問題を抱えていることが多い。

自由人との二面性

皮肉なことに、わずらわしいことが嫌いで何にもとらわれずひたすら流離《さすら》っていたい、すなわち**「束縛されたくない」心理の裏側には、しばしば「本当は束縛されたい」という思いが隠されている。**

放浪する旅人は、世界の多様な美しさに魅了される一方で、本当に自分が受け入れられるどこかを探しているのかもしれない。何人もの女性と付き合っては別れる浮気者は真に自分が愛すべき女を探しているのか、それとも本当に愛した女性と別れなければいけなかったトラウマを抱えているのかもしれない。人助けを拒否しつつもついついその場の流れで助けてしまうヒーローは、単純に照れくさいだけなのかもしれない。

そうした本音を「陽気」や「ニヒル」の仮面で隠し、本心は見せずに去っていく……というのはなかなかにカッコいいキャラクターといっていいのではないか。

自由人

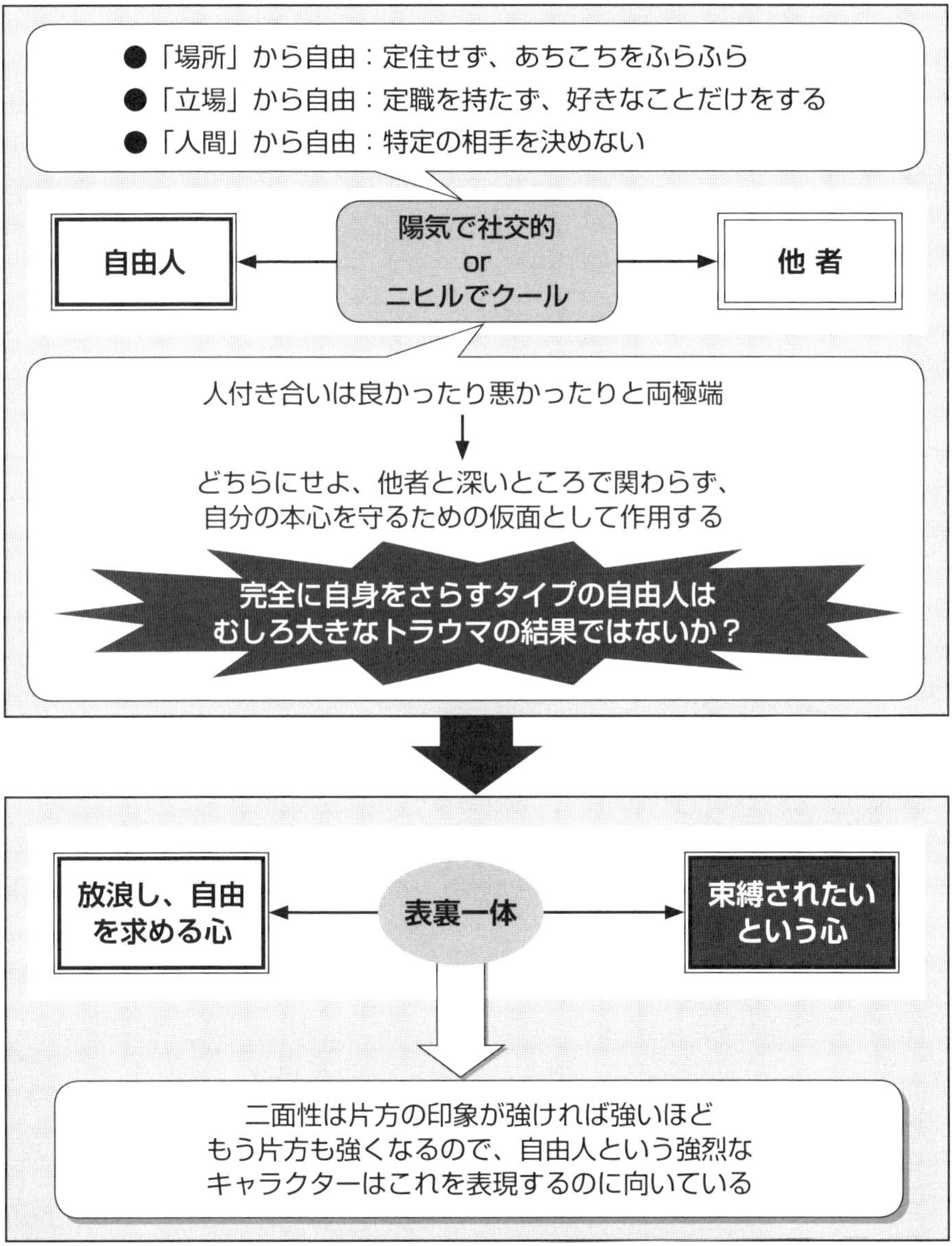
●「場所」から自由：定住せず、あちこちをふらふら
●「立場」から自由：定職を持たず、好きなことだけをする
●「人間」から自由：特定の相手を決めない
自由人
陽気で社交的
or
ニヒルでクール
他 者
人付き合いは良かったり悪かったりと両極端
どちらにせよ、他者と深いところで関わらず、
自分の本心を守るための仮面として作用する
完全に自身をさらすタイプの自由人は
むしろ大きなトラウマの結果ではないか？
放浪し、自由を求める心
表裏一体
束縛されたいという心
二面性は片方の印象が強ければ強いほど
もう片方も強くなるので、自由人という強烈な
キャラクターはこれを表現するのに向いている

㉝保守的

伝統を守り、現状を保つ、保守的な人々

己を律し、伝統を守る

個人主義で自由に生きるのが自由人であるのに対して、組織主義の面が強く出るのが保守的キャラクターであろう。

保守とは「保ち」「守る」ことで、文字通り**既にあるものを守っていきたい**、という性格を指し示す。これは伝統を守ることであったり、家族や仲間を大事にすることであったり、従来から存在するルールに反しないように振る舞う、ということにもつながっていく。比較的大人に多い性格だが、若いうちから保守的な考え方を持っていても別におかしなことではない。

このような性格は**自分を厳しく律したり、組織の秩序を守ったり、仕事の精度を安定させたり**などの長所に結び付きやすい。総じて、組織の一員や、職人や芸能者のような伝統的な職業などに向いている性格といっていいだろう。

保守的キャラクターは縛られがち

もちろん、短所もある。保守的なキャラクターからは**新しい発想が出てこない**。考え方や価値観が固定しがちだから、所属する地域や組織とは違う考えの人が理解できないことも多い。今はもう無意味になってしまった伝統を守り続けたり、他人に強要したり、ということもあるだろう。特に悪しきケースでは、「自分の利益を守りたいという気持ちを、組織や伝統を守るという大義名分で隠している」ことさえある。このような保守的キャラクターは、頭の固い教師や親など、主人公が乗り越えるべき障害として便利な存在である。

良い保守的キャラクターは、昔からのやり方に従うだけでは守れないことを知っている。伝統も実は状況に合わせて変わってきたのだと身に染みていれば、保守の顔をメインにしながらも、状況に合わせて柔軟に行動できるキャラクターになれるだろう。

保守的

「保守的」なキャラクターとは？

保守的 ←正反対→ **自由人**

保守的：今あるもの、過去から受け継がれてきたものを守る。前例を踏襲、安定傾向

自由人：過去にも現在にも縛られたくない。安定よりも自由、冒険を望む

もちろん、ここまで明確に対立するとは限らない。私たちは皆、このどちらの要素も持ちつつ、「どちらかと言えばこっち」程度に偏る

「保守」という性質は善にも悪にも転ぶもの

「保守」が善い方向へ行くと……

- 自分を厳しく律する
- 手抜きしない、精度を安定させる
- 伝統を守り続け、保存できる
- 不必要な変更をしない
- 組織の秩序を守る

↓

善い意味で保ち・守るということは安心させ、信頼させるということ

「保守」が悪い方向へ行くと……

- 過去に縛られ、新しい発想がない
- 他人・他組織の立場を理解しない
- 状況の変化に対応できない
- 自分だけでなく他人にも要求する
- 組織最優先で目的を見失う

↓

何を何のために守っているのかをわからなくなることもある

「保守」キャラクターの物語の一つの形として……

古典芸能や古い会社など、歴史を持つものを受け継いだ主人公の物語

↓

何を残し、何を守り、何を変えるのか？　保守的であることが正しいのか？
革新的に変えていくだけでいいのか？　組織の論理と個人の論理を混同していないか？

最終的に「守る」ことの尊さを描けると魅力につながる

㉞優柔不断

その情けなさは優しさの代償なのかもしれない

人生は決断と選択の連続だ！

選択を迫られた時、誰もが速やかに決断を下せるわけではない。それが自分の人生を左右するような大問題ならなおさらだ。しかし、逆に言えば「**人生とは決断の連続だ**」である。誰を友にし、何を好いて何を嫌い、誰と恋をし、どんな道を歩いて生きていくのか？

何もかもを手にして生きていくことができない以上、何かを得るということは何かを失うということだ。そして、それができなければ「優柔不断」――**決断力がなく、ぐずぐずしている**といわれても仕方がないのである。

優柔不断の裏にあるもの

ただその一方で、優柔不断キャラクターは**心優しい人**でもある。いろいろなものを大事にしていて、切り捨てるのを心苦しく思うからこそ「選べない」のだから。これは嘘つきがしばしば自分の利益のためではなく「相手を悲しませたくない」ために嘘をつく構図によく似ている。こういう事情から、ヒロインが多数共存するハーレムものの主人公は、多くの場合優柔不断になる。これは一人のヒロインだけにかまっているようではストーリーが破綻してしまうためだ。

そこで多くの異性にいい顔を見せ続けなければならないのだが、結果として「男らしくない」「浮気性」という要素が自動的にくっついてしまい、カッコ悪く見えてしまう。これは構造上避けがたい部分でもあるのだが、他作品との区別のためにもどうにかしたい部分でもある。

たとえば、「本人はあくまで一人の女性だけを思っているのだが、運が悪かったり、女の子たちが聞く耳を持たなかったり、何か特別な事情があって一人だけを選ぶわけにはいかない状況になっている」などと理由付けをするのがいいだろう。

優柔不断

短所：決断ができない

現実の人生と同じように、物語の中でも
さまざまな選択や決断を下す機会がある

↓

それができない「優柔不断」キャラクターは
しばしば失敗し、あるいは損をすることになる

⇕

この二つの面は表裏一体で、根は同じ

長所：優しい

選択することや決断することは、
選ばなかった方を捨てることにほかならない

↓

「捨てられないからこそ、選べない」のだから、
優柔不断なキャラクターはこの上なく優しいともいえる

**優柔不断キャラクターをメインにしたいなら、
この優しさに着目したい**

ハーレムものにおいて、サブヒロインたちを物語から除外しない理由になる

↓

ただただ情けなくカッコ悪いキャラクターにならないように

優しさが時にマイナスに左右する可能性もある

↓

「全員に優しい人は、結局のところ誰にも優しくない人」という言葉もある

㉟ツンデレ

ツンツンとデレデレのギャップがすべて!?

二つの意味合いをもつ「ツンデレ」

「ツンデレ」という言葉をご存じだろうか。近年のアニメや漫画などいわゆるオタク向けフィクションの世界で爆発的に広まった言葉だ。本来の意味としては、**普段は無愛想（＝ツン）なキャラクターが特定の相手の前でだけ甘えた様子を見せる**（＝デレ）様子を表現している。しかし、最近ではこのツンデレというキャラクター性は拡散する中で少なからず変質しており、この意味で使われる機会はあまりないようだ。

一般に知られている意味でのツンデレは、「**少女が顔を赤くしながら『あ、あなたのことなんて別に好きじゃないんだからね！』と口にする**」シーンに象徴されるように、「好きな相手の前では素直になれない」キャラクター性のことと定義される方が多いようだ。

どちらのパターンにしても「ツンデレ」という言葉が誕生する前からすでに各種フィクションに存在し、人気のあるキャラクターパターンだった。しかし「ツンデレ」という言葉で呼ばれるようになってから特に注目されるようになり、むしろ今では逆に陳腐化しているため、今、ツンデレ的キャラクターを登場させるならアレンジや工夫が必要になる。

ギャップと支配欲

また、どちらの意味で使うにせよ、「**外側」と「内側」のギャップによって魅力を表現する**のがツンデレの要諦と考えるべきだろう。「ツン状態」と「デレ状態」の落差が魅力の要であり、いわゆる「ギャップ萌え」の一種であるわけだ。

また、「この女の子がこんな風に特別な反応を見せてくれるのは自分の前だけなんだ」というわけで、ある種の**独占欲、支配欲**が満たされるのもツンデレキャラクターが人気を獲得した大きな要因といえるだろう。

ツンデレ

本来の意味での「ツンデレ」

普段
「ツンツン」している
（無愛想だったり、
生真面目だったり）

↔

誰かの前で
「デレデレ」している
（かわいかったり
色っぽかったり）

↓

ギャップの魅力がキャラクターとしての「ウリ」

一般に知られる「ツンデレ」

**ツンデレ
キャラクター**

あ、あなたのことなんて
別に好きじゃないんだからね！

↓

特定の相手に対する（見え見えの）
素直になれない心の動きを強くアピールする

↓

どちらにせよ、「普段と違う行動をしてくれる異性」の
ギャップによる魅力がベースとなっているのは同じ

**さらに、「彼女がこんな反応をしてくれるのは
自分の前だけ」という独占の楽しさがある！**

㊱ 太鼓持ち

「いよっ、大将！」だけで世を渡る

虎の威を借る狐、コバンザメ

本来の意味は**「宴席などで太鼓を叩き、客を楽しませる職業」**のことで、彼らは人を褒め、おだてていい気分にさせるのが役目だった。そこから転じて、**相手にへつらって気に入られようとする人間**がこう呼ばれる。「虎の威を借る狐」や「コバンザメ」もほぼ同じ意味の言葉だ。

太鼓持ちは自分の力で勝負しないから、どうしてもカッコ悪いキャラクターになりがちだ。強者の陰に隠れるということで、**卑怯・姑息**になってしまいやすいのもその一因といえるだろう。憎まれる敵・ライバルとしてはどこまでも陰湿に演出して読者の怒りを買ってもいい。その一方で物語を引っ張る役目を与えるなら、**陽気で憎めないキャラクター**にするのもアリだ。卑怯な手を使うのだが悪びれず、根アカな「得するタイプ」として描くわけである。

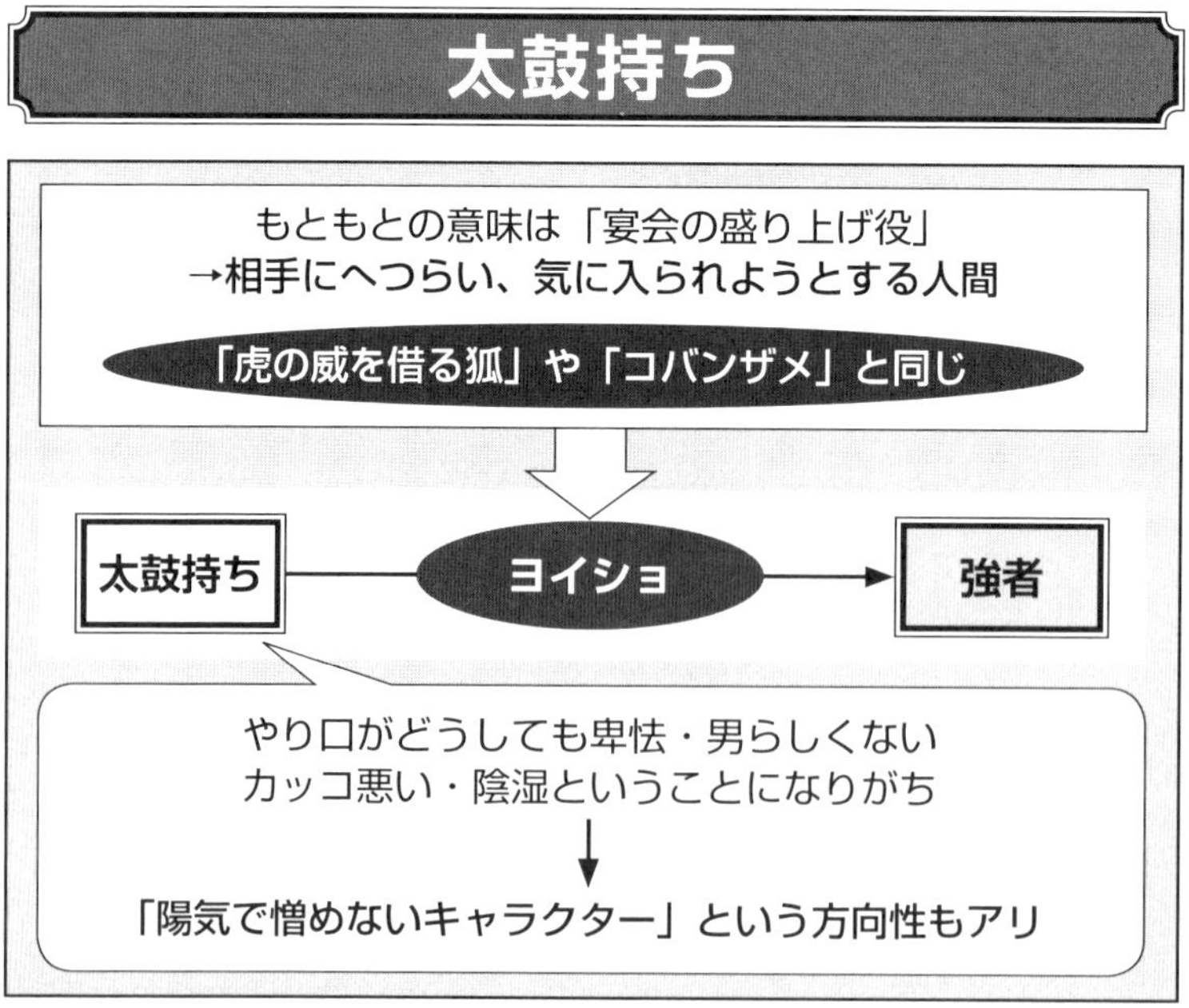
太鼓持ち
もともとの意味は「宴会の盛り上げ役」
→相手にへつらい、気に入られようとする人間
「虎の威を借る狐」や「コバンザメ」と同じ
太鼓持ち
ヨイショ
強者
やり口がどうしても卑怯・男らしくない
カッコ悪い・陰湿ということになりがち
「陽気で憎めないキャラクター」という方向性もアリ

㊲ マニュアル人間

悪い意味で日本人の典型的パターン

自分の頭で考えない人間

生真面目キャラクターのバリエーションとして、「マニュアル人間」というのが存在する。文字通り**マニュアルがなければ何もできない、マニュアルにしたがってしか行動できない**というわけで、ある意味で現代日本人の典型として語られることが多い。

マニュアル人間は誰かの指示があったり、あるいはあらかじめ「こういうときにはこういう行動をすればいいんだよ」と教えられていれば何の問題もなく――むしろ非常にうまく行動することができる。しかし、自分の知っている分野をそれてしまうと混乱し、自発的に行動できなくなってしまうわけだ。

物語の中では「マニュアル頼り」から脱却して自分の頭で考え、応用できるようになるのが基本だが、「賢いにもかかわらず自分の頭で考えるのを放棄した敵」がライバルとして登場するというのも面白い。

マニュアル人間

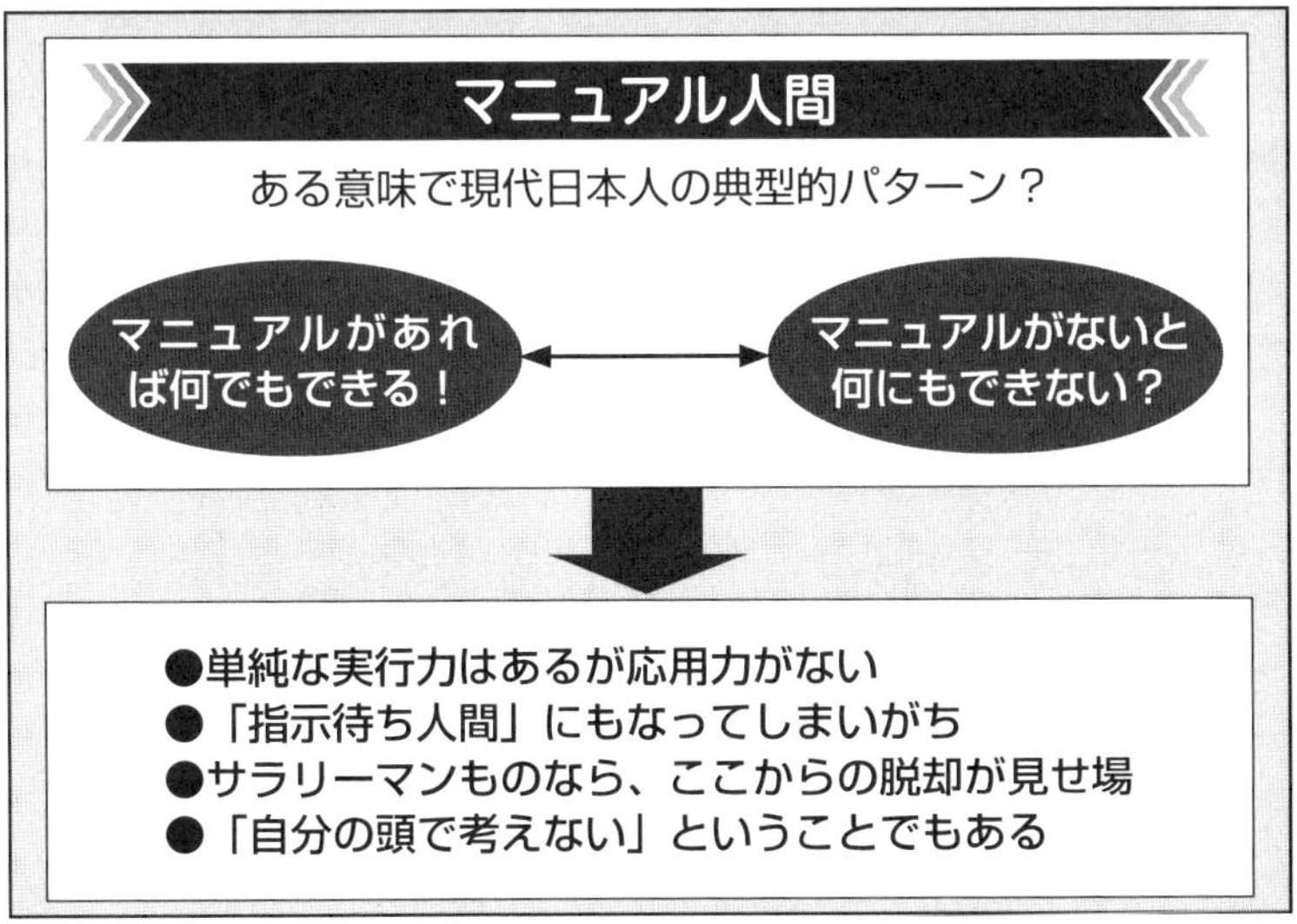
マニュアル人間
ある意味で現代日本人の典型的パターン？
マニュアルがあれば何でもできる！
マニュアルがないと何にもできない？
●単純な実行力はあるが応用力がない
●「指示待ち人間」にもなってしまいがち
●サラリーマンものなら、ここからの脱却が見せ場
●「自分の頭で考えない」ということでもある

38 職人気質

頑固一徹、自らの仕事に人生のすべてをかける！

頑固職人は日本人の憧れの一つ？

日本人のステレオタイプとしてしばしば語られるものの一つに、「職人気質」がある。**熟練の職人が自分の仕事に絶対の誇りを持ち、他人からやり方について指示されてもなかなか耳を貸さないが、その代わり自らの領分についてはひたすら誠実に打ち込む**——そんな生き方を示した言葉だ。筋金入りの頑固者である彼は身近で付き合ったら面倒くさい人かもしれないが、その仕事振りには多くの人が尊敬を寄せる。

別に職業として職人ではなくても、日本人は**額に汗して働くことを最大の美徳とし、責任感を大事にする**傾向がある。そんな彼らにとって「職人気質」はある種の理想像の一つであることは間違いないだろう。もちろんこれは傾向にすぎず、しかも今となっては廃れつつある「古き良き」日本人の姿ではあるが、それだけに憧れの対象になるのもまた一つの事実ではある。

職人は仕事を語るか語らないか

職人気質にはしばしば「**仕事については言葉で語らず、成果によってのみ評価されたい**」という価値観が付属するため、どうしても地味なキャラクターになりがちだ。サブキャラクターとして要所を締めてもらうだけならともかく、メイン級で活躍するならこの問題は解決したい。

たとえば、「職人はしゃべらない」というのもあくまでステレオタイプにすぎないので、普通の現代人として振る舞うキャラクターであってもかまわない。あるいは、職人気質キャラクターの横に営業・経営担当的なパートナーを配置してもいい。古風で堅い実務担当と現代風で軟派な折衝担当のコンビが時に衝突、時にわかり合いながら頑張るというのは、いわゆる「職業もの」でも、あるいは現代バトルものでもなかなかハマる組み合わせではないだろうか。

職人気質

職人気質とは

自分の仕事とその成果物に絶対的な誇りがあり、
他人から口を出されても耳を貸さない頑固者

↓

日本人的美徳の象徴的存在の一つ。
職人によくあるパターンだが、別に職人だけとは限らない

仕事仲間や家族からすれば
ただ面倒くさいだけの相手？
↓
仕事は尊敬される

今となっては絶滅
寸前の「古き良き」存在？
↓
頑固な技術者や
憧れの存在として健在

↓

職人気質キャラクターのありがちなスタイル

仕事について言葉で語るのは嫌だ、あくまで品質や成果によって評価されたい！

語の中ではどんな立場に立つのか

技術や知識で主人公を
サポートする「渋い」脇役
↓
サブで要所を締めるなら
「無口」「頑固」はいい属性

陽気で仕事にこだわる
「新しい職人気質」
or
古風で頑固な職人と
軟派な営業のコンビ

㊴ オタク

オタクの典型的イメージにとらわれすぎるのも良くない

広い意味でのオタク、狭い意味でのオタク

一昔前はネガティブ一辺倒だった「オタク」のイメージも、近年はかなりポジティブなものになってきた感がある。というよりも、一般化したというべきか。その中でオタクの定義もかなり揺れてしまったが、とりあえず**「何らかの趣味に徹底的に情熱を燃やす人」**が広義の意味である。

これが狭義になると**「（いい歳になっても）アニメや漫画など子どもっぽい趣味にうつつを抜かす人々」**になり、さらに「外見に気を使わない」「極端に太っていたりやせていたり」「他者とのコミュニケーション能力がない」などのマイナスのイメージが付加され、侮蔑的なニュアンスが高まることになる。しかし実際のところ、アニメや漫画のオタクであってもその多くは社会人としての責務をしっかり果たして人と付き合うことができ、余暇で趣味を楽しんでいるものだ。

趣味人と一口で言っても

オタクキャラクターの基本属性は**「趣味人であること」**だ。その趣味に没頭するあまり、それ以外のこと（特にコミュニケーション能力！）には完全に無知であったり、生活能力に欠けていたりするオタクキャラクターは珍しくない。しかし、その一方で自分の趣味に合致する点については博識であり、また貪欲でもある。また見落とされがちだが、自分の趣味の中で他者と関わらざるを得ない状況に置かれたオタクは、結構コミュニケーション能力を磨いたりするものなのだ。

また、オタクとしてのレベルも大きな問題だ。ネットで聞きかじったような、本職からすればチャンチャラおかしい知識を振りかざす程度のオタクなのか？　それとも、その道のプロさえ一目置くような「本物」のオタクなのか？　そのどちらなのかで、キャラクターの性質が大きく左右されることになる。

オタク

広い意味での「オタク」

何かの趣味に情熱を燃やす人、趣味人

↓

趣味の種類はさまざま（アニメや漫画だけでなく、
鉄道やアイドル、オーディオ、軍事などなど）で
性質も陽気から陰気まで多種多様

メディアなどで目立つのはどうしても……

狭い意味での「オタク」

アニメや漫画、ゲームなど、「いい年の大人がはまるような趣味なのか」
と眉をひそめられるような趣味に熱中する人々、というイメージ

**外見や振る舞いなど、どうしても
マイナスイメージをつけられがち！**

趣味に没頭するあまり、それ以外のすべてを放棄する	←→	趣味人として生きるには、結構いろいろな能力が必要になる
趣味人として、その趣味については奥深い知識を持つ	←→	あくまで趣味の世界なので、本職の知識には勝てない？

㊵トリックスター

状況を引っかき回す「狂言回し」は物語に欠かせない！

物語をかき回す役割

物語の登場人物すべてが明確な動機や目的にしたがって行動しているとは限らない。**「退屈だから」「何か面白いことがしたいから」「なんとなく気に食わないから」**あるいは**「強い奴と戦いたいから」**――そうした本人としては真剣かもしれないが、周囲からするとふざけているとしか思えない理由によって物語に介入してくるキャラクターがしばしば登場する。それが「トリックスター」だ。

トリックスターはある時は主人公たちの敵として立ちはだかり、またある時は味方のように振る舞う。絶体絶命の危機にこつ然と現れ、肩を並べて戦うこともあるかもしれない。最後まで中立を守るかもしれないし、最終的には敵あるいは味方として立場を明確にするかもしれない。どちらにせよ、**状況をかき回し、ストーリー進行に寄与する狂言回し**的な役目を担う。

トリックスターの事情

トリックスターの筆頭は北欧神話のロキだろう。彼は神々の王オーディンの義兄弟ではあるが、同時に神の敵である巨人族の血を引いていた。ロキは多くの神話で神々の一員として活躍するが、その中ではしばしばいたずらを仕掛けて大騒ぎを起こす。そして神話の最後を飾る最終決戦において、ロキは巨人の側に立つのだ――ロキはいたずら好きの神として有名だが、その背景には彼なりの複雑な事情があった。

トリックスターは陽気で冗談好き、悪意を堂々と表に出すことをためらわない、不真面目なキャラクターであることが多い。

しかしそれだけにとどめず、ロキのように**「どうしてそうなったのか」**を掘り下げていくと人間味が増すというものだ（逆に、まったく人間味を出さないことで不気味さを演出するのもアリ）。

トリックスター

トリックスターとは

多くの場合、ごく個人的な動機から状況を
引っかき回し、物語の流れを動かすのが役目

↓

起承転結の「起」「転」のきっかけを担うことが多い

その動機は……

退屈しのぎがしたい！

あいつは気に食わない！

強い相手と戦いたい！

↓

傾向として神や人外、超越者などによる
「上から目線」の介入であることが多い

↓

最も名高いトリックスター、ロキ

北欧神話の最高神オーディンの義兄弟で、
しばしばとんでもない悪戯やトラブルを引き起こす

実は神の敵である巨人族の血を引く

単純に「いたずらを仕掛けて厄介」
「状況を引っかき回して迷惑」というだけでは物足りない

↓

**物語がクライマックスに踏み込んでいく過程で
「どうしてそうなったのか」が見えていくと面白い
（あまり早く見せるとキャラクターが弱くなる）**

㊶狂人

非日常的な物語の中では、狂気こそが当たり前なのかもしれない

狂人の役目

心のバランスを崩し、狂気の世界に落ちてしまった人間——狂人は、ある意味でヒーロー以上に物語に欠かせない存在かもしれない。そのくらい常識の境界線を越えてしまった人物でなければ「ミステリーの殺人犯やバトルものの敵は務まらない」とも言えるからだ。彼らの狂気の論理を主人公たちが打ち砕くさまは王道の見せ場といってよい。

多様な「狂気」「狂人」

しかし一口に「狂気」「狂人」といってもさまざまなバリエーションがある。**執着心が行きすぎて相手を監視するようになってしまったストーカー。暴走した恋心によって相手を監禁（ひどいときには殺害！）までして独占しようとするヤンデレ。人を殺すことに異常な快感を覚えたり、あるいは逆に何の罪悪感もなくなってしまった殺人鬼。嘘をつき、人を騙《だま》すことが当たり前になってしまった虚言癖。炎に魅せられた放火魔**——例を挙げればきりがない。

あるいは、**戦場で人を殺す兵士たちや「大の虫を生かすために小の虫を殺す」と冷徹な判断を下さなければならない政治家や役人たちもまた、**心のどこかを殺し、狂気に近い領域へ入っている。そんな状態が長く続いた結果、真の狂気へ陥って世界を破滅に追い込もうとするというのは、冒険活劇の敵役としていかにもふさわしいキャラクターだろう。

そしてその考え方を突き詰めれば、**「世界を救うため」「自分を守るため」などと大義名分があろうとも、自分と同じ人間と戦い、殺せるバトルものの主人公たちも、**狂気の世界に一歩足を踏み込んでいるといっていいのかもしれない。物語のリアリティにこだわりたいなら、そうした非日常にさらされたメインキャラクターたちの気持ちにも切り込んでほしい。

狂人

狂人とは

何らかの事情から精神のバランスが崩れ、
狂気の世界に落ちて、異常な言動や行動を
繰り広げるようになってしまったキャラクター

**非日常的な物語の中では、
狂気の世界に没入したくらいでないと
メインキャラクターは務まらない!?**

具体的に「狂気」「狂人」とは何か

●ストーカー：
→執着心が行きすぎ、相手を監視する

●ヤンデレ：
→恋心（デレ）の過剰で監禁や殺害など
異常で病的な行為（ヤン）に発展

●殺人鬼：
→人の殺害に異常な快感か、あるいは
何の感覚も覚えなくなった人殺し

●虚言癖：
→呼吸をするように嘘をつき、人を騙す

●放火魔：
→炎に魅せられ、放火を繰り返す

など

非日常的冒険の中で人殺しに慣れてしまった主人公、大の虫を生かすために小の虫を殺す指導者も、狂気の世界に一歩踏み込んでいるのではないか？

㊷ 奇人／変人

物語に爆発的なエネルギーを与える存在

なぜ彼らは奇人・変人と呼ばれるのか

前項で紹介した狂人ほどに狂気の世界に踏み込んではいないが、しかし一般人からすると**常識外の価値観や信念を持ち、奇矯な振る舞いの目立つキャラクター**――それが奇人や変人である。

一番ありがちなのは、特定の**行動が過剰**な類だ。果物しか食べないとか、部屋を真っ赤に染めているとか、常に黒いコートで町を歩くとか、そうした「普通の人間にも少しはあるかもしれないが、やりすぎ」というのが定番。さらに**価値観のズレ**も大きい。普通の人なら「常識的にこういうことはしないな……」とブレーキを踏むところで、彼らはむしろアクセルを踏むわけだ。結果、「行動力は高いが周囲に迷惑を撒《ま》き散らす」ということになりやすい。自身の研究を完成させるために倫理を無視した実験を繰り返す、マッドサイエンティストなどはまさにその典型といえるだろう。

エキセントリックは諸刃の刃

感情の起伏が激しくてエキセントリックなキャラクターも多く、しばしば物語を引っ張っていく役割を果たす。

このタイプのキャラクターで特に有名な例としては、谷川流《たにがわながる》『涼宮《すずみや》ハルヒ』シリーズにおけるメインヒロイン・涼宮ハルヒがいる。このシリーズは退屈を持てあまし刺激を求める彼女（しかも無意識のうちに超常的な能力が発動する）に巻き込まれる形で物語が動いていくのが基本的なスタイルだ。

このようなエネルギッシュなキャラクターが一人いると全体のテンポが高まるため、書き手としては非常に便利な存在である。しかし、それだけに**読者が「付き合いきれない」**とついてこれなくなる可能性もあるので、特に主人公やヒロインなどに設定する場合は注意が必要だろう。

奇人／変人

奇人・変人とは

奇矯な振る舞いが目立つキャラクターのこと。
狂人ほどではないが、少なからず狂気を垣間見せる
キャラクター性も持ち味の一つ

**一般に、「奇人」の方が「変人」よりも
言動のおかしさが強いとされる**

行動の過剰

単体の行動としては普通なのだが、それが明らかにやりすぎ！

↓

服装、食べ物の好み、しゃべり方、日頃の癖などに表れる

↔

価値観のズレ

普通の人なら倫理観や世間の目を見て言わないような言動

↓

自分の信念を優先し、言ってしまう！　話しても通じないことも多い

エキセントリックな行動力

感情の起伏が激しく、それに比例するように
とんでもない行動力の持ち主でもある

**爆発的なエネルギーで
物語を引っ張る！**

**物語にインパクトを与え、また停滞した状況を
ひっくり返す非常に便利なキャラクターではあるが、
読者に嫌われる可能性もあることに注意**

❖コラム⑵ 二時間ドラマに学べ！

二時間単発で放映される「二時間サスペンスドラマ」、いわゆる「二時間ドラマ」を最近めっきり放映が減ってしまったが、ご覧になったことはあるだろうか。これがエンタメ小説の勉強に役立つ。

これらの作品の多くは原作小説があるのだが、ＴＶ向けに設定やストーリーなどが変更されていることが多いため、「どこが変更されたのか」「どうして変更されたのか」と書き出して考えてみると参考になる。

大事なのは、放映時間と「事件」のバランスを表かグラフにしてみることだ。事件というのは、「襲われた」「意外な事実がわかった」「お色気シーン」などの視聴者にとってインパクトのあるシーンをすべて含める。そうして十作品ほど分析してみると、視聴者を飽きさせないために、いや引き込むために作り手がどのような工夫をしているかが見えてくるのだ。

次にシリーズ物を見ることをおすすめする。五作以上続いているシリーズ物を同じく構造分解してみると、お約束のパターンとその否定のバランスが見えてくる。キャラクターの掛け合いや事件のヒキなど、同じように見えて、実は微妙に変えている。プラス、シリーズの途中から見た視聴者にもわかるように「これがどんな物語か」を伝えるための工夫もあるはずだ。

これはたいてい回想シーンの挿入によって行うのだが、実はこれが難しい。回想シーンばかりだと逆に今までの視聴者にたるく感じられてしまうからだ。そうしたテクニックを巧みに使わなければ面白いシリーズ作品は作れないのである。

少し古い原作の作品にも注目してみよう。携帯電話やパソコンがなかった時代の物語をそのままやるのか、現代に合わせて改変するのか？　それが不自然になっていないかをしっかり確認するのだ。読者（視聴者）に対して一番やってはいけないのは「違和感」を与えること。実はそれが一番出やすいのが「原作の設定から改変した場合」だからである。

第三章
職業・立場 1（リアル編）

現代の日本には非常に多様な職業や立場が存在する。その中から、特に青春ものやミステリー、サスペンス、冒険ものなどで登場しやすいものをピックアップして紹介していきたい。きっと、物語で活用する参考になるはずだ。

㊸ 乳幼児

物語の主役にはなりにくいけれど……

守られるべき存在

乳幼児は**乳児（生後一歳ごろまで）**と**幼児（生後一歳から六歳ごろまで）**を合わせた言葉で、つまり小学校に上がる前の子どものことである。自然界においては生後数時間で歩行し始める動物も珍しくないが、人間はそうはいかない。歩くことはおろか、這うのにさえ時間がかかる。人間の特徴である会話や複雑な思考を操れるようになるのはさらに先のことで、乳幼児は**あらゆる意味で保護されるべき存在**といえる。

そのため、彼らは親や祖父母などの家族、あるいはベビーシッターなどの庇護下で育ち、ある程度大きくなると保育園や幼稚園に通うようになる。しかし、近年は共働き家庭が増え、祖父母らとの同居が減り、また保育園などの施設も不足した結果、**育児に対する親の負担が激化**する傾向にある。乳幼児の関わる物語では、ここに着目するとリアリティも増すだろう。

弱々しいイメージを逆用するのも

乳幼児は子どもの中でも能動的に動きにくい存在であり、主人公になることはほとんどない。臼《うす》井《い》儀《よし》人《と》『クレヨンしんちゃん』などギャグ路線の日常ものが数少ない例外だが、小説では雰囲気作りが難しそうだ。

多くの乳幼児は**主人公やそのほかの重要人物の家族**として登場する。その中で庇護対象やマスコットの役割を果たし、時に主人公を励まし、また時には主人公の弱点となるわけだ。もちろん、幼稚園や保育園を舞台にした物語では、個性豊かな乳幼児が登場し、そのバイタリティーで主人公らを振り回すことになる。

一方、乳幼児の弱々しいイメージを逆用して、神々の生まれ変わりなど、実は「**すさまじい力を秘めた存在**」なのだ、と描く方法もある。石《いし》ノ《の》森章《もりしょう》太郎《たろう》『サイボーグ００９』において、チームの指揮官役００１が超能力と知性を備えた赤ん坊だったケースが有名だ。

乳幼児

乳幼児とは

生まれてから小学校に通うぐらいまでの子どものこと

乳児
生後一歳ごろまで
（乳を飲んでいる頃まで）

＋

幼児
六歳ごろまで
（学校に通いだすまで）

ほかの動物の子どものように生まれてすぐ歩き回れるわけではなく、また生活能力どころか、ある程度成長するまでしゃべるのもおぼつかない状態

↓

親や家族、各種施設などによる保護と教育は絶対的に必要だ！

**社会問題としての育児負担の増加は
物語のテーマとして面白いかもしれない**

主人公としての乳幼児

肉体・精神・社会それぞれの意味で能動的に
動きにくいため、主人公としてはあまり向かない

ギャグ・コメディ路線ならアリか？

庇護対象・マスコットとしての乳幼児

主人公が守らなければいけないキャラクター、
時に主人公の足を引っ張るキャラクター

家族として心の支えになることも多い

変化球的な見せ方も

か弱い外見とのギャップを活用して、
超常の力を備えた赤ん坊というのも面白い

神の生まれ変わり、異種族の子など

㊹学生

まだ社会に出たことがないことは武器であり、弱点でもあり

学生と言ってもさまざまなパターンがある

学生を主人公あるいは重要な登場人物にするのは定番中の定番で、特に青春ものではほとんど必須とさえ言える。しかし、単に学生といっても下は六歳の小学一年生から、上は二十代の大学生、いや六十代で「定年を機に勉強し直そうと思いまして……」というパターンだって十分にあり得る。その中でおおよその傾向を追いかけてみよう。

小学生は元気さや純粋さ、まだ男女の差もあまり出てこないような中で、しかしおませなところ、あるいは現代っ子らしいスレたところを見せていくといい。

中学生はなんといっても自我や性の目覚めが訪れる時期だ。揺れる思春期の思いは青春ものなら絶対に扱いたい。

高校生はその延長だが、大人でもないが子どもともも言えない微妙な時期であり、また卒業後の進路という重大なターニングポイントもある。

大学生にもなるとすっかり大人で、また浪人経験者や一度社会人を経験した学生がいるなど、それぞれ背景事情が複雑になるのが特徴だ。

大人と対比させていく

学生を描く上で最も重視するべきは、そのほとんどが**多かれ少なかれ子どもらしさを持っている**（あるいは「大人ではない」）という点だ。ほんの子どもである小学生から同年代には働きに出ている者もいる大学生では事情も異なるが、社会経験が不足している点では変わらない（社会人経験者の学生や親、「学校の中の大人」である教師と対比すると効果的）。

そのことは純粋なエネルギーとして**大人にはできない何かをやってのける力**になるかもしれないし、**視野の狭さや考え方の浅はかさ**として足を引っ張るかもしれない。それこそが物語の魅力になるのだ。

学 生

学生とは

小学校から大学まで、学校に通う生徒たち

↓

学問から部活まで、それぞれの学生生活を送る

とはいえ、学生の立場や姿もさまざま

小学生

元気さ、活発さ、純粋さ、子どもらしさが前面に出る。
しかしその一方で妙にスレて大人っぽい現代っ子もいる

中学生

自我や性の目覚め、男女の違いが顕著に出てくる。
大人が見ると恥ずかしい気持ちにもなる

高校生

中学生の延長線上だが、進路問題が出てくるなど、
最も子どもと大人の間で揺れ、悩む時期でもある

大学生

ここまでくるとほとんど大人でそれぞれの背景事情も十人十色。
サークル活動など青春を謳歌する者も

そのほかの学生

専門学校に通ったり、特殊な学校（ある種の職業訓練校など）
に通うなど、個性的な学校の学生たち

学生は基本的に「社会に出たことがない」
キャラクター。その視野の狭さが武器にも足枷《あしかせ》にもなる

↓

親や教師、社会人経験者と対比させていく

㊺ 不良

不良に付きものの「悪いカッコ良さ」をどう描くか

不良の特徴や行動パターンとは

不良とは、**服装や頭髪についての校則を無視し、喫煙や飲酒などの法律を破り、集団を形成しては一般学生を脅かしたりほかの不良グループと衝突したり**――いわゆる不良学生のことを指す。

古くは**愚連隊**や**暴走族**、近年は**チーマー**（チームが語源の不良集団）や**カラーギャング**（特定の色の原色Tシャツなどの服がトレードマークのグループ）などといったタイプが知られている。

不良たちはこのように集団を形成することが多いのだが、中にはそこから一線引いて独自の立場を保つものもおり、「一匹狼」などと呼ばれて特にフィクションでは大きく扱われることが多い。

彼らには「やんちゃの美学」的なところがあり、**思春期のやり場のないエネルギーの暴発**が生み出す暴走が特に同年代の少年少女の共感を誘いやすい。不良が主人公の漫画に今もなお一定の支持があるゆえんだ。

しかし、一方で現実の彼らの行為が犯罪すれすれ、あるいは犯罪そのもので、しかもそれがときに暴行や傷害、強盗のような他者を積極的に傷つけるものになることさえあるのは忘れるべきでないだろう。

物語の中の不良

学園ものや青春ものでは不良の出番が非常に多い。「雨の日に子猫を拾う番長」というのはギャップの定番だが、たとえば「周囲からは不良と見られているが実は心優しい主人公」を中心にした学園ものはなかなか面白そうだ。ほかにも、主人公のライバルや、裏社会ともつながりがあって情報屋的に活躍する協力者など、さまざまな場面に登場しうる。

大人の物語でも「不良の魂を持ち続けた元気な新入社員」や「主人公がかつての自分を不良に投影する」というのはいい展開やキャラクターになりそうだ。

不良

不良とは

校則や法律などのルールを破って問題を起こす、
品行が良くない青少年たちのこと

↓

基本的に学生が中心だが、中卒や高卒などの姿も

不良のさまざまなタイプ

- 愚連隊：「ぐれる」から。戦前～戦後しばらく存在
- 暴走族：バイクでの暴走行為中心。近年衰退
- チーマー：「チーム」から。繁華街などを中心に活動
- カラーギャング：原色のＴシャツなどの服がトレードマーク

あえて群れない「一匹狼」も

不良は「カッコいい」でいいのか？

ルールをあえて破る「やんちゃの美学」や思春期のエネルギーの暴発など、共感を得やすいキャラクター性

↔

彼らの行為はしばしば犯罪すれすれや犯罪そのもので、そうした悪質さから目をそらしてはいけない

↓

- **主人公として：**
  →心優しい不良や「不良に見えるだけ」の一般人
- **脇役として：**
  →ライバルや協力者、蹴散らされるモブ
- **大人から見て**
  →過去の自分に重ねて期待したり羨望したり

㊻フリーター

夢をかなえるための忍耐の時期か、夢のないモラトリアムか

二種類のフリーター

フリーアルバイターの略であり、定職につかないで（あるいはつけないで）アルバイトやパート、派遣社員などによって生活する人のこと。

フリーターは大きく分けて二つのパターンがある。一つは、**何らかの夢や目標を掲げ、そのための資金稼ぎや成功をつかむまでの生活資金確保のため、「世を忍ぶ仮の姿」**としてフリーターをやっているパターンだ。特に歌手やお笑いなど芸能の世界や、プロ格闘家の道などを模索する若者は、しばしばフリーターとして働きながら自分の技を磨き、将来を夢見るものだ。

もう一つは**「将来について決断することができなかった」「正社員として働く窮屈さを嫌った」「そもそも、就職できなかった」**などの事情からフリーターの道を選んだパターンだ。また、たとえば「俺は歌手になる！」などと目標を掲げてはいても結局は口だけで、自分を磨いたりする機会を作ったりせずにモラトリアム状態なフリーターも、こちらに分類するべきキャラクターといえるだろう。

夢をつかむか、夢を探すか

明確な夢を持つフリーターを物語の中心にすえるのであれば、**「いかに夢をつかむか」**を描くのが基本になる。もちろん、単純に成功してはつまらないので、成功までの苦しい道のり——数々の失敗や周囲の無理解、仲間割れ、夢をあきらめるか否かという葛藤など、さまざまな障害をきっちり描く必要がある。結果、あるいは夢をあきらめ、当たり前の大人として生きていく道を選ぶのも、それはそれで読者の共感を獲得できる魅力的な物語といえるだろう。

一方、夢がなく漫然と生きるフリーターは**「自分はこれからどうするべきなのか」**という重大な問題と向き合い、自分なりの答えを探さなければならない。

フリーター

フリーターとは

「フリーアルバイター」の略。アルバイトやパート、
派遣社員などで収入を得る、定職につかない人々

フリーターは大きく分けて二種類存在する

「夢を目指す」フリーター

フリーター

夢をかなえるために、
今はフリーターとしてがんばるぞ！

芸能関係を中心に、時間の自由になるフリーター
を続けながら技を磨き、機会をうかがう

**夢を追うことのつらさ、現実を見ることの
大事さもしっかり描きたい**

「なりゆき」フリーター

フリーター

特にしたいこともないし、
正社員は堅苦しいし……

いつまでもフラフラしていられるわけではないし、
夢を語ることも長くは続けられないし……

不安定な生活へのあせり、
自分の立場への不安が前に出てくる

㊼引きこもり／ニート

部屋の中にこもってばかりでは心も病むというもので……

似てはいるが違う存在

いわゆる社会問題の「引きこもり」と「ニート」はしばしば同一視され、また一人の人物が両者を兼ねることもあるのだが、本来の定義としては別物である。

まず、引きこもりは「**長い間自室（自宅）にこもって外へ出ることができない人**」のことだ。その背景としてはわずらわしい人間関係やストレスを嫌ったり、過去のトラウマがあったり、あるいは幻覚を伴うような心の病があったりと、ただ怠けているのではない深刻な事情があることが多い。

一方、ニートは英語の「**仕事をしない、学校にも行かない、就労訓練もしない人**」という言葉の頭文字を取った言葉だ。この三つをしないのは「社会に関わっていかない」ことにほかならない。背景事情には、「自分らしくいられないなら社会に出たくない」「働く必要を感じない」などの心理があるとされる。

共通する問題として家族関係がある。こういう生活をするだけで家族との軋轢《あつれき》は避けられない上、ほとんどの場合家族の援助に頼り切った生活をしているため、親が死んだら、あるいは見捨てられた後はどうするのかと考えないわけにはいかないのだ。

ステレオタイプとして

物語に登場する引きこもりやニートは、多くの場合**心に問題を抱えたキャラクター**として描かれる。また、外出する機会が少なくなりがちでゲームやインターネットなどの室内で完結する趣味に興じていたり、ひどく太っているなどの要素を付加されることも多い。

主人公格ならばその問題をいかに解決して社会へ出て行くのか（せめて最初の一歩を踏み出すくらいは）が物語の焦点になるだろう。あるいは、敵役や脇役としてこの種の問題によって心を病んだ人物が登場し、大きな障害として立ちはだかるというのも定番だ。

引きこもり／ニート

引きこもり

自室（自宅）にこもってしまい、そこから長期間にわたって外へ出ることができない

↓

進学や就職・転職の失敗、学校でのいじめ問題、職場でのストレスなどの問題が背景にある

ニート（NEET）

●仕事をしない
●学校にも行かない
●就労訓練もしない
（→ **N**ot in **E**ducation, **E**mployment, or **T**raining）
の英語での頭文字

↓

社会への参加を拒む生き方。引きこもりと同じような社会的トラブルがきっかけになることも多い

両者が重なることも少なくないが、言葉としては本来別物の概念である

↓

物語の中での引きこもり／ニート

自分の抱えている問題を解決・克服し、社会へ出て行くきっかけをつかむ！

⇔

狭い社会で生きるうちに心を病み、結果大きな障害として敵や脇役に

↕

どちらにせよ、その問題の背後に何があるか、どう解決へ導くか（ただの敵役なら解決を描かない選択も）が重要だ

非常に生々しい問題なので、描き方にも注意が必要

㊽警察官

犯罪と戦うのが役目ではあっても、警察官も人の子

警察官の職務の数々

国家の治安を守るため、犯罪が起きれば鎮圧や逮捕に動き、そもそも防犯の徹底により被害を抑えようとする――それこそが警察および警察官の職務である。

警察官の職務や部署も多種多様だが、最も頻繁に物語に登場するのは**刑事**だろう。その主な役目は犯罪捜査で、基本的には私服で行動する。また、事件現場において指紋や血痕の有無を調査するなど科学的操作を行うのは**鑑識**の役目だ。

政治団体やテロなどに目を光らせる部署が**公安**で、その仕事の内容から秘密が多く、同じ警察官たちからも煙たがられることが多いようだ。そして、暴動が勃発すると、その鎮圧という「力仕事」には**機動隊**が出動する。警察官は基本的に柔道などの武術を習得しているが、彼らはその中でも特につわものぞろいだ。

私たちが日常生活の中でよく目にするのは**交番勤務**の警察官。巡回による防犯や、いざ事件やトラブル（住民間のもめごとなど）が起きた時の対応を行う。

警察を主眼とした物語ならば

このように日夜犯罪と戦う警察官たちだが、彼らもまた**生身の人間で、公務員という一種のサラリーマンであること**は忘れてはならない。部署と部署、警察署と警察署、また地方と中央の対立があり、組織の内部にも矛盾や不合理な点がある。犯罪と接する役目上、汚職や不正に手を貸し、罪のもみ消しをするような悪徳警官だっているだろう。それを達観して見ている者もいれば、「許せない」と憤る者もいる。単に「警官」とひとくくりに見るのではなく、一人の人間としての警察官たちを描いていく方がいいだろう。

傾向として、かつては刑事ものが主流だったが、近年は公安などが主役の話も増え、**警察組織の犯罪に立ち向かう**ようなものも注目されるようになっている。

警察官

警察官の役目と職務

犯罪を鎮圧し、捜査し、また予防するために、
数多くの警察官たちがそれぞれの職務を担当している

刑事
犯罪捜査が役目。基本的に制服は着ず、私服で行動する

鑑識
指紋を採取するなど、科学的な捜査で刑事をサポートする

公安
政治団体、テロ、宗教などを監視。警察内で不気味に見られがち

機動隊
暴動の鎮圧など、実力を行使する必要があるとき動員される

交番
各地の交番に勤め、また巡回することで犯罪を予防・対応

ほかにも色々な職務が存在する

↓

派手な立ち回りや事件の面白さを描けることから
ドラマなどでも人気のある「刑事もの」が主流

↓

最近は公安を主人公にしたり、警察内部の矛盾や
腐敗、問題を取り上げた作品なども人気に

警察官をただ記号的な正義の味方や犯罪に対応する人々として描くだけではなく、血の通った描写が必要

㊾サラリーマン

おそらく、読者が最も感情移入しやすい職業

サラリーとは何か

サラリーマンの「サラリー」とは給与のこと。つまり、**（基本的には）正社員として会社に就職し、給料をもらって働いているの**がサラリーマンの定義である。多くの会社では副業を禁止されているが、生活苦や趣味からこっそり副業に手を染める社員もおり、それはそれで物語の種になりそうだ。**社外を飛び回る営業や、パソコンや書類を相手にする事務**といったスーツ姿の人々がその代表格だが、白衣を着て**工場のライン管理**をする人々なども立派なサラリーマンだ。女性についてはOL（オフィス・レディ）という呼び方もある。

気楽だったのは昔のこと!?

「サラリーマンは気楽な稼業ときたもんだ」と歌ったのは昭和の大コメディアン・植木等《うえきひとし》であるが、確かにかつてサラリーマンが気楽でいられる時代はあった。

好景気と終身雇用・年功序列制度に支えられた彼らは、保証された収入と安定した就労環境のもと、昼間はきちんと働いて帰りには一杯やってという生活を送ることができたのである。

しかし、長引く不況と企業の体質変化は、サラリーマンからそうした余裕をすっかり奪い去ってしまった。**リストラに怯え、成果主義による給料の減少を気にし、時には転職を考えなければいけないような状況**に追い込まれてしまったわけだ。こうした現実的な苦悩は多くの読者にとって非常に共感しやすいテーマであり、サラリーマンものには一定の人気がある。

とはいえ、あまりにも現実的すぎて暗い話になってもエンターテインメントとしてはつまらない。そこで、「落ちこぼれサラリーマンが一念発起して新規事業を起こす」話や「倒産しそうな会社のために、窓際社員や嫌われ者たちががんばる」話など、**読者の憧れを誘う爽快な物語**がよく好まれる。

サラリーマン

サラリーマンの姿

会社 → サラリー＝給与、給料 → サラリーマン（女性はＯＬ）

毎月給料をもらって働く会社員のこと。

●**営業**：社外を回り、仕事をもらったり商品を売ったり

●**事務**：書類や情報を処理し、環境を整える

●**製作**：実際の商品製作やそのための管理がメイン

他にも、会社の形により仕事はさまざま

現代のサラリーマンは……

かつて、サラリーマンは「気楽な稼業」だった？

- 好景気が続き、会社が安定
- 終身雇用と年功序列

不況は続き、会社もスタイルを大きく変えたので、サラリーマンの生活はすっかり不安定なものになってしまい、葛藤や苦悩を抱えることに！

不安定な給料、相次ぐ激務、リストラの恐怖…… → こんな時代だからこそ、希望が持てるような爽快な逆転劇を！

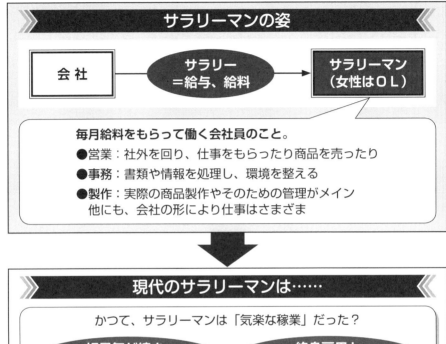

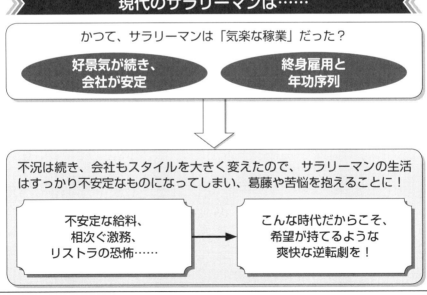

㊿ エグゼクティブ

サラリーマン人生の勝者も気楽ではなく

勝因は能力か、コネか、それ以外の何かか？

「エグゼクティブ」とは、企業の社長や会長、専務・常務などの上級管理職についている人々のこと。端的に言えば**「サラリーマン社会の勝ち組」**である。

多くの場合は長い出世争いの末にようやく獲得できる地位であり、それに見合うだけの**能力や人脈、処世術**を身に付けていなければここにたどり着くことは難しい。とはいえ、すべてのエグゼクティブが地位にふさわしく有能とは限らない。親族企業などのケースでは、ただ**血縁**だけでエグゼクティブの地位を獲得するケースがあったり、かつては確かに有能だったのだが長年の企業勤めの中ですっかりすり減り、現場の状況に対応できないものがいたりもする。

また、出世争いの中で**人の恨みを買ったり、後ろ暗い行為に手を染めたり**して、脅迫や嫌がらせなどの攻撃を受けることもある。

重要なキーマンにはなり得るが……

有能なエグゼクティブほど味方にして心強いものはなく、それだけに敵にすれば非常に恐ろしい存在である（もちろん、使える権力の規模は所属する企業の体力に左右されるのだが）。サラリーマンものでは頼りになるエグゼクティブとつながりがあるかどうかで物語の展開が大きく変わってくるだろう。

立場が重いだけに自由に動かしにくいので、主人公になる場合は少ない。日本の企業小説では高学歴の大企業のミドルクラス（次長〜係長クラスの出世街道に乗っている人）の主人公が多かった。それでも最近はエグゼクティブを主人公にした小説も出てきている。その場合は**中小企業の社長や重役が逆境に立ち向かうパターン**が多いようだ。二〇一一年に直木賞を受賞した池《いけ》井《い》戸《ど》潤《じゅん》『下町ロケット』のような中小企業社長の戦いを描く作品が代表例である。

エグゼクティブ

エグゼクティブとは

サラリーマンのうち、特に上級管理職のこと

↓

サラリーマン社会における「勝ち組」的存在！

ここまでの地位に
たどり着くには理由がある
↓
能力や努力、コネなど

必ずしも能力が
優れているとは限らない
↓
恨みを買うことも多い

- **会長**：社長の上位者。名誉職であることも
- **社長**：会社の長。代表取締役兼任が普通
- **専務**：専務取締役。業務全般を担当する
- **常務**：常務取締役。日常業務担当。一般に専務の下役

物語の中のエグゼクティブ

サブキャラクターとして

会社の規模や立場にもよるが、本人の能力や
権限で大きな影響力を持つ「強い」キャラクター

味方にすれば
心強い上司・援助者
↔
敵にすれば恐ろしい
ライバルや黒幕

主人公として

どうしても立場や影響力が大きすぎるので、
動かしにくいキャラクターにはなってしまう

**中小企業や落ち目の大企業の重役が
一発逆転を狙う話は面白い！**

⑤1 秘書

上司との間には深い尊敬と静かな秘密が隠される

多忙で責任の重い人間をサポートする

エグゼクティブや政治家、弁護士、大学教授など**多忙であったり、カバーしなければいけない範囲の多い職業・立場の人間をサポートする**のが秘書だ。芸能人や作家などの個人事務所社長・マネージャーなども同種の職業といえる。

スケジュール管理、資料の作成と整理、冠婚葬祭の対応などやることは非常に多く、複数人で仕事を分担することも多い（逆に、企業では一人の秘書が複数の重役の秘書仕事をまとめて行うこともある）。特に政治家秘書の場合は代理人として各種の交渉や判断を下すことさえあり、その責任は重いものだ。もちろん、通常の秘書はそこまでの権限は持たない。

逆に言えば、一部の職業は秘書がいなければ膨大な仕事を一人で引き受けなければいけないわけで、彼らの存在意義はその意味でも大きいのである。

「尊敬」と「秘密」が重要

職業上、秘書は時に**重大な秘密**を握ることになる。実際、政治疑獄ものなどだと、秘密を知った秘書の死や失踪から物語が始まることも多い。主人公は「なぜ彼は消えたのか」を追ううちに事件の真相に迫っていくわけだ。そのような重要な秘密を抱えるとあっては、秘書と上司の関係も自然と密なものになる。ただの仕事ではなく、ある種の**信頼や忠誠、尊敬の心**がなければ成立しないし、相棒や共犯的関係になることも多いだろう。そこにも注目してほしい。

職業が本質的にサポート役であるためか、秘書が物語の主人公になることは決して多くない。しかし、ミステリにおけるワトソン役のような、視点キャラクターには向いている。主人公としても、次々職場を変える「雇われ秘書」というのはどうだろう。執事もの、メイドものの変化球的味付けにできそうだ。

秘書

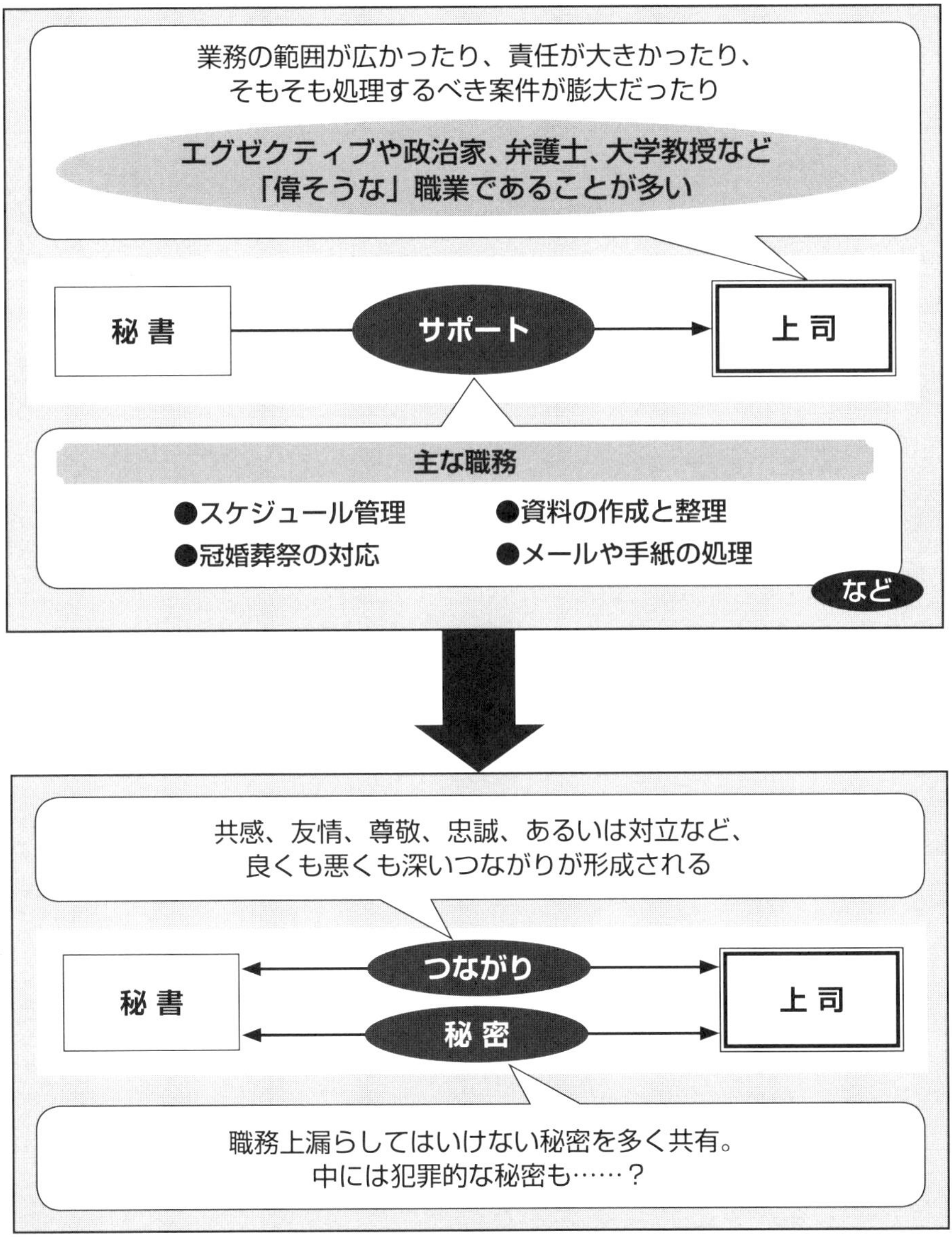

業務の範囲が広かったり、責任が大きかったり、
そもそも処理するべき案件が膨大だったり
エグゼクティブや政治家、弁護士、大学教授など
「偉そうな」職業であることが多い
秘書
サポート
上司
主な職務
●スケジュール管理
●資料の作成と整理
●冠婚葬祭の対応
●メールや手紙の処理
など
共感、友情、尊敬、忠誠、あるいは対立など、
良くも悪くも深いつながりが形成される
秘書
つながり
秘密
上司
職務上漏らしてはいけない秘密を多く共有。
中には犯罪的な秘密も……？

㊾52 ボランティア

善意の活動だが、何もかも善しとはいえない面も

ボランティアの取り組み

ボランティアとは、**自発的な、そして基本的には無償の奉仕・労働を行う人**のこと。とはいえこれは原則の話で、学校や会社などの取り組みによって動員され、奉仕を行う場合にも「ボランティア」と呼ばれることが多いし、また有償でのボランティアの例も見られるのが実情であるようだ。また、個人での活動だけでなく、ＮＧＯ（非政府組織）やＮＰＯ（非営利団体）による活動も盛んである。

ボランティアの活動として広く知られているのが**大規模災害への救援**だ。瓦礫《がれき》の片付けのような肉体労働や炊き出しから、医療技術に代表される特殊な技術を活用したものまで、人手が必要とされる分野は多い。

そのような緊急事態でなくても、高齢者のための食事作り・入浴・移動補助などを始め、**社会問題をボランティアによって解決しよう**という動きもある。

特に物語の題材になりそうなものとして、**国際ボランティア**にも注目したい。紛争や政治混乱などによって貧困が激しい地域で医療行為や水の確保・農業、病気対策の指導をするなどの活動が知られている。

善い面、悪い面がある

これらのボランティアの多くが善意から発しており、また多くの成果をあげて感謝されていることも確かだが、一方で物語の中で大きく扱っていくならマイナス面にも目をそらさない方がいい。それはたとえば、素人が興味半分で被災地に行くことでむしろ邪魔になったり、偽ボランティアが火事場泥棒を働いたり、あるいは国際ボランティアが紛争地で事件に巻き込まれたりすることだ。しかし、そうした面がありつつも、ボランティア活動が参加者にとってある種の刺激になるのも事実で、特に青春ものなどで**キャラクターの成長や変化を描くのにふさわしい要素**といえる。

ボランティア

ボランティアの精神

自発性
自分からやること！

無償性
報酬を望まないこと！

善意性
他者に利するために

先駆性
積極的に仕組みを作る

ただし、組織や団体が動員するボランティアや
有償ボランティアなどもあるようだ

↓

ボランティア活動の実際

ボランティア

それぞれができる範囲で、
できることから助けていく精神

大災害　**日常的問題**　**海外の貧困**

ボランティアのマイナス面や難しい部分にも着目したいところ
↓
素人が手を出す難しさ、
偽ボランティアの犯罪

⟷

キャラクターが視野を広げたり、その価値観を大きく転換する絶好の要素として活用したい

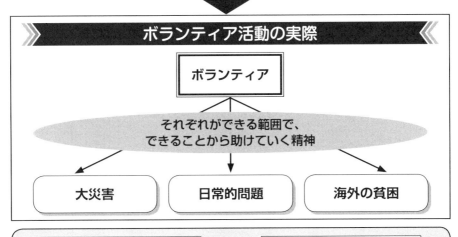

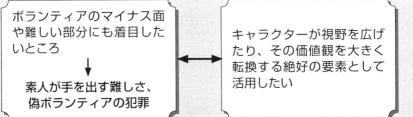

53 自営業者

町のお店屋さんは時代の変化の象徴か？

自営業者それぞれの事情

働いているのは企業に属する人々だけばかりではない。法人を作らずに仕事をする人を総称して自営業者（個人事業主）というが、その中でも特に小規模な店舗――各種食料品店や雑貨店、料理店などのいわゆる**「お店屋さん」**を経営する人々について紹介する。

これらの小規模店舗は、不況のあおりや生活スタイルの変化を受けて非常に経営が苦しくなっていることが多いようだ。町の八百屋や魚屋は大規模スーパーに客を奪われ、料理店もチェーン相手に分が悪い。

かつては駅の近くなどにずらりと店の連なっていた商店街もすっかり景気が悪くなり、多くの店が閉店して**「シャッター街」**などと呼ばれるようになったのもそう昔のことではない。現代の世相を描くにしても、あるいは過去の「古きよき」日本を表現するにしても、こうした「お店屋さんのある風景」は欠かせないのだ。

基本的には舞台の一部だが

事件を調べる過程で出てきたり、主人公の家だったりと「キャラクター」というより**「舞台設定の一部」**という方が大きいかもしれない。

とはいえ、掘り下げてみるとこれはこれでなかなか面白い。そもそも仕事を始めた理由からして**「家業だから」「バイトから主人に気に入られて」「暖簾《のれん》分けを受けた」「一念発起して脱サラ」**など、それぞれのドラマがある。平凡な商店では長編一本を支えられるほどのドラマ性はないかもしれないが、パティシエやソムリエなど注目性の高い職業を取り扱ってみたり、「シャッター街からの逆転」など複数の店のドラマをかき集めてまとめる方法もあるわけだ。

あるいは中華料理屋「幸楽」が重要な舞台になる大ヒットドラマ『渡る世間は鬼ばかり』的**ホームドラマ路線**の舞台&登場人物としても面白い。

自営業者

自営業者とは

法人（企業など）に属さず働く人々。
個人事業主という呼び名の方が正式とされる

**非常に幅広い意味合いになるが、
本項で扱うのはいわゆる「お店屋さん」の類**

「昭和」的風景

各種の小規模店舗が商店街を形成し、そこで買い物をするのが当たり前の光景

「平成」的風景

大規模店舗やチェーン店に押され、商店街は「シャッター街」状態になった

**長引く不況、人々の生活スタイルの変化、
新しいタイプの店舗の登場などが原因**

店を始めた理由、不況の中での奮闘など、
掘り下げていけば物語のテーマには事欠かない

**平凡すぎてつまらないものにならないよう、
題材の選択に注意する必要がある**

アットホームな雰囲気の演出や、
舞台設定としては使いやすいものの一つといえる

**ホームドラマの舞台としてはサラリーマン家庭より
イベントが多く向いているかも？**

㊹ 主婦（主夫）

家事も立派なお仕事です！

家を守るのが仕事

家政を切り盛りし、炊事・洗濯・掃除・育児などの家事を担当する役目。男性が社会に出て稼ぎ、女性が家のことを一手に引き受けるスタイルが長く一般的だったために「主婦」という呼び名が生まれた。しかし、女性の社会進出が拡大した現在では男性がこの役目につくこともあり、その場合は「主夫」と呼ばれる。

実は歴史的に見ると明治以前の日本では自分が働くのではなく、使用人たちに仕事を命じる立場だった。これが大正以降、サラリーマン家庭が増えると主婦本人が家事作業をすることになった。家事仕事だけをする「専業主婦」という言葉が生まれたのもこの時期である。しかし、この種の専業主婦は近年の価値観の変化を受けて主婦仕事をしながら働きにも出る兼業主婦になったり、そうでなくてもパートによって家庭を支えていることが多いようだ。

主婦の世界はいろいろ複雑

主婦としてのキャラクター性をメインにするなら、専業主婦が主人公になる方が多いだろう。**ご近所で巻き起こるちょっとした事件から始まるミステリー**や、**育児もの**の主人公になるわけだ。親族（特に夫側の家族！）との付き合いの難しさや夫の不理解（主婦は立派な仕事という認識がない！）、パート先でのアクシデント、そして何よりもご近所の奥様方との付き合いはトラブルの宝庫である。そこでの葛藤と克服は多くの読者にとって身近で魅力的な題材だ。

一方、脇役としては青春ものやサラリーマンものにおける心の支えであったり、逆に対立する存在になることが多い。また、主婦には井戸端会議に代表されるような**独特の情報網**があり、また裕福な家庭の専業主婦の場合は暇をもてあまして趣味に興じるケースもあって、そこから物語を膨らませることも可能だ。

主婦（主夫）

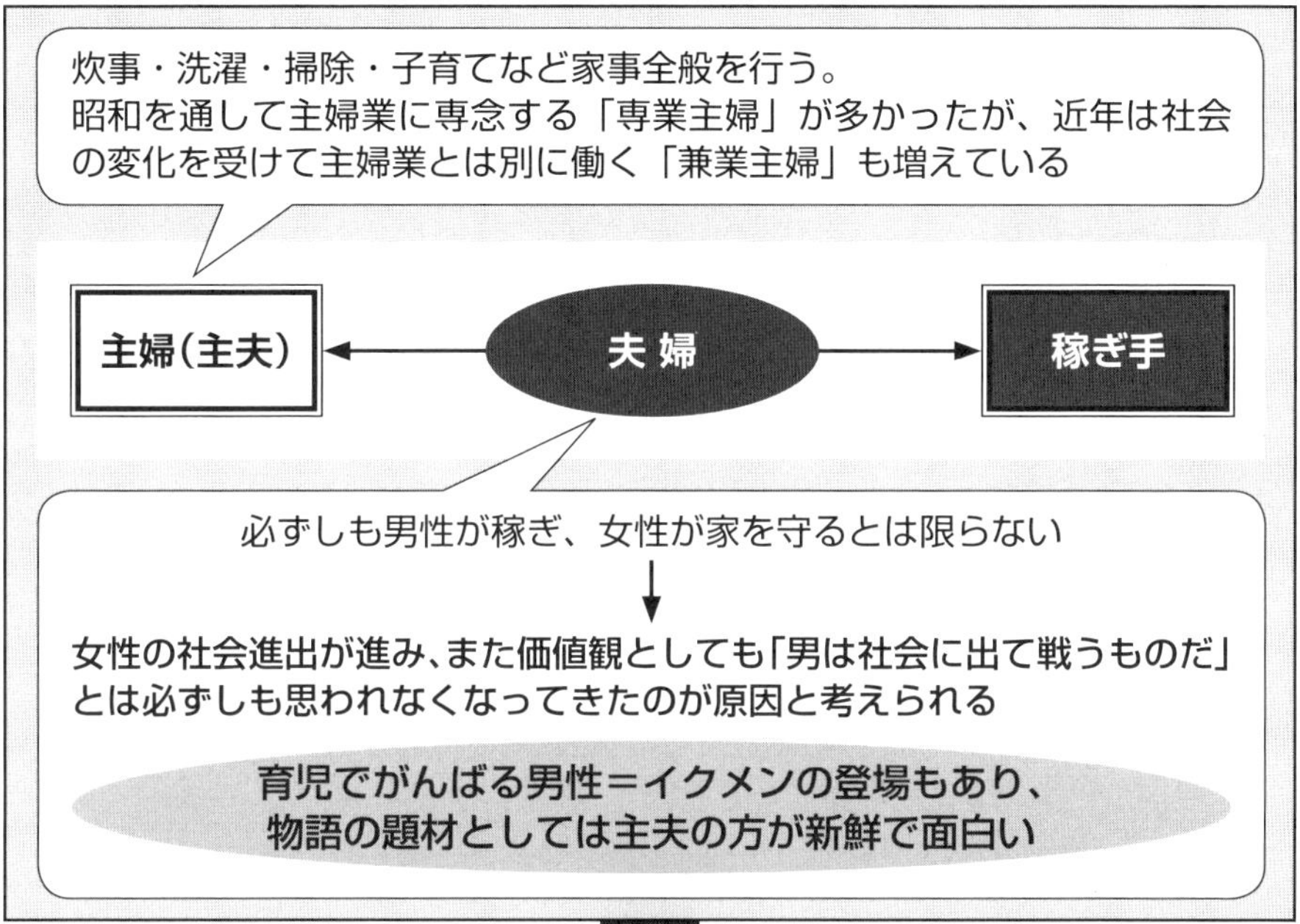

炊事・洗濯・掃除・子育てなど家事全般を行う。
昭和を通して主婦業に専念する「専業主婦」が多かったが、近年は社会の変化を受けて主婦業とは別に働く「兼業主婦」も増えている
主婦(主夫)
夫 婦
稼ぎ手
必ずしも男性が稼ぎ、女性が家を守るとは限らない
女性の社会進出が進み、また価値観としても「男は社会に出て戦うものだ」とは必ずしも思われなくなってきたのが原因と考えられる
育児でがんばる男性＝イクメンの登場もあり、
物語の題材としては主夫の方が新鮮で面白い

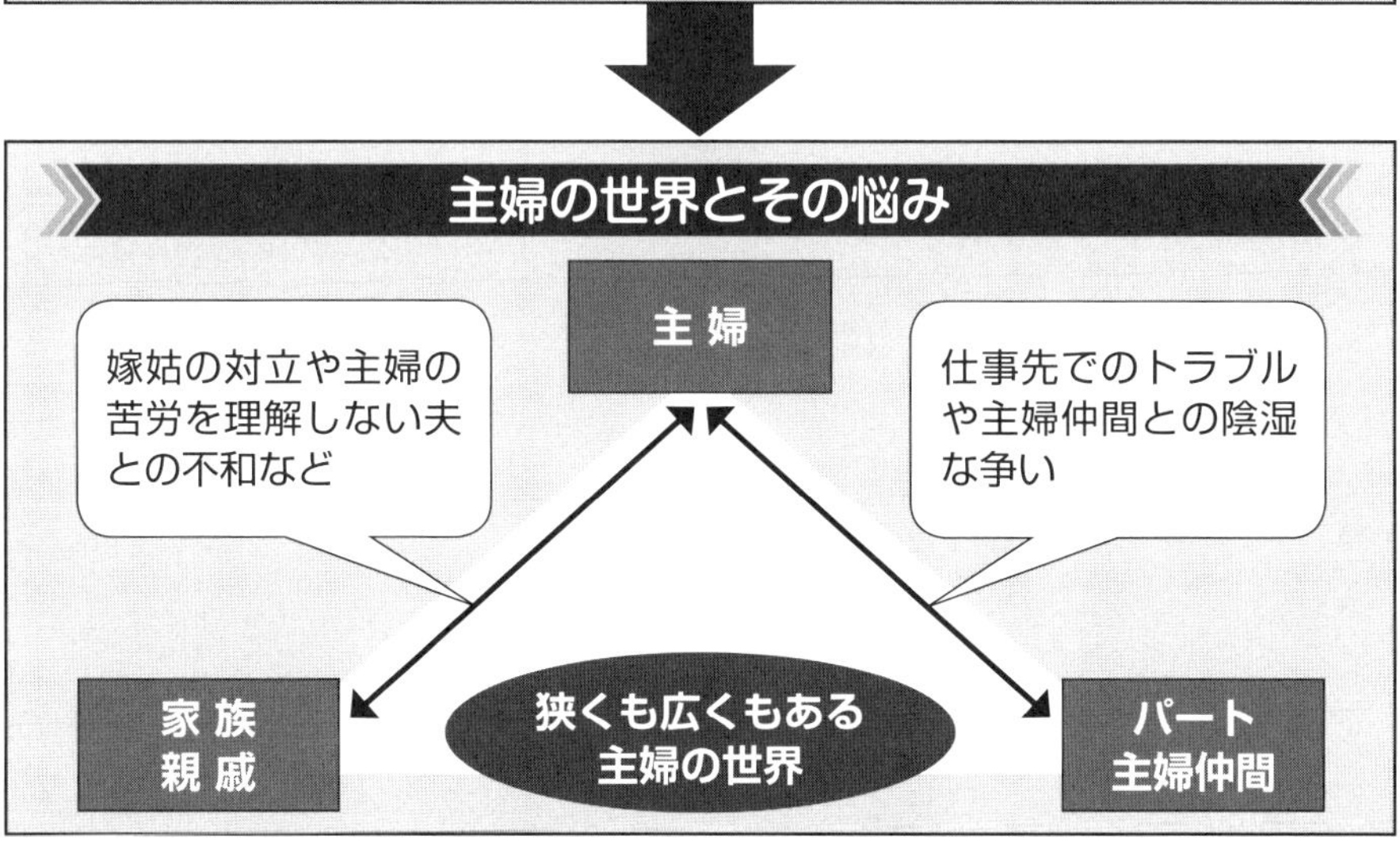

主婦の世界とその悩み
主 婦
嫁姑の対立や主婦の苦労を理解しない夫との不和など
仕事先でのトラブルや主婦仲間との陰湿な争い
家 族
親 戚
狭くも広くもある
主婦の世界
パート
主婦仲間

㊺ 家政婦／使用人

家事のお仕事代行します！　秘密は当然厳守だけれど……

家政婦と使用人、それぞれの事情

さまざまな事情から家族本人たちでは家事ができない家に入り、**炊事・洗濯・掃除などの家事を請け負う**のが家政婦。**紹介所に登録し、そこから派遣依頼を受ける**のが一般的なスタイルで、必要なスキルとしては家事能力はもちろんのこと、入った家とより良い付き合いをするために人当たりの良さも要求されるだろう。もちろん、**家庭のプライバシーを絶対に吹聴しないこと**も重要だ。

家政婦の仕事が基本的に期間を区切った派遣仕事であるのに対し、その家に雇われて**長期的に――場合によっては代々仕え続ける――働く**場合は、使用人と呼ぶ方がふさわしいだろう。各種の使用人がいる中で、日本では家政全般を取り仕切る上級使用人・執事（バトラー）や、各種の家事を行う女性使用人のメイドが代表的な存在である。

秘密を知るのか、一家に影響を与えるのか

具体的にどんな仕事をするかは、その家の事情で変わってくる。介護士的な仕事をすることもあるだろうし、大家族で子どもたちの大群に振り回されることもあるかもしれない。大きなお屋敷の掃除や地下の酒蔵の管理に奔走するかもしれないというわけだ。

主人公として物語に関わってくる場合、その王道は市原悦子《いちはらえつこ》主演のドラマシリーズ『家政婦は見た！』に代表されるような「**派遣先の家庭で秘密を知ってしまい、それが事件に発展する**」パターンである。一方、そのオマージュ作品である松嶋菜々子《まつしまななこ》主演『家政婦のミタ』的な、「**主人公の活躍によって派遣先の家庭の問題が解決されていく**」パターンもある。

メイドや執事は本来の役目とは別のところでの需要（メイド喫茶など）もある。たとえば「メイド喫茶の従業員が本物のメイドに！」というのも面白い。

家政婦／使用人

家事を代行する仕事

基本的には炊事・洗濯・掃除などの家事や
主人一家の世話、屋敷の管理・整備が主な仕事になる

↓

主人一家の状況により、仕事の内容は変化する

家政婦

家政婦紹介所に登録し、依頼を受けて派遣されるのが基本的なスタイル

↓

通うこともあれば住み込み状態で働くこともある。基本的に期間を区切って世話をする

家事代行

↓

主人

↑

家事代行

使用人

家に直接雇われ、長期的に働く場合はこちらで呼ぶほうが適切。
中には代々仕えるものも

執事なりメイドなりといった使用人を雇えるのは社会的なステータスでもある

↓

家政婦・使用人ものの王道といえば

雇われた先の家で、偶然主人の秘密を目撃してしまい……

↓

事件に巻き込まれる！

個性的な家政婦や使用人が主人一家に影響を与えていく

↓

キャラクター性が重要になる

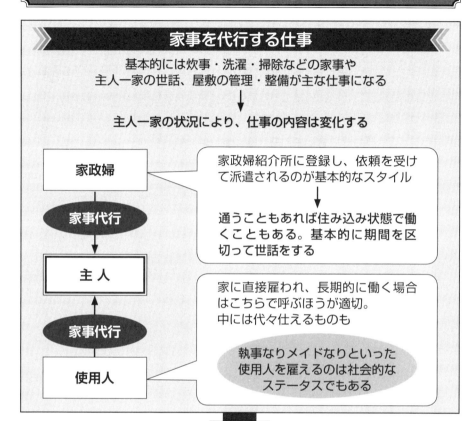

⑯ 農家／漁師／猟師

自然と親しみ、人間と付き合い……
理想通りにはいかない

自然との付き合いと、人間付き合いも必要

農家は作物を作り（時には一緒に畜産も）、漁師は水産物を獲り、そして猟師は獲物を撃ったり捕らえたりして、それぞれ食料を生産するのが仕事だ。魚介・海藻類を採る海女《あま》（男性は海士）も同種の職業である。

彼らの仕事相手は第一に自然だ。**気象の動向によって生産量・収穫量が劇的に変化する**のは当然である。しかしそれだけでなく、人間も相手にしないわけにはいかない。**生産物の流通管理や有限の獲物をどう分け合うか、というポイントから各種の組合との付き合いも大事に**なってくるからだ。たとえば、農家にとってはＪＡこと農業協同組合が、漁師にとっては漁業協同組合が、そして猟師には猟友会がという具合である。

猟師の場合はさらに狩猟免許や（銃を使う場合は）銃砲所持許可が必要で、これは凶器になり得る道具を扱う職業としては当然の制約といえるだろう。

田舎は夢の世界ではない！

農家、漁師、猟師はそれぞれ自然に近い場所で働いている人々なので、その変化には敏感だ。また、田舎の村でこうした第一次産業に従事する人々はなんらかの独特な価値観や慣習を持ち続けていることも珍しくない。そこから物語のきっかけが生まれ、主人公たちが事件に巻き込まれるパターンが考えられる。

一方、都会での生活に疲れ果てた人々が新天地を求めて田舎に出て、農業や漁業、狩猟（さすがにこれはレアケースだが）を始めようとする流行がある。特に農業については近年「会社形式で新しい農業の形を作ろう」という動きもあり、物語の題材として今が一番面白いかもしれない。しかし、こうして**新しくその世界に入ろうという人々の前には、過酷な労働の実態や閉鎖的な業界といった問題が立ちはだかる**のが常であり、ただ牧歌的な世界として描くべきではない。

農家／漁師／猟師

食料の生産・収穫に励む第一次産業

- ●**農家**：農業。作物を育て、家畜を飼う（畜産）
- ●**漁師**：水産業。魚介類などを獲り、育てる（養殖）
- ●**猟師**：狩猟。獲物を銃で撃ち、罠で捕らえる

都会に疲れた人々や、新しい商売の形を
求める者などにブームが訪れつつあるが……

外からは見えにくい大きな問題があるのも事実

自然とうまく付き合っていくこと

気象の影響をたやすく受け、人間の努力や
技術だけでは生産・収穫量が安定しない

どちらも重要で、怠ると仕事ができない

人間とうまく付き合っていくこと

各種の組合への参加や免許の取得といった問題だけでなく、「農協を通して農薬を買うのが当たり前の地域で無農薬農法を始めると反発を買う」など、近所付き合い的な問題も大きい

田舎の人間関係は濃厚な分大変だ！

57 ＩＴ技術者

現代社会を支える重要で過酷なお仕事です！

インフォメーション・テクノロジー

ＩＴとは情報技術（Information Technology）の頭文字で、**インターネット、通信、コンピュータなど情報に関わる技術**の総称である。現代の世界はこのＩＴ技術によって成り立っているといっても過言ではなく、交通、流通、金融をはじめ非常に数多くのものがコンピュータによって制御され、通信によって管理されている。

ＩＴ技術者は、**コンピュータが動作するために必要な命令**（**プログラム**）**を組み立てるプログラマー**（**ＰＧ**）や、**それぞれのコンピュータに適した情報処理方法を設計するシステムエンジニア**（**ＳＥ**）などが知られている。しかし、彼らはしばしば多忙で、過酷な業務態勢にさらされていることが多い。長時間パソコンの前に座って作業をしたり、クライアントの要望やプログラムの不調などによって振り回されたりする環境によって、心身ともに疲弊する者もいる。

一方、ＩＴ技術を悪用する存在としてハッカーがいる。**通信を介してほかのコンピュータに侵入、データを盗んだり破壊したり**する人々のことだ。本来高いコンピュータ技術を持つ人の呼び名だったが、データ破壊などを行う悪質なクラッカーと混同され、この名が定着することになった。

頼りになる相棒、厄介な強敵

現代社会において高度なＩＴ技術は非常に価値のある特技である。特に今後、車の運転に代表されるような各種作業がＡＩの仕事になればそれを制御できる彼らはさらに活躍できる。それを活かして「**企業もので主人公の企画を実現するパートナー**」や「**探偵もので情報収集や建物への侵入補助**」など、相棒として活躍することが多い。もちろん敵役として登場するなら、非常に手ごわい相手になることはいうまでもない。

ＩＴ技術者

IT 技術（情報技術） → インターネット、通信、コンピュータなど情報に関わる技術

現代社会を動かす技術といっても過言ではない

プログラマー、システムエンジニア

●プログラマー：
→コンピュータを動かすためのプログラム制作

●システムエンジニア
→コンピュータに合わせた情報処理システムの設計

高度に情報化された現代社会には
各種のコンピュータや通信システムが必須で、
彼らの働きなしには世の中が動かないのだが……

↓

**その労働環境はしばしば過酷で
心身ともに疲弊する者もいる**

ハッカー

本来の意味は「高度なコンピュータ技術者」

↓

「クラッカー」と呼ばれていた「コンピュータシステムに侵入して破壊する悪質な技術者」と混同され、今ではこちらの意味合いが強くなってしまった

高度にコンピュータが発展した社会では、
優れた IT 技術には非常に価値がある

↓

情報収集や破壊工作などで活躍する！

58 警備員

警戒し、守ることが主な仕事だが、派生していろいろなことも

ガードマンのお仕事

犯罪を予防し、鎮圧するのは本来警察の役目だ。しかし、その働きには限界がある。そのため、**一部の企業や個人は自己負担で警備のための人員を雇ったり、あるいは専門の会社から人を派遣してもらう。**それが警備員（ガードマン）である。

その仕事は文字通り「警備」であるが、具体的には**「強盗などの非常事態に備え、警戒する」「銀行から運ばれるお金など、価値の高い物品を輸送する」「駐車場や工事現場などでの交通の誘導」「重要な人間の傍らに張り付いて守る（いわゆるボディガード。警察にも専門の部署「SP」がある）」**など非常に幅広い役目がある。当たり前の話だが、警備員の仕事はかなり警察官に近い。そのため、退職した警察官が相当数含まれているのだが、あくまで民間人であるため拳銃などは携帯できず、基本的に丸腰（警棒を持っていいときもある）だ。また、雇い主から信頼されなければ仕事ができないこともあってか、犯罪の前科があるとなるのは難しいとされる。

ちなみに、ニートが自嘲気味に「自宅警備員」と名乗ることがあるが、たいていの場合は家にいるだけで警備しているわけではなく、警備員とは無関係だ。

警備員の物語

プロの警備員を主人公とした物語はちょっと難しそうに思える。しかし、ボディガード（あるいはSP）がわけありの依頼人を守る話なら爽快なアクションものになるし、そもそも主役格ではなく、脇役としては情報源や蹴散らされるモブとして出番が多そうだ。

「警備」というエッセンスだけを取り出してみる手もある。学生や使用人が身近な人を守るために奮闘する話、格闘技の腕に自信のある新人サラリーマンが上司の即席ボディガードになる話などはどうだろう。

警備員

警備員の役目

治安を維持して犯罪を防ぐのは本来警察の役割だが、
やはり限界はあり、自衛の必要もある

警察の能力が低かったり、
信頼できない場所ならなおさら！

企業
個人

→ **安全確保のために依頼** →

← **警備を行う** ←

警備員
警備会社

さまざまな警備の形

- 施設やイベントの警備
- 現金など、貴重・高価な物品の輸送
- 駐車場や工事現場の誘導
- 要人の身辺警護（ボディガード）

信頼されないとできない仕事のためか、
犯罪の前科があるとなれないとされる

↓

ただ警備をするだけでは物語
として成立しにくいかも？
↓
ボディガードの活躍などは面白い

現代の刑事ものや冒険もの、
犯罪ものなどでは出番も多い
↓
情報源、モブ、
あるいはライバルなど

59 弁護士（司法関係者）

難関試験を突破したエリートたちの姿は

法曹三者それぞれの役割

弁護士、裁判官、検察官は「**法曹三者**」と呼ばれ、ともに司法試験を突破した法律の専門家である。

中でも最も人数の多い弁護士は、**依頼を受けて法律関係の処理、特に訴訟行為を行う**のがその主な役目だ。最初は法律事務所に入って経験を積み、のちに独立するのが普通だが、弁護士法人化した巨大な組織（ローファーム）に所属することもある。また、一般人のイメージとは異なり、**刑事事件**（犯罪の裁判）**より民事事件**（**人と人とのトラブル**）**を扱う方が多い**。

法曹三者のうち残り二者はともに公務員だ。裁判官は文字通り**裁判を**行う者であり、検察官は**警察が逮捕した容疑者について起訴するか否かを捜査して判断し、実際の裁判においてそれを立証する**仕事だ。裁判官は立場が特殊で難しいが、検察官の方は一味違う捜査ものの主役になり得る存在といえる。

弁護士を描くのには細心の注意で

弁護士というのは基本的に学業が非常に優秀でないとなれない職業であり、自然と「**エリート**」な雰囲気が漂うことになる。これを活かして「**弱者を踏みにじる悪徳弁護士**」や「**弁護士としては優秀だが人の心がわからない**」などが定番だろう。もちろん、あえて逆のイメージに走るのもパターンの一つであり、「**正義を信じる熱血弁護士**」や「**ギリギリの成績でどうにか弁護士になった新人**」というのも面白い。

また、弁護士の多くは**専門分野**（**離婚、人権、企業法務、国際活動などなど**）を有しており、そこに注目して描いていくのも一手だ。

法曹三者はそれぞれ大変に奥深い世界であり、また近年は弁護士兼作家の人も増えてきた。そのため、脇役で登場させるくらいならともかく、主人公として法の世界をメインに描く場合は濃密に取材するべきだ。

弁護士（司法関係者）

法曹三者とは

司法試験を突破した法律の専門家たち。
存在そのものがエリートの職業ともいえる

弁護士

依頼を受けて法律関係の処理、特に訴訟行為を
行う。数でいえば他二者より段違いに多い

↓

法律事務所を主催するベテラン弁護士（ボス弁）、
そこに所属して経験を積む若手弁護士（イソ弁）、
法人化した巨大な組織（ローファーム）など、
基本は個人事業主だが働き方はさまざま

**弁護士の扱える物事は幅広く、
それだけに専門分野を持つことが多い**

裁判官

裁判において両者の主張を聞き、判決を下す。立場が特殊であるため、
主人公格キャラクターとして動かすのは難しいかもしれない。
立場は公務員

検察官

警察が逮捕した容疑者について、「起訴するか否か」を警察とは別に独
自に捜査して判断し、裁判でそれを立証するのがメイン。
やはり公務員

**基本的に「エリートの職業」であるだけに、
それを活かしたキャラクター付けにしていきたい
（意図的にエリートの逆をいくのもその一つ）**

⑥⓪ タクシー運転手

タクシーには情報と物語が集まる？

タクシードライバーは情報通

タクシーの運転手は、大きく分けてタクシー会社の従業員と個人の二種類がいる。そんな彼らは意外と現代ものの物語で出番の多いキャラクターだ。

理由は二つあり、一つはしばしば**結構な情報通であること**だ。彼らはある程度年齢が高いことが多く、また何か別の職業から転職したケースが少なくないので、そうして蓄積した人脈から意外なことを知っていてもおかしくないキャラクターなのである。また、いろいろなお客さんを乗せ、かつ運転手仲間のネットワークがあることも大きい。

二つ目の理由もここに重なってくる。つまり、過去の経歴や毎日乗せるお客さんの関係から、**妙な事件に関わる可能性が高い**のだ。変な客を乗せたり、落し物を拾ったことから事件に巻き込まれるというのが定番パターンといえる。

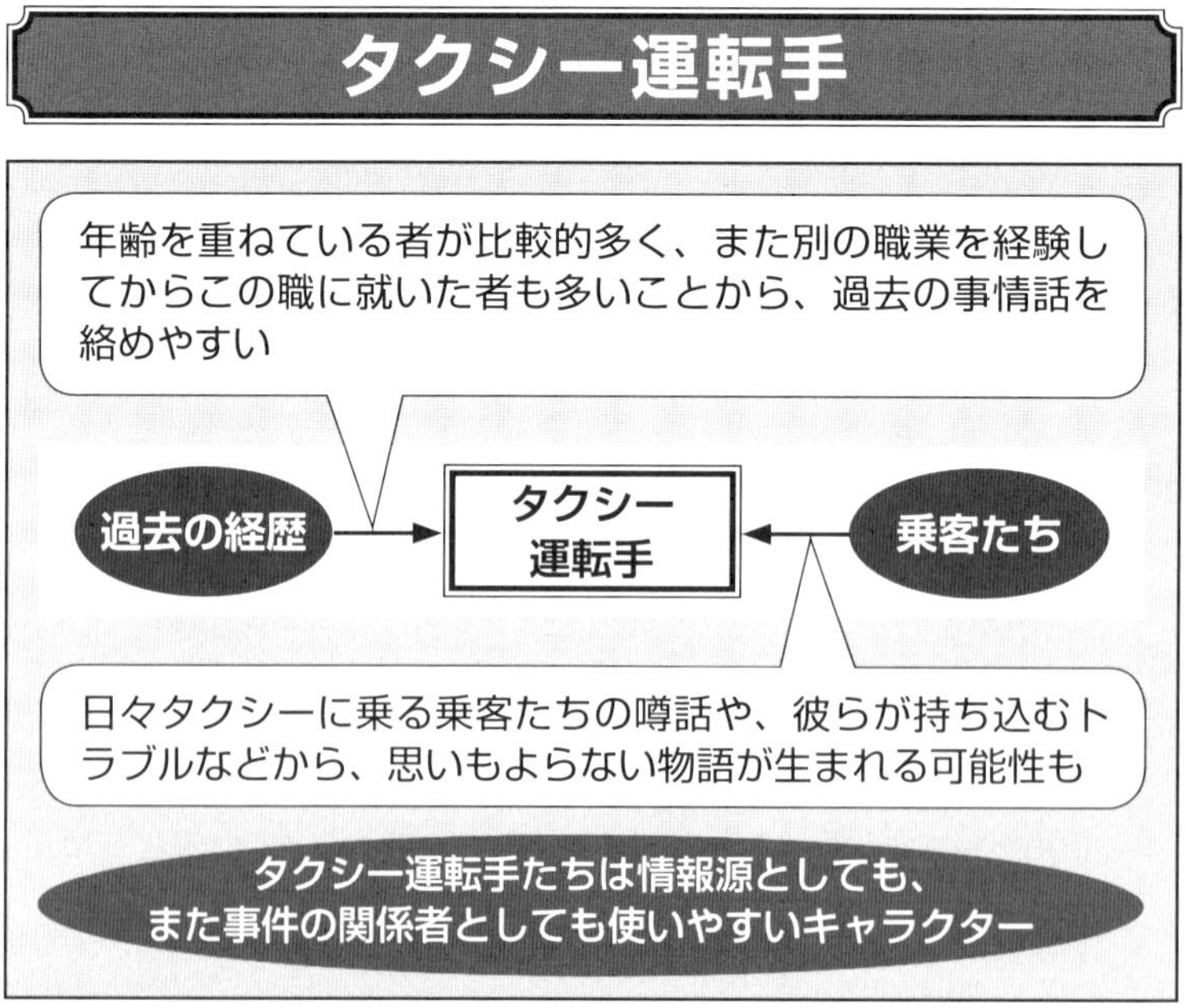
タクシー運転手
年齢を重ねている者が比較的多く、また別の職業を経験してからこの職に就いた者も多いことから、過去の事情話を絡めやすい
過去の経歴
タクシー運転手
乗客たち
日々タクシーに乗る乗客たちの噂話や、彼らが持ち込むトラブルなどから、思いもよらない物語が生まれる可能性も
タクシー運転手たちは情報源としても、また事件の関係者としても使いやすいキャラクター

61 宿泊施設関係者

ホテルや旅館で巻き起こる騒動をどう裁くか?

ホテル・旅館は事件の宝庫

宿泊施設——ホテルも温泉旅館も事件の宝庫で、サスペンスドラマなどを中心に昔からよく使われている。伝統ある旅館で建物が古い場合には、おどろおどろしいいわれや過去に作られた仕掛けが関わってくるのが定番だ。そこまで大掛かりな話でなくても、日々の営業の中で事件が起きる可能性は高い。客の対応を間違えたり従業員がミスしたりなどの**クレームをどう裁くのか?** 近年は外国からの観光客も増えているので、文化の違いから来るトラブルは面白い。

さらに、**不況のしわ寄せを受けた旅館やホテルがどう経営を建て直すのか**、というのも重大な問題だ。外装やサービスの変更だけではありきたりなので、インターネットを活用した独創的なアイディアや、あるいは「ゆるキャラクター」「オタク向けアプローチ」などがあると読者の興味も引けるはず。

宿泊施設関係者

ホテルや旅館などの宿泊施設は物語のネタになる要素が多い

過去のいわれ・因縁

歴史ある建物を改装して旅館やホテルとして使っている場合、過去の因縁や呪いなどが現代によみがえって事件を起こす(理由に使われる)ことも……?

宿泊客とのトラブル

不慣れな従業員のミス、クレーマー客、あるいは近年増えている外国人観光客などが原因のトラブル・アクシデントをどう裁くのか?

ホテル再建計画

不況のあおりを受けて経営が傾いた旅館・ホテル(あるいはその周辺の観光地全体も含め)をどう再建するか? キャッチーなアイディアが欲しい

⑥② マスコミ関係者

マスコミのあり方も多種多様

ジャーナリストだけでなく

いわゆるジャーナリスト**（報道を行う人）**を始めとし、ＴＶやラジオ、新聞、雑誌などの**マスコミュニケーション（不特定多数の相手に大量の情報を伝達する媒体）**に関わる人々のこと。新聞記者、ＴＶのリポーター・アナウンサー・ディレクター・プロデューサー、雑誌などで活躍するライターやカメラマンなど職種が多数存在する。情報に詳しく、人脈も広いことから、物語の作り手にとっても便利な存在だ。

彼らの立場やキャラクター性はその業界の雰囲気次第である。政治や経済を追いかける新聞記者と、ＴＶのバラエティー番組を作るプロデューサーとでは、普段接する人も仕事のやり方もまったく違って当たり前であり、そうなれば自然と本人のキャラクター性も変わってくる。そうした各職業ごとのステレオタイプをどのくらい踏襲し、どのくらい裏切るかが大事だ。

マスコミとは何か？

マスコミ関係者を物語に登場させるにあたって大きなポイントになるのが、**「その媒体に対してどういう態度でいるのか」**ということだ。「真実を明らかにし、社会をより善く動かしていくことが使命だ！」と信じているのかもしれないし、「あくまで商売としてやっているんだ、だから人々の望むニュースを流すんだ」と割り切っているのかもしれない。「とにかく面白おかしい番組を提供すればいい」と娯楽に徹するのもある意味で正しい態度といえるだろう。

さらに、「マスコミであっても越えてはならない一線はある」として人を傷つけるような取材手法や内容を避ける者もいれば、「とにかく特ダネが必要なんだ！」と芸能人や犯罪被害者などを徹底的に追いかけるパパラッチもどきだっている。そこがキャラクター表現の要になるのだ。

マスコミ関係者

マスコミとは

マスコミュニケーションの略
不特定多数の相手に大量の情報を伝達するもの
その媒体はマスメディアと呼ばれる

- ＴＶ
- ラジオ
- 新聞
- 雑誌

など

どんな人間が関わっているか？

●事件や世相を調査し、記事を書く新聞記者
●ニュースをＴＶで伝えるアナウンサーやリポーター
●ＴＶ番組の方向性を決めるプロデューサー、制作を担当するディレクター、現場の細かい仕事をこなすＡＤ
●雑誌などで記事を書くライター
●写真を撮るカメラマン

もちろん、こうした比較的見えやすい人々以外にもさまざまな人々が裏方で働いている

それぞれの雰囲気

マスコミ業界は他の職業以上にステレオタイプが強いイメージがある。どこまでそれに従い、どこで裏切るか？

マスコミへの態度

発信する情報から利益を得ることがすべてなのか、それとも「公器」としての立場を重視する思いがあるのか？

㊸ スポーツ選手

華やかな世界だが、それだけでなく……

スポーツを職業とする人々

多くの人にとってスポーツは余技だが、スポーツ選手にとってはそうではない。特に、企業や団体と契約して活動するプロフェッショナルのスポーツ選手はとってはそうだ。彼らにとってスポーツは**競技の楽しさや自己実現、成績の向上**といった要素だけでなく、**生活の糧や名声を得る手段**でもあるのだ。もちろんアマチュアの選手はこの限りではなく、優れた実力を持ちながらプロの世界を嫌ってアマであり続ける選手も中にはいるだろう。

日本で人気のあるスポーツといえば、まず野球とサッカーが挙げられる。相撲やボクシングといった格闘技もよく知られた存在だ。変わったところでは囲碁や将棋といったゲーム競技も「頭脳のスポーツ」と言えるだろう。ほかにも多様なマイナースポーツが存在し、プロリーグのあるものはむしろ希少でさえある。

プロの葛藤、アマの苦しみ

アマなら単純に競技成績だけを追い求めることもできるだろうが、プロはそうはいかない。プロの成績は「**勝った負けた**」に加え、しばしば「**人気があるかないか**」を問われることになるからだ。そのため、成績はそこそこだが競技の華やかさやトークのうまさ、ルックスなどで人気選手になる者もいれば、抜群の技量を誇りながらも埋没していく者もいる。一方、アマの選手は試合機会が少なかったり、遠征ができなかったり、アルバイトをしながら練習しなければならないなど、環境に苦しむケースが多いだろう。

スポーツの華やかな世界の背景には、こうした重い事情がある。遠征ばかりで家に帰れない父親、プロを目指すも挫折した若者、選手同士の激しいライバル関係とその中に生まれる友情などをしっかり描くことで、上っ面でない魅力的なキャラクターを描けるはずだ。

スポーツ選手

スポーツ選手とは

各種スポーツの訓練に励み、競技会や試合などに挑む人々。
「アスリート」という呼び方もある

↓

ゲームの類も「頭脳のスポーツ」と考えられる

プロフェッショナル

企業や団体とプロ契約をしている選手。そこから得られた収入、および
スポンサーからの援助などで生活をするのがプロの本来の意味といえる

**マイナースポーツのプロや無名選手は
それだけでは食べていけないことも……**

↓

スポーツを「職業」としていることがプロの誇りとなるが、
そのことが一方で彼らの苦しみともなる

**成績よりも人気で評価されてしまう
ことはどれだけの苦しみだろうか**

↓

アマチュア

プロ契約はしていない選手。別の仕事を持っていたり、企業所属選手で
はあるが普段は普通のサラリーマンとして働いていることも

**過酷な環境や老いによる能力の低下、
実力＆人気商売の過酷な側面など、
魅力的なテーマには事欠かない**

64 学者（研究者）

象牙の塔にこもってばかりはいられないのが辛いところ

学者は「研究の虫」か？

学者という言葉は単に「学（知識）のある人」を指すこともあるが、ここでは「**学問を研究する人**」の意味合いで紹介する。文学や歴史のような文系から数学や物理学などの理系、また経済学のような両者のどちらともはっきり区別しにくいものまで多様な学問が存在し、それぞれに学者がいるわけだ。

学者を大きく分けると、**大学に選任教員として所属するパターン**と、**各種の研究所に研究員として所属するパターン**に分かれる。より広い意味では**在野で別の仕事を持ちつつ独自に研究や発明を行っている人々**や、**大学の学生や院生、修士・博士コースで研究する者**なども学者の範疇《はんちゅう》に入れるべきかもしれない。

学者といえば「**ひたすら研究ばかりしている人**」というイメージがあるかもしれないし、実際にそういう側面はある。しかしその一方で、学者の世界はしばしば**閉鎖的で独特の業界慣習や力関係**があったり、**資金や出世をめぐる暗闘**があったりと、残念ながら無垢な知の空間というわけにはいかないのが実際のようだ。

専門知識が最大の武器

キャラクターとしての学者は、その専門知識を活用して活躍することが多い。メイン級のキャラクターとしては、フィールドワークに出かけた先でトラブルに巻き込まれたり、研究の過程で恐ろしいものを発見したりという中で、自らの知識を活かして事件解決に挑むわけだ。もちろんサブキャラクターとしても、その深い知識で主人公たちをサポートすることが多い。

しかし、その知識欲が行きすぎて主人公たちの足を引っ張ったり、あるいは狂気に陥って敵役に転落してしまうケースも珍しくない。このように、**研究に没頭するあまり奇人めいた振る舞いが目立ちがち**なのも、学者キャラクターの特徴といえる。

学者（研究者）

学者とは

広義には「学がある」人、知識豊富で学問に励む人

↓

（基本的には職業として）学問を研究する人

大学に専任教員として
勤めつつ研究をする

企業などの各種研究所
に所属し、研究をする

独特の業界慣習や数少ない教授の席をめぐる
政治闘争など、複雑な背景事情が存在する

純粋に研究だけができる場所でもない

物語の中での学者

持ち前の知的好奇心で物語に関わっていく

↓

出かけた先、手に入れた物品から事件が始まる！

行きすぎた好奇心は危険を招くかも？

専門分野には絶対的な知識を持つ！

↓

主人公としても脇役としても非常に有用

知識がありすぎる反面、柔軟な発想ができないかも？

**学問の領域は文系・理系・それに該当しない
分野までと非常に多様であり、物語に絡めやすい**

⑥⑤ クリエイター

物作りの中で磨かれる感性や、技から生まれるキャラクター性

「芸術家」タイプと「職人」タイプ

本書では芸術家（絵画や彫刻など）、職人（特に鍛治や金細工などのような伝統工芸分野）、作家（小説や漫画など）といった人々をまとめてクリエイターとして紹介する。

彼らを大きく分けると「芸術家」タイプと「職人」タイプになるように思える。前者は自身の感受性によって磨かれた芸術性、センスをベースとして自己表現のために作品を作る。一方、後者は依頼を受け、あるいはターゲット層の好みを推測し、それをベースに作品を作る。「職人」タイプにとってもセンスは大事だが、それは作品の質を向上させるためであって自己表現のためではないわけだ。

もちろん、この二つに完全に分けられるものでなく、「芸術家寄り」「職人寄り」の微妙なところで立場を模索していることの方が多いのが現実だろう。

キャラクター性や業界の面白さを活かす

どちらのタイプであっても、独特のセンスや生活形態、人脈を形成することが多いクリエイターたちは物語の中に登場させやすいキャラクターといえる。

そこで問題になるのがどのくらい「独特のセンス」の部分を強調するか、ということだ。芸術家肌全開のエキセントリックな画家や、偏屈が行きすぎてろくに言葉も発しないような鍛冶職人は主役格として使いにくい。むしろ、そうした奇人・変人レベルの師匠に振り回される半人前の弟子くらいの方が読者の感情移入を誘いやすく、また面白いだろう。

また、小説家や漫画家のように読者からの注目度が高い存在の場合は、「業界裏話」的スタンスからも攻められると、さらに魅力が高まる。しかし、綿密な取材や書き手の経験、「どこまで本当のことを書き、どこまで創作するか」のバランス感覚が必要になる。

クリエイター

クリエイターとは

本書では「作品を作ることが仕事」の人を指す

芸術家	職人	作家
画家や彫刻家、陶芸家など	鍛冶屋や金細工師など	小説家や漫画家など

ほかにもさまざまな種類のクリエイターが存在し得る

クリエイターのタイプ分類

「芸術家」タイプ → クリエイター ← 「職人」タイプ

「芸術家」タイプならセンスと感受性、自己表現が優先
「職人」タイプなら依頼への忠実性やターゲット層の好みの把握が優先
この二つのタイプの間で揺れる方が普通

あくまで傾向であって、職人に分類される
職業にも「芸術家」タイプは存在し、その逆も同じ

独特の感覚から生まれる
キャッチーなキャラクター性

業界のあり方や裏事情は
読者にとっても興味深い

⑥⑥ 医師

医師の世界は過酷で、だからこそ物語の種は多い

優雅で儲《もう》かると思ったら大間違い！

医師になるのは簡単なことではない。国家試験に合格して医師免許を取得するのはもちろんのこと、そもそも試験にたどり着く前の医科大学や医学部への入学自体が難関である上に授業料も高く、通常の大学と違い六年制だ。さらに試験合格後も二年以上臨床研修医としてこき使われ、これがまた過酷でかつ給与が安いという厳しい生活である。また、医師には**優雅な金持ちのイメージ**が付きまとうが、それは**自分で病院を経営する開業医**（の一部）のことである。**大病院の医者として働く勤務医**は昼夜ない激務にさらされ、自分自身が**心身を病んでしまうこともよくある**という。

その過酷な業務の中で医師をサポートするのが看護師で、こちらも国家試験を受けて免許を取得する必要がある。ちなみに、女性看護師を「看護婦」というのは古い呼び方で、現在はもう使われていない。

興味深いトピックは多い

キャラクターとしての医師の最大の特徴は「**医療の技術・知識を有し、それを使う資格も持っている**」ということだ（医師免許なしには行ってはいけない医療処置もある）。結果、そうした医師ならではの要素を活かしてミステリーやサスペンスの主人公になることが多くなるわけだ。もちろん、脇役としてもほかの人間では気づかない重大なヒントを与えてくれるキャラクターとしてしばしば活躍する。現代ファンタジーものなどでも医師が現実にはあり得ない症例や人体の働きを発見して……という導入がよく使われるのだ。

また、医療の世界には「**技術の進歩**」「**制度の矛盾**」「**倫理の問題**」など興味深いトピックが多く、物語のテーマに事欠かない。実際、『チーム・バチスタの栄光』シリーズで知られる海堂尊《かいどうたける》は意欲的に医療をテーマにした作品群を発表している。

医 師

医師になるための過酷な道

医科大学、あるいは医学部で六年間勉強
（入学するのも、卒業するのも難しい！）

↓

国家試験に合格し、医師免許を取得！

↓

二年以上、臨床研修医として働く
（仕事は忙しく、給与も安い！）

開業医

自分で病院を開き、従業員を雇って経営する。町の小さなお医者さんからリッチな院長まで

↔

勤務医

大病院などに雇われ働く医者たち。昨今の医者不足からその勤務は時に過酷

看護師

医師の医療行為をサポートする。医師とは別の国家試験を通ってはいるが、一部の医療行為は行えない。昔でいう「看護婦」のこと

医療技術を持ち、人体に詳しいことから活躍できる場面は非常に多い

奇妙な病気を見つけたことから……

医療の世界には独特の仕組みや私たちに直接関わる
病気の話など注目度の高いトピックも多い

技術の進歩で不治の病は消える!?

⑰ 教師

聖職とはいうけれど、悩みも苦しみも数え切れず……

教師の形はさまざま

主に小・中・高・大学・専門といった各種学校で**生徒に対して教育を施す職業**である。学校の種類ごとにそのあり方はさまざまで、たとえば小学校ではクラスごとに一人の教師が音楽など一部の科目以外はすべて教えるのに対し、中学校以降では科目ごとに専門の教師がいる、という具合だ。また、学校は大きく公立(県立や市立など)と私立に分かれるが、実は小学校〜高校であるなら教員免許が必要であることは変わらない(専門学校、大学の講師は不要)。そのため、「特殊技能を持つ主人公が仮の姿として教師に成りすまし……」という物語では免許をごまかせる理由を用意する必要がある。学校の職員で教師以外の存在——養護教員(いわゆる「保健室の先生」)や用務員などの位置に置くのもいいかもしれない。

また、塾や予備校、カルチャースクールの講師などもこれに準じる存在といえる。彼らはしばしば学生のアルバイトであったり、別に本職を持ち、その経験を活かして技術や知識を教えたりする。

教師の悩み、教師の葛藤

教師は聖職者とはいうが、現実にはあくまで**生身の人間**であり、それぞれに事情があって、苦悩や葛藤も背負っている。気弱で生徒たちを抑えることができず、いじめや学級崩壊などの問題を防げない教師もいるだろう。その逆に自分の考えを強く押し付けすぎたせいで、生徒を自殺に追い込んだことを悔やみ続ける教師もいるかもしれない。特に、近年は教師の負担が高まっているとされ、疲労で倒れたり、あるいは心を病んで辞めてしまう教師も少なくない。一般に物語の中での教師は**「頼るべき大人」**あるいは**「乗り越えるべき壁」**として描かれることが多いが、逆に**「血が通った存在としての教師」**に踏み込んでいくのもいい。

教 師

教師とは

学校で生徒に教育を施すのが役目

小学校 / 中学校 / 高 校 / 大学・専門学校

生徒の年齢や立場が違うのはもちろんのこと、学校のシステムや教師の役目、求められる能力も少なからず違うので、それぞれきちんと把握するべき

例：小学校では担任がほぼ全教科を教えるが、
中学・高校では専門教科のみ教えるのが普通

特殊な教師の形

塾や予備校、カルチャースクール、各職業のための学校など特殊な学校で働く講師も教師の一種といえる

学生のアルバイトだったり、本職のベテランが自分の経験や知識を伝えたりする

↓

頼れる大人

子どもに教育を施す役目として「聖職者」というイメージが強い

↓

立ちはだかる壁として

↔

血の通った人間

あくまで生身の人間であり、能力不足や責任の重さに直面

↓

教師は辛い仕事

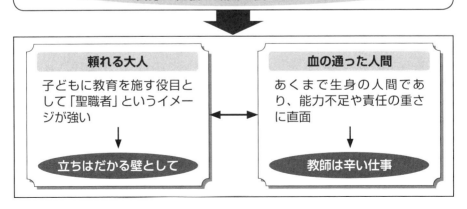

㊽ 政治家

権力を握り、敵としても味方としても大きな存在

選挙に勝ち、政治に関わるのが政治家

政治に携わり、それを職業とするのが政治家。一般には**国会や県議会など各種議会の選挙に出馬し、当選して議員になった人間**を指す。しかし、幅広くとった場合は当選を目指して活動する人々や、引退や落選しつつも政治活動を続ける元議員も含めて政治家と呼ぶべきだろう。

政治家の本来の役目は**地元の意見を吸い上げて議会に持ち込み、政治をより良い方向で導くこと**であるが、その立場や人脈を活用して諸勢力の間に入り、意見調整役・斡旋《あっせん》役を務めることもある。また、その立場は「**選挙に勝ち、議員であり続けること**」に依存するため、選挙にばかり熱心になって政治家としての本分を忘れることも多いという。

日本では被選挙権（選挙に出るための権利）は国籍と年齢を条件としているため、たいていの議員はある程度の年齢を重ねている。ちなみに衆議院は満二十五歳以上、参議院は満三十歳以上だ。とはいえ実際の議員にこのような若者が少なく壮年や老齢が多いのは、選挙に打ち勝つためには相当の積み重ねが必要になるためだろう。政治家に必要な「三バン」といえば**地盤**（**地元の結びつき**）、**看板**（**知名度**）、**鞄**（**資金**）であり、これを長年の苦労で積み重ねたり、親や自分が秘書として勤めた議員から引き継いだりするわけだ。

理想に燃えるか、現実を操るか

以上のような立場から、政治家はしばしば非常に強大な存在として物語の中に登場する。特殊な立場に置かれた主人公をバックアップしてくれたり、あるいは陰謀に与《くみ》して主人公の前に立ちふさがるわけだ。

また、政治家のステレオタイプとしては「**理想に燃える若き熱血政治家**」と「**汚職や不正に手を染める老政治家**」の二パターンがあり、うまく活用したい。

政治家

政治家としての立場

普段の政治活動から奔走して選挙で票を集め、ライバルに打ち勝って議会の席を確保してこそ政治家！

選挙に勝つために必要なのは
地元との結びつき・知名度・資金の三つ

地元 → 政治家 → 議会

議員の一人として政治に関わり、法案を考えたりその成否を討論したりすることこそが政治家としての本道だ！

選挙を重視しすぎるあまり、政治よりも
選挙運動に熱心なのではという非難も

政治家のステレオタイプ

●理想に燃える若き熱血政治家
●汚職を憎むクリーンな政治家

●総理を目指す老獪《ろうかい》で狡猾《こうかつ》な政治家
●汚職と利益誘導に励む政治家

どちらにせよ、強大で重要な存在。
「クリーンな政治家だと思ったら……」
あるいは逆、というパターンも定番

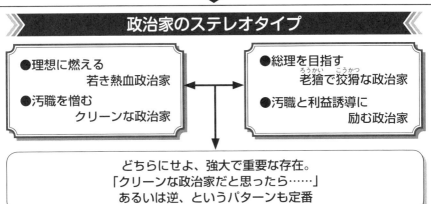

69 芸能人

華やかな世界と、その裏に横たわる影の対比こそが魅力

多種多様な芸能人たち

芸能人といってもその種類は非常に多く、それぞれに性質が異なる。

楽曲を歌う**歌手**や楽器を演奏する**ミュージシャン**。ドラマや舞台で別人になりきり物語を演じる**俳優**。俳優の一類型で、アニメや外国映画の「声」だけを演じる**声優**。バラエティー番組を彩る**タレント**や**お笑い芸人**たち。また、歌手のうちでドラマなどに出演したり、若年層を中心に評価され「かわいさ」を売り物とする場合などは、特に**アイドル**と呼ばれる。

——と、このあたりが現代日本における主な芸能人だが、時代や場所が変われればほかにもさまざまな芸能人の形がある。ファンタジーによく登場する吟遊詩人などがその一例だ。基本的には「**芸によって客を楽しませることを生業とする人々**」という理解でいいだろう。

一握りの成功者と大多数のそれ以外

芸能人たちは「**成功者**」と「**それ以外**」の間に大きな格差があることにも注目すべきだろう。普段TVでその姿を見るスターたちはほんの一握りで、実際には数多くの芸能人たちがスターになるべく努力と苦悩の日々を送っている。つまり、人気・収入といった光が強い業界だけに、それを得るための暗闘や陰謀、失ったときの挫折という闇もまた濃いのである。これは物語の素材として非常に魅力的だ。また、彼らはTV画面で見る時には「芸能人」の顔をしているが、当然のことながら、プライベートでは私人としての、本来の素顔を持っている。

そのため、芸能人キャラクターは**二面性**——撮影中はぶりっ子で普段はファンを馬鹿にしている歌手や、実は男性なのに女装しているアイドルなど——を強調していくと面白くなるだろう。

芸能人

芸能人とは

芸（芸能）を演じ、それを生業とする人々

●歌手・ミュージシャン
→歌や楽器演奏など、音楽を仕事とする

●俳優：
→ＴＶドラマや映画、舞台演劇の人物を演じる

●声優：
→外国映画の吹き替えやアニメなどの「声」を演じる

●お笑い芸人：
→漫才やコントで笑いを取る。近年はタレント化が激しい

●タレント：
→ＴＶのバラエティー番組などに出演する

●アイドル：
→「かわいさ」「カッコよさ」を武器とする

これらの区分けはかなり相対的なもので越境して活動する例も珍しくない

外面

ファンの前で見せる「芸能人」の顔

内面

あくまで私生活の、ファンには見せない顔

不特定多数を相手にする人気商売なだけに外面と内面のギャップが激しいケースも多く、そこを魅力として掘り下げていきたい

⑰役人（公務員）

お役人にはマイナスイメージも多いけれど

国を動かす人々

広義の意味で「公務員」というと議員なども含めて**「国の仕事＝公務をしている人」**の意味になるのだが、一般的には議員は除き、**役所づとめの「お役人」**というイメージになる。彼らは国の官公庁で働く国家公務員と、地方自治体で働く地方公務員に分かれる。また、国家公務員は採用の際に受けた試験によっても三種類に分かれ、このうち大学卒業が条件の一種試験を合格した公務員は特に**「キャリア」**と呼ばれ、幹部になることが決定している。それ以外は**「ノンキャリア」**と呼ばれ、両者の出世の速度はまったく違う。

彼らには「誰かが各省庁のトップにたどり着くと同期はすべて役所を去る」という慣習があり、結果激しい出世競争が起きる。またその一方で、そうして去った公務員たちが、**関連する民間企業に再就職して官と民の癒着を生む「天下り」**の構図も生まれてしまう。

役人は必ずしも「悪」ではない

杓子定規《しゃくしじょうぎ》でまったく融通を利かせてくれない様子を「お役所仕事」などというように、役人のイメージは必ずしも良くない。**前例踏襲主義で一度決めたことをなかなか変えてくれない**などの点が、民間企業と比べると柔軟でないのがその理由だろう。また、近年は天下り問題に代表されるような役人の汚職問題が注目され、**「役人が政治家を操って自分たちに都合のいいように国を動かしている」**などと指摘されていることも、彼らの印象を悪化させる原因となっている。結果、政治ものや経済ものでは「悪」としての役人と対峙することが増えるだろう。

しかし、一方で**熱意を持って住民サービスに奔走する役人**がいたり、地方自治体ではユニークな切り口で町おこしや住みよい環境の実現を果たすところもあって、そうした良い側面に注目するのもいい。

役人（公務員）

公務員とは

官公庁
（財務省、防衛庁など）
↓
国家公務員

地方自治体
（都道府県、市町村）
↓
地方公務員

いわゆる「お役所のお役人」が一般的イメージ。
広い意味では議員も含め「公務をする人」

大学卒業が条件の一種試験を受けて公務員になった人々は「キャリア」と呼ばれ、それ以外の「ノンキャリア」とは出世のスピードがまったく違うエリートとされる

物語の中の役人たち

- 政治家を操り、国を思い通りに動かす
- 汚職や天下りで私腹を肥やす

- 熱意に燃え、改革を目指す
- 住民サービス充実のために奔走

どちらも役人たちの一側面であり、「二つの間を揺れ動く」くらいが一番リアルかもしれない

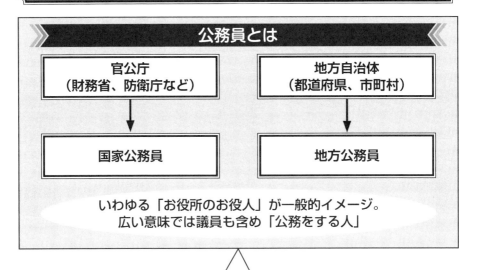

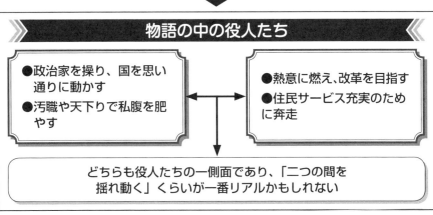

⑺ 私立探偵

探偵は殺人事件を推理しない!?

現実の探偵は地味な仕事

隠された物事を調べ上げ、白日のもとに晒《さら》すのが探偵の役目である——とはいうものの、現実の私立探偵がドラマや小説のように派手な仕事をすることはない。殺人事件の捜査は探偵ではなく警察の役目だ。

実際の探偵のもとに舞い込む依頼は「旦那の浮気調査をしてほしい」「娘の婚約者の素行を調べてくれ」「行方不明になった人を探してほしい」といった類の、**非常に地味な調査仕事**ばかりである。ちなみに、よく「冴えない探偵」のキャラクター描写に使われる依頼は「迷子の猫探し」だ。

探偵は基本的に養成所に入って調査・捜査技術を学び、探偵事務所（興信所）に所属する。もちろん、フリーで小さな探偵事務所を営んでいる探偵や、元警察官であるなど自分の特技を活かしてこの仕事を始めた探偵などもいるだろう。

ハッタリを利かせる

リアルな探偵は足（スクーターや軽自動車が似合いそうだ）と交渉術を武器にする地味な調査屋だ。彼はひょんなことから陰謀に遭遇してその真実を解き明かすために奔走するのかもしれないし、あるいは彼が「知りすぎた」ために消されたところから物語が始まるのかもしれない。こういうタイプの探偵は、クールなエリートよりもちょっとガラが悪い、裏社会の人間めいたキャラクターの方が似合いそうだ。

もちろん、物語で必要ならシャーロック・ホームズばりの超天才であってもかまわない。警察を信用できない犯罪被害者が一縷《いちる》の望みをかけて探偵事務所のドアをたたいたり、あるいは刑事が難解な事件を解決するための知恵袋としてその探偵を頼りにしていたりするわけだ。もっとファンタジックに、**「国家資格としての私立探偵」**くらいハッタリをかましてもいい。

私立探偵

探偵の仕事は……

隠された物事を調べ上げ、白日のもとに晒す

推理力を武器に、殺人事件を捜査する。
トリックやアリバイ（犯人ではないことの証明）
を暴き、動機を解明して犯人を追い詰める！

**近年の推理小説では殺人以外を
題材としたものも増えつつある**

物語の中の探偵 ⇔ **リアルな探偵**

武器は推理力ではなく交渉力やコネクション、
地道な「足」で手がかりを追う忍耐力

主な依頼

●素行調査　●素性調査　●人探し　●猫探し

など

↓

殺人事件を追いかける探偵はクールな切れ者や
「普段はボーっとしてるがやるときはやる」が似合う

↓

リアルな探偵はちょっとやさぐれてるくらいがいい？

立場に似合ったキャラクター設定をしたい

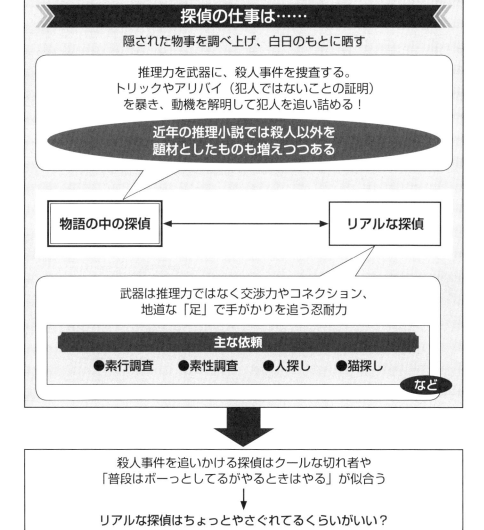

㊲ 保険調査員

「保険探偵」ともいうべき存在

必要なのは人生経験！

保険は現代社会に欠かせない存在だが、実際に保険金が支払われる際にしばしばトラブルが発生するのもまた事実。そこで保険調査員の出番になる。彼らは**保険金支払いの原因になった損害について調査**し、それが支払いに値するのか、どのくらいの金額が妥当なのかを調べるのが役目だ。求められるのは事実を的確に見抜き、報告書にまとめる能力であり、**探偵の一種**と考えてもいいだろう。副業で保険調査員をやっている探偵もいるかもしれない。また相手の言葉から真実を見抜くために人生経験が要求されるので、「一度結婚して退職して復帰した女性」というのも似合う。

保険をめぐる悲喜こもごもから人情話、あるいはちょっとした事件から社会悪にたどり着くなど、小さな物語から壮大なスケールのサスペンス劇まで、いろいろと話を広げられるのがポイント。

保険調査員

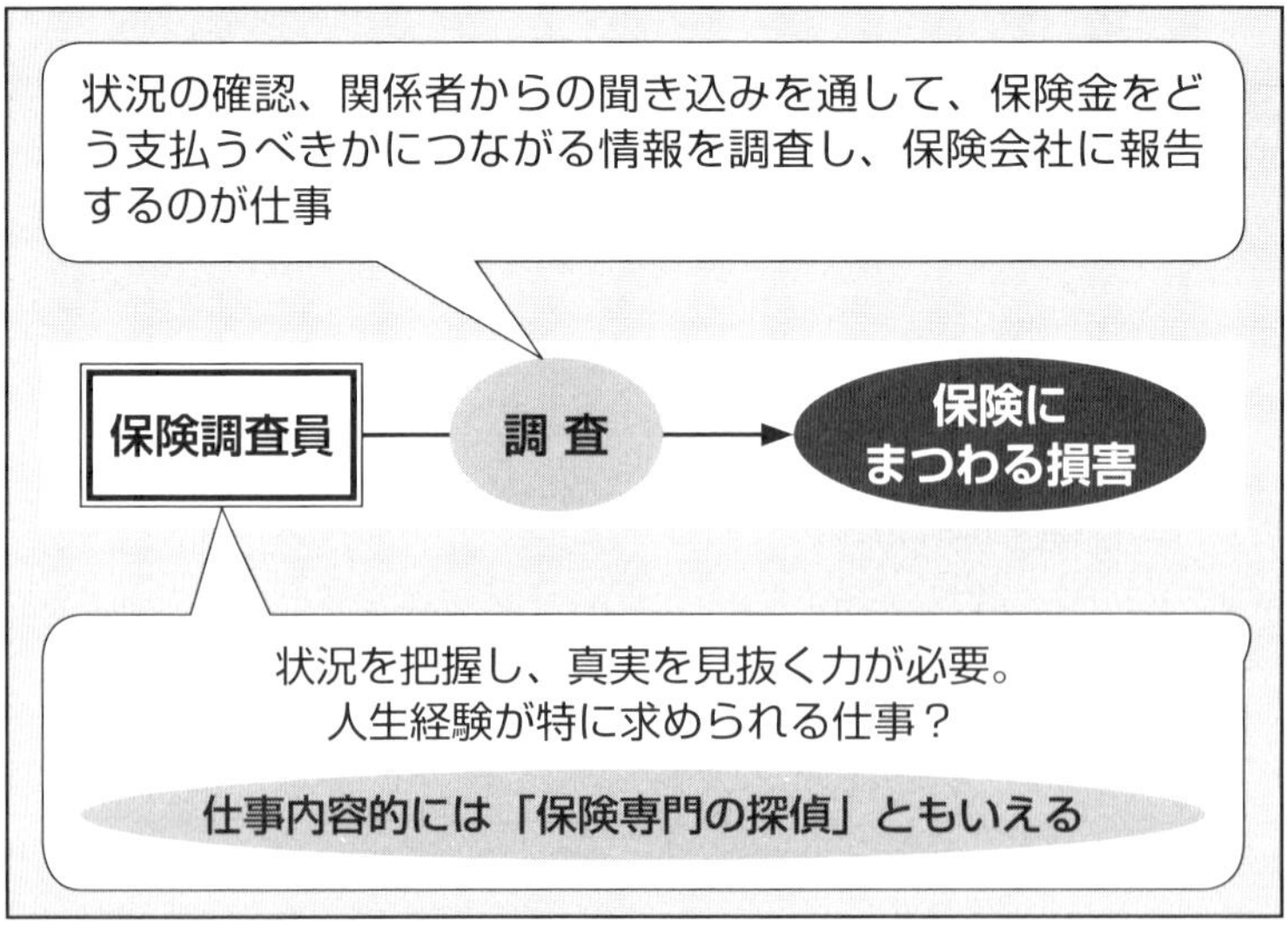

状況の確認、関係者からの聞き込みを通して、保険金をどう支払うべきかにつながる情報を調査し、保険会社に報告するのが仕事
保険調査員
調 査
保険に まつわる損害
状況を把握し、真実を見抜く力が必要。
人生経験が特に求められる仕事？
仕事内容的には「保険専門の探偵」ともいえる

⑦③ 船乗り

船と船乗りの価値はまだまだ健在

トラブルは自然現象ばかりではない

かつては船が最も速く、かつ大量に人や物を運ぶ手段だった時代もある。今はすっかりその座を飛行機に奪われてしまったが、**量がかさばってかつ重い積荷**を運んだり、あるいは**優雅に世界を一周**するような用途には、やはり船の方が向いている。結果、石油を運ぶ大型タンカーや、豪華客船などは現在も世界の海を渡っているわけで、それを運用する船乗りたちももちろん現役の職業である。

船乗りが遭遇する事件の第一は暴風雨を始めとする自然災害だろうが、それだけではない。客船では乗員や乗客同士の争いがあるかもしれない（殺人事件が起き、連絡が取れなくなって巨大な密室化するのがミステリーの定番だ）。また、輸送船が海賊に襲われて、というのも、冒険小説の類でしばしば見られるシチュエーションだ。

船乗り

速度では飛行機にかなわないが、輸送能力や
豪華客船の優雅さのおかげで、船と船乗りは現役

職種は責任者の船長を始めとして
航海士（甲板で操縦や指揮をとる）、
機関士（機関部での指揮監督）、
通信士（無線などでの外部と連絡）など

↓

船にまつわるトラブル・事件は？

- 暴風雨などの自然災害との遭遇
- 密室化した船内での殺人事件！
- 海賊やテロリストによる襲撃

など

⑭ 軍人／傭兵

兵器を操り、戦場で戦う男たちそれぞれの理由

国家に所属する軍人、金で雇われる傭兵《ようへい》

たとえば現代日本のような平和な社会において、戦闘能力というのは立派な特殊技術だ。それもチンピラの喧嘩というレベルではなく、各種の軍事兵器――銃砲や戦車、戦闘機などを扱う訓練を受けているのならなおさらである。**軍に所属してそうした技術を身に付け、有事が起きれば国家のために戦う**のが軍人だ。

とはいっても、軍人にとって本当の意味での出番はそう回ってくるものではない。特に、軍備を放棄した日本で軍隊に代わり国家防衛を担う自衛隊は、しばしば特撮ドラマに登場することから「怪獣と戦うのが仕事」などと揶揄《やゆ》される有様で、目立つ仕事は日常の訓練と災害時の救援活動になる。結果、平時の軍人は考えられた食事メニューと過酷な訓練のおかげで健康そのもので、一般人より長生きするのだという。

国家に所属する軍人に対し、**金で雇われて働くものたち**を傭兵という。軍を持つだけの力のない国家や組織が彼らを雇い、代わりに戦わせるわけだ。また、近年は新しい傭兵というべき民間軍事会社（ＰＭＣ）が登場し、国に雇われて軍人に代わり戦争を行う、というケースも見られている。

軍人の出番はどこにあるか

日常ものや青春ものではなかなか軍人の出番もないだろうが（自衛隊を取り巻く複雑な事情を描くのは面白いかもしれない）、**冒険活劇や政治陰謀もの、現代ファンタジーなど**では話が違う。国家にとってある意味で最大の「力」こそが軍とそこに所属する軍人であり、その存亡に関わるような物語では軍人の果たす役割は非常に大きい。また、軍人を活躍させる手法としては、**「現実とはちょっとだけ違う現代社会」**を用意し、その中で軍人が当たり前のように戦っているシチュエーションを用意するという手もある。

軍人／傭兵

軍人の立場と役目

各種軍事兵器を活用するための訓練を受け、
必要な技術を身に付けた存在

**近代国家においては国家に帰属し、
独自の判断では動かないのが建前**

国家 ―命令→ 軍人

有事（他国への攻撃、あるいは防衛）など
があれば、国家の命令に従い軍が動く

↓

実際のところ、軍人の任務のほとんどは
「有事に備えた訓練」であって、実戦は少ない

**日本に軍隊はなく、防衛を担う自衛隊が
注目されるのは主に災害に対する救援活動**

軍人ではないが、戦闘技術を備えた存在として
- **傭兵**：契約で戦闘を行う
- PMC：国家に雇われ、戦争に参加する

（共に元軍人が多い）

物語の世界でも、軍人の出番は国家の命運がかかるような大きな事件（戦争や内乱、クーデターなど）のときにこそやってくるものなのだ

**軍人の出番が日常的にあるような世界を舞台にするのもあり
（怪物が空から降ってくる世界など）**

⑮ スパイ

スパイはアクション・ヒーローか地味なお仕事か

フィクションの中のスパイ

スパイという職業もフィクションによって作り出されたイメージと現実の姿に大きな乖離《かいり》がある。

フィクションに登場するスパイは、しばしば**アクション・ヒーロー**として描かれる。依頼や任務を受けて組織や施設に潜入し、情報や物品を盗み出す、もしくは要人を暗殺するなどして脱出する（その際は爆発が付き物）——という具合だ。このような英雄的スパイは超人的な戦闘・潜入・変装技術を備え、普通に考えれば死ぬような任務に挑んで帰ってくる。代表例はもちろん『００７』シリーズのジェームズ・ボンドだ。

一方、脇役として登場するスパイにとってその種の派手な活躍は縁遠い。彼らは地道な潜入活動によって得られた情報で主人公を助けるわけだ。その情報は時に死と引き換えでもたらされ、そこから物語が始まるパターンもよく使われる。

現実の地道なスパイ

それでは、現実の諜報《ちょうほう》組織——たとえばＣＩＡ（中央情報局。アメリカのスパイ組織とされる）などに所属するスパイはどんな存在なのだろうか。

彼らの姿はフィクションのヒーローより、脇役たちのそれに近い。ターゲット組織の一員になって長年密かに情報を流し続けたり、あるいはその組織の誰かを裏切らせて情報源にしたり（この過程で相手の秘密をつかんだり、あるいは異性を接触させる手法なども使われる）。相手のスパイ活動に対して、偽情報をつかませることで妨害したり。また、相手の通信を傍受したり、一般に流された情報から「○○と発表するということは、本当は××なのではないか」と推測したり、という具合だ。つまり、基本的には**頭脳労働と交渉**こそがその役目であり、派手なアクションは皆無ではなくても、希少と考えた方がよいだろう。

スパイ

フィクションの中のスパイ

組織や施設に潜入し、**目的**を果たして脱出！

情報や物品の奪取、あるいは要人の
誘拐・殺害、施設そのものの破壊など

↓

その過程では派手な立ち回りや銃撃戦、
敵方や巻き込んだ女性とのロマンスが付き物

**あくまでハリウッド映画的味付けであって、
こんなに派手に振る舞ってはスパイの意味がない！**

⇕

あなたの物語にふさわしいのはどちらだろうか？

現実に近いスパイ

相手に気づかれぬよう、静かに、密かに仕事をするのが
本当のスパイというもの

↓

スパイ活動をしているのがバレたら失敗！

- 敵組織に潜入し、密かに情報を流し続ける
- 敵の弱みを握り、操り人形に仕立てる
- 偽情報をばら撒き、相手のスパイを妨害する
- 当たり前の情報から価値のある情報を探す

など

⑯ 武術家／武道家／格闘家

戦う技を身に付けたのはなぜなのか？

戦闘技術を身に付けたものたち

言葉の定義はさまざまだが、本書では**「戦って相手を殺害する」**ことまでを想定した実戦のための戦闘技術を「武術」、**時代が平和になる中でそれがスポーツ化・思想化（時にはショー化）したもの**を「武道」、また両者のうち**武器を使わない徒手空拳《としゅくうけん》のもの**を「格闘術」と呼ぶ。それぞれの技術を身に付けた者は武術家、武道家、格闘家である。

武術は本来他者との闘争に勝ち残るためのものだが、現代日本でそのために使う機会は多くない。道行く人を武術で叩きのめして財布を奪ったら強盗である。ではどのようにして生活するかといえば、道場を開いたり、試合に出てファイトマネーを受け取ったり、そもそも別の仕事や収入を持っていたりするわけだ。

よりフィクショナルな方向では**「ほかの流派の道場に挑戦し、勝ったら指導料などの名目で金を要求する」**といういわゆる道場破りや、技を極めようと思いつめた末に軍人や傭兵となり、実際の戦場で技を磨く武術家、というパターンもしばしば見られる。

強くなる理由、強くなった後

この種のキャラクターを描くにあたってまず重要なのが「強さ」への意識である。ほとんどの場合、**武術（あるいは武道、格闘術）を身に付ける動機は強くなりたいからだろう**。では、なぜ強くなりたいのか？　勝ちたい相手がいるのか、自分に自信が欲しかったのか、それとも「ただただ強くなりたい」という強烈な飢えを感じているのか。そして、**実際に強くなったとき、その気持ちはどう変化したのか**。また、強くなったことで彼は「何でもできる」と傲慢になったのか、それともむしろ「強いやつはほかにいくらでもいる」と謙虚になったのか。ここをきちんと掘り下げないと、どうしても薄っぺらなキャラクターになりがちだ。

武術家／武道家／格闘家

戦う技や目的はそれぞれ

＜武 術＞

相手の殺害までを念頭に入れ、戦うための技としての性質を色濃く残しているもの

しかし、殺人は違法であり、実際にはそこまで野蛮かつ危険なままでい続けるのは難しい

＜武 道＞

平和な時代の中で武術がスポーツ化したり哲学化したりと、単純な戦闘技術から変質

「道」という言葉の通り、使い手の考え方や生き方にまで深く関わってくる

＜格闘術＞

武術や武道の中でも、特に武器を使わない徒手空拳の技がこう呼ばれる

空手やボクシング、相撲、プロレスなど。スポーツ化やある種のショー化しているものも多い

※あくまで本書の定義であることに注意

↓

つまるところは「強くなるための技」である

↓

強くなってどうするのか？

↓

強さを武器として何かをしたいのか、それともただ強くなればいいのか

↔

強くなってどうなったか？

↓

強さを得て進むべき道は見えたか、それとも「健全な肉体に健全な精神が宿る」は嘘か？

⑰ 冒険家

現代の社会にも、冒険は存在する！

過去の冒険、今の冒険

「現代社会に冒険の場はない」と思うかもしれない。実際、地球上に人跡未踏の地——人が立ち入ったことのない場所はどこにもないという。

かつて、アレキサンダー大王が世界の果てを求めて東へ東へ向かったと伝説は語る。また、ヨーロッパの人々がアフリカを誰も行ったことのない「暗黒大陸」、アメリカを新たに発見された「新大陸」と呼んでいた時代もある。これらは必ずしも歴史的に正しくはないが（現地には人が住み、独自の文化を築いていたのだから）、そうした未開の地を切り開くロマンのようなものは確かにあって、しかし今ではあらかたが探検されつくしてしまったわけだ。

だが、今でも冒険家や探検家がいなくなったわけではない。エベレストに代表されるような**高山への挑戦**、太平洋横断のような**海洋冒険**、あるいは北極・南極など**極地に挑む**など、冒険の種はこの世界にまだまだ残っているのだ。また、地球上でも**深海**はまだ解明されていない部分があり、**宇宙**は月に到着しただけでほかの天体は未踏であるなど、「未知の場所」はまだまだあると言うこともできる。

とはいえ世の中が世知辛いのもまた事実で、冒険をする、登山をする、ということそのものを職業として成立させるのは難しい。バイトや普段の職業（登山家が山小屋で働くなど）、あるいはスポンサーを募るなどして資金を稼ぐ必要がある部分などにも注目。

リアルさに気を配る

いわゆる冒険物語は「**現実に存在する冒険**」であるだけに、リアルさをしっかり確保してほしい。実際の冒険家への取材や自分自身でも（危険がない範囲で）登山をするなど、経験の蓄積が必要だ。ほかに、笹本《ささもと》稜平《りょうへい》氏の作品群を読むのも勉強になるだろう。

冒険家

過去の冒険家たち

かつて、地球上には無数の「未知」があった

- アレキサンダー大王が目指したという世界の果て
- 「暗黒大陸」アフリカ
- 「新大陸」アメリカ
- 「黄金の島」ジパング

など

とはいえ、現地に住む人々にとっては
未知でもなんでもなかったのだが

冒険家 → 探検する → 未知の場所

ある者は利益（黄金、香辛料、奴隷……）を求め、
またある者は道を切り開く夢とロマンを抱えて冒険・探検に挑んだ

無数の失敗がありつつ、世界は切り開かれていった

↓

現代、人類にとって未知の場所はないのだろうか？

↓

高山への登頂、極地への挑戦、海洋冒険など、
まだまだ「冒険の種」は存在する！

↓

人類がまだたどりつけていない場所である宇宙や深海、
あるいは高空などにロマンを求めるのも面白い

「現実に存在する冒険」であるからこそ、
きちんと取材し、リアルに描いていく必要がある

⑦⑧ スーパーヒーロー

特別な活躍をするヒーローは、特別な存在だ

ヒーローはどうやって戦うのか

日本なら仮面ライダーにウルトラマン、アメリカならスーパーマンにバットマン。主に現代社会において弱者を守り悪と戦うのが、彼らスーパーヒーローだ。

ヒーローは怪人、宇宙人、能力者、魔法使い……ただならぬものと戦う。だから**特別な能力を持つことが多い**。凄まじい怪力、テレパシーにサイコキネシス、ビーム放射、飛行能力に超スピードなどなど、あらゆる能力が考えられる。どんな能力を持つか、そしてその能力をどうして手に入れたかは、ヒーローの個性を形作る重要な要素だ。

ヒーローの能力は**強ければいいというものではない**。弱いヒーローが苦難の末に戦う物語も面白い。周りに特別な能力を持つヒーローが揃っている中で、特別な能力を持たないものがどうしたらヒーローになり得るか。そんな物語もあり得る。

ヒーローはなぜ戦うのか

ヒーローとして戦うのは特別なことだ。だから、**どうしてそんなことをするのか、の動機**が重要である。誰かに頼まれたのか。他にいないからか。戦うのが好きだからか。金が儲かるからか。悪人が許せないからか。大切な何かを守るためか。ヒーローに憧れていたからか。存在意義に関わる重要な選択だ。

また、これらのヒーローの動機のうち少なからずが、**「悪」の存在なくしては成立しない**。悪は単独でも悪として成立するが、正義は悪を倒すという形で成立することが多いからだ。悪がいないと正義は自己を見失い、堕落する……しばしば見られるテーマだ。

ヒーローとして戦うのは非日常的行為であることが多い。ヒーロー活動が仕事として成立するならいいが、そうでないなら表の顔が必要だ。どんな仕事をしていて、事件が起きたらどうするのだろうか。

スーパーヒーロー

スーパーヒーロー

日本なら仮面ライダーやウルトラマン、スーパー戦隊。アメコミならスーパーマン、バットマン、アイアンマン　など

スーパーヒーローとはどんな存在だろうか？

↓

スーパーヒーローは特別な能力で戦う

市民は国家や警察に守られるのが普通の現代で悪人と戦うには、能力が必要だ

↓

どんな能力を、どんな経緯で手に入れたのか？　それがアイデンティティになる

- 人間離れした怪力 → 謎の薬品や動物と接触したせい
- ビームを発する能力 → 突然変異によってそういう体質に
- 超科学のアーマー → 本人あるいは援助者が超天才
- 実は無能力 → 異常な訓練で得た技　強い意志の力で戦う

など

スーパーヒーローには動機が必要だ

命懸けで悪人と戦うなんて、現代人が普通にやることではない

↓

普通でないことをやるには、普通でない動機が必要だ！

- お金が欲しい！
- 戦いたい！
- 人を守りたい！
- 正義のために！
- 復讐したい！
- ヒーローになりたい！

など

これに深く関係があるのが……

↓

スーパーヒーローには敵が必要だ

スーパーヒーローは敵と戦うから、スーパーヒーローでいられる → 敵がいなくなれば → 存在意義を失い、力をもてあまし、自らが悪になることも！

⑲ 動物

人間と動物は親しい友になれるのだろうか

動物キャラクターの多様性

動物だって物語の主要キャラクターになり得る。何しろ、**犬や猫ははるかな昔から人類のそばにいて、友人であり続けているの**だから。

わかりやすいのは、「マスコットキャラクター」としての動物だろう。主人公のペットとして共に暮らす小動物や、魔法使いや魔法少女の使い魔だ。愛らしい仕草で物語に和みを加えたり、主人公にヒントを与える役目をこなしてくれるはずだ。猟犬や鷹匠の鷹など、より有能な動物キャラクターがいてもいい。

童話では喋る動物が普通に出てきて、動物の社会で生きていたり、人間社会に遊びに来たりする。「転生者」のバリエーションとして、前世が人間だから人間としての知識を持ち、喋ることができる動物がいたっていいだろう。魔法や神の呪いなどで動物の姿に変えられた元人間というのもいかにもだ。

人間の社会、動物の社会

人間の住む社会と、動物の住む社会は違う。この点をちゃんと意識しないと、地に足の着いた動物キャラクターは出しにくい。犬や猫、鳥のような人間に飼われていておかしくない動物や、鼠《ねずみ》やカラスのような都会を住処にする動物はともかく、狼や熊のような猛獣、象のような大型動物は人間社会では暮らしにくい。いるだけで迷惑を与えたり、場合によっては本人（本獣？）の意図とは無関係に猟友会が出てきて駆除……なんてことも十分にありえる。

動物キャラクターが人間社会に溶け込みたかったら、**人畜無害の動物を装うか、人間に変身する能力**が欲しい。動物、人間、人間と動物の半々（獣人）に変身できる、などというのは王道パターンだ。ただその場合、価値観のベースが動物だと常識知らずでなかなか苦労することだろう。

動物

人間 ← 古来から人間の傍らにいて、ペットや相棒、家畜などの関係を作る ― 猫や犬など一部の動物

↓

それだけ親しい関係もあることだし、
動物が主役や主要キャラクターの物語も十分に成立する

たとえばこんな物語、こんなキャラクター

- 主人公の傍にいるマスコットキャラクターのポジション
- 喋る動物が人間の社会のようなものを築いている
- 鷹匠の鷹など頼りになる相棒のポジション
- 元は人間や神で今は動物の姿をしているだけ

など

物語の中で大事になるポイントとして……

人間 ← 住む社会が違うから対立も起きる！ → 動物

↓

●猛獣が人間社会に迷い込んだら大騒ぎになる
→溶け込むためには変身能力が欲しい

●人間の常識を知らないと間違いなくトラブルを起こす
→「買い物にはお金が必要だ」など

●猫や犬、鳥などなら大して騒ぎにはならないだろう
→しかし、現代社会は車やヘリコプターなどが危険……

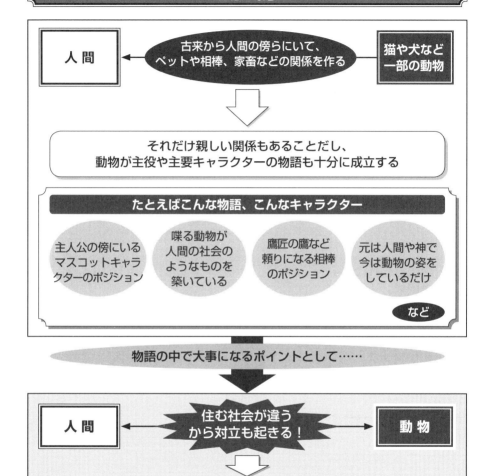

❖コラム(3) 舞台観劇のススメ

前回のコラムで二時間サスペンスドラマを分析することをオススメした。映像だと文字情報以上に加工ができるので見せ方、演出の勉強には最適で、あとはそれを文章でどのように表現するかなのだ。

さて、同じく物語の作り方を勉強するために見るものとして、次は舞台演劇の話をしよう。これもまた勉強の題材の宝庫だ。俳優が演じ、それに音楽と光で効果を与えていく——この見せ方は映像と同じく参考になる。「盛り上げる」ことは舞台でも小説でも必要だ。

さらに目の前で実際に演じてくれているわけで、受け手側はそこにどう同調してシンクロしていくか？　俳優側は一体感をどう作り、自分たちに注目してもらうか。それこそがナマの舞台ならではの魅力だ。そんな臨場感をどうやって作品に反映できるかを考えるのだ。

そうした舞台演劇の中で特にオススメがある。「宝塚」だ。男性諸氏には「えー、宝塚かよ、女性向けじゃないか」という声もあるかもしれないが、これが偏見を捨てて見てみると大きな収穫があるものなのだ。

宝塚は五つの組に分かれて、それぞれ公演をしている。東京と兵庫県の宝塚をメイン拠点に大阪の梅田芸術劇場、福岡の博多座や全国ツアーなどもしているので、近くに来たときにはぜひ一度見てほしい。宝塚は女性演者のみが所属し、彼女たちが男役と娘役に（現在では男役の方が人気がある）。各組には男役のトップスターとその相手役となる娘役トップがいて、基本的に舞台はトップスターを中心に作られる。トップスターを魅せるためのものだ。

そう、ここで話が最初に戻る。つまり、宝塚も数名のメインを魅せるための演出をしているのだ。よって、たとえば原作を知っているものを見るとそのスターたちを魅せるためにどのように構成しているかが勉強になる。ちなみに、最近は男性客も増え、男性でも観劇しやすくなったので心配は無用である。

第四章
職業・立場２（ファンタジー＆ＳＦ編）

異世界ファンタジー、現代ファンタジー、あるいはＳＦといった「現実離れした」物語には、それにふさわしい職業や立場が存在する。その物語ならではの特色を出すためにも、こうしたキャラクターを確実に活かしていきたい。

⑧⓪ 国王／皇帝

王の有様を見れば国の姿も見えてくる!?

「国」と「王」のあり方

国家の長にして象徴――それこそが王だ。これが王国ならば国王だし、帝国（基本的には複数の国や地域を支配下とする国家のことを指す）ならば皇帝だ。実は王や皇帝ではなく公爵や大公といった貴族が国の頂点に立つケースもある。その場合は公国や大公国などと呼ばれるようだ。国家と宗教が強く結び付き、王が「神の地上代理人」あるいは「神そのもの」と見られている場合、法王や神王などと呼ばれるケースもあるだろう。

ちなみに、こうした国や王の呼び名は必ずしも国の実情を正確に示しているとは限らない。「帝国」とは名ばかりの弱小国家かもしれないし、周辺諸国を圧するほどの力を持ちながら過去の伝統から「公王」と名乗り続けているのかもしれない。そうしたギャップから物語を組み立ててみるのも面白いだろう。

王にも悩みが……？

王は国家の主権者であり、絶大な権力と責任感を持つ――というのが建前だが、本質がついてくるかどうかはまた別。独裁者として絶対的な権力を行使できる王もいれば、貴族たちの顔色を見ながらの政治を強いられる王もいる。血筋によって選ばれただけの傀儡《かいらい》だって珍しくない。そして、その**王としての「立場」の違いによって、物語への関わり方も大いに変わってくる**のが当然だ。力ある王は主人公の敵としても味方としても強大な存在に成り得るし、飾りの王はもちろんその程度の役にしか立たないのが普通だ。

また、**王は国の象徴**であり、両者の雰囲気はしばしば近似したものになる。つまり、尚武の国には武人の王、文化花咲く国は文人の王となりやすいわけだが、その逆のタイプの王が誕生すればそれもまたギャップになり、物語を面白くする要素の一つになり得る。

国王／皇帝

国家の形によって「王」の名もあり方も変わる

基本的な例としては

- 王国の「国王」（王のいる国を王国という）
- 帝国の「皇帝」（ほかの王の上に立つ存在）
- 公国の「公爵」（元は別の国の貴族だった、など）
- 神聖国の「法王」（宗教の頂点でもある）

こんな特殊例があってもいい

- 共和国の「大統領」（独裁者で実質的に王！）

国家 ―― 主権者であり象徴 → 王

その王は独裁者か、ただの飾りか？

何もかも自分の一存で決められる強権の王もいれば、趣味や享楽にふける以外の選択肢がない傀儡の王もいる。もちろん、その中間も存在する

王は国の象徴か、それとも？

多くの場合、王は「国の顔」であり、国家全体の雰囲気は王を通じて表現される。逆に、自分の性質と異なる雰囲気の国の国王はギャップに苦しむ

強い王、弱い王、ギャップのある王、ない王といろいろいるが、国家という強大な組織と深く関わるのは間違いない
→物語のスケールを大きくする役として最適

㉛ 貴族

土地と人の支配権を受け継ぎ、平民と隔絶された特権階級

貴族を貴族たらしめる特権

貴族とは、**領地および人民の支配権に代表される各種特権を先祖代々継承する階級**。その特権は国家に所属し、自身の領地から集めた税の一部を納めたり、あるいは軍事や政治で貢献することによって保たれる。しかし、一方で彼らとその領地にはスケールダウンされた王と国家という側面があり、自領内のことに責任を持つ代わりに、時には独自の思惑で動く。まずは自分の領地と家が最優先事項なのだから、王が頼りなかったりすれば別の国に寝返ったり、あるいは自分こそが王になろうと反乱を起こすこともあるのだ。

貴族の格は一般に領地の広さと豊かさ、そして爵位（公・侯・伯・子・男）によって決定される。しかし、ファンタジー世界ならそれ以外の要素——魔力の強さや所持しているアイテムの数など——に左右されることがあってもおかしくない。

物語に「悪い貴族」が多い理由

現代の日本に貴族はいない。貧富の差はあり、「何百年も続く旧家」もあるが、そこに政治的な特権が付属することはないわけだ。最近は階級社会化を警戒する声もあるが、まだまだ「一億総中流」という言葉に代表されてきた平等意識は健在である。

貴族という概念はその平等を完全に否定してしまうものであるため、敵役として使うのが最も読者にとって理解しやすく、作者にとっても書きやすいポピュラーな登場のさせ方といえる。すなわち、**「立場を笠に着て庶民を苦しめる悪の貴族」**だ。

もちろん、善の貴族、あるいは善でも悪でもない貴族というキャラクターも存在し得る。それは庶民を無為にいじめたりしない**「誇りある貴族」**であったり、庶民と同じ価値観を備えた**「貴族らしくない貴族」**であったりするわけだ。

貴族

国家と貴族の関係

領地を持ち、そこに居住する人民を支配し、作物や金銭、労働力などの形で税を徴収する権利など、数々の特権を世襲することを認める

国王 → 特権 → 貴族

国王 ← 貢献 ← 貴族

戦争では部下や徴兵した人民を引き連れて戦いに参加し、平時の政治には役人として従事する、また得た税の一部を収めることもある

両者のパワーバランスが国家有利なら平和だが、
国が乱れたり王が弱かったりすると波乱も起きる

↓

貴族たちが自分の利益を求めて独自行動すると、
他国への寝返りや内乱が続発することにも

貴族という存在が体現する「階級社会」という概念は、
「人類みな平等」が建前の現代では悪に見えやすい

↓

- **単純に「庶民を虐げる悪の貴族」がわかりやすい**
- **「ノブレス・オブリュージュ（階級には相応の義務がある）」を掲げるなど、善い貴族の理由付けをする**

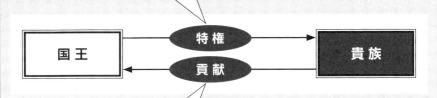

㉒ 騎士

戦場を駆ける騎士はファンタジーの花形

騎士とはいったい何なのか

単純に言葉だけを考えると**「馬に乗って戦う兵士」**というほどの意味になってしまうが、その場合は「騎兵」と呼ぶのが普通。「騎士」という言葉は、たとえば貴族の別名として扱われるなど（「騎士の誇り」などといわれる場合は特に）もっと複雑な意味を持っている。最も基本的な騎士の姿は、**「爵位を持たない下級の貴族」**のことだ。王や上級の貴族に仕え、あるいは独立した騎士団に所属する彼らは、戦争が起きれば馬に乗り、鎧《よろい》を身に着け、兵士たちを引き連れて戦うのがその役目である。

それ以外にも、騎士にはさまざまなバリエーションがあり得る。宗教集団に所属して神のためにその槍を振るう騎士は**「聖騎士」**あるいは**「騎士修道士」**と呼ばれるし、ふさわしい主人を求めて旅をしたり、あるいは国家とも神とも違う何かに剣をささげることを決めた騎士は**「自由騎士」**と言うべきだろう。中世の騎士には「決闘」と称して自由に戦いを仕掛ける権利があったが、これを利用して傭兵のように振る舞ったり、あるいは強盗行為を行うような騎士は**盗賊騎士**とののしられたという具合である。

騎士の誇りを胸に

物語の中における騎士を考えるとき、騎士の理想である「騎士道」は無視できない。**仕える主には絶対の忠誠を誓い、戦場では死を恐れず勇敢に戦い、弱き者（特に女性！）を守る**——このような騎士道は、実のところ現実のヨーロッパにおいて騎士が廃《すた》れていく中で生み出された理想像だ。実際には騎士道を信じていた騎士などほとんどいなかっただろう。しかし、そのような理想の体現であるからこそ、騎士道物語はドラマチックで面白く、銀色に光る鎧をまとって戦場を駆ける騎士は現代の私たちにも格好良く映るのだ。

騎士

「騎士」とは何か？

イメージが拡散していて、一概には言えない

馬に乗り、戦場を駆ける軍事階級	爵位を持たない下級の貴族	貴族全体の別名ともされる

騎士のバリエーションとして

- **聖騎士（騎士修道士）**
  神に仕え、宗教集団に所属する騎士
- **自由騎士**
  国王や貴族など仕える大将のいない騎士や
  自分の信念や使命など独自の行動理念を持つ騎士
- **盗賊騎士**
  騎士の特権を悪用する堕落した騎士や
  騎士とは名ばかりのただの盗賊・山賊

↓

「騎士道物語」は神話･民話ともにファンタジーの源流であり、その主役であった騎士たちは現代においても主役・脇役・ライバル役と冒険活劇には欠かせない重要キャラクターである

実際のヨーロッパで騎士が衰退していく中で、
そのあり方を理想化したのが騎士道であり、
理想の騎士たちの冒険を描いたのが騎士道物語

⑧③ 魔法使い

一口に魔法使いといってもいろいろあって……

ファンタジーの花形！

ファンタジーと非ファンタジーを分ける最も大きな要素の一つが、「魔法」の有無だろう。呪文や身振りによって火球を生み、雷を走らせ、見えない盾を張る——そうした**魔法の力を自在に操ってみせる魔法使いは、騎士と並ぶファンタジーの花形職業**といっても過言ではない。ここでは（素質によって左右されることはありつつも）技術や知識として魔法を習得したキャラクターについて紹介する。

魔法使いにとって重要なのは、**「その魔法はどんな原理で成り立っているか」**ということだ。神や悪魔、精霊の力を借りているのか。言葉や形に魔法的な意味があるのか。精神力や魂、気といった人間の内なる力が引き出しているのか。薬草や鉱物などの材料や魔法の道具類にこそ力があるというのも面白いし、その変形で「失われた科学の力を伝承する者たちがその世界では魔法使いと呼ばれる」というのも定番だ。それぞれの原理によって魔法使いキャラクターはまったく違った顔を見せてくれるだろう。

魔法使いは賢くてコワイ存在!?

物語中の魔法使いは多くの場合、**知的なキャラクターとして描かれる**。老人であることも多い。これは『アーサー王伝説』のマーリンなど有名人の影響もあるだろうが、それ以上に魔法使いというキャラクターが神秘的な技術や知識の使用者であるだけに、「愚か者では務まらない」というイメージがあるのだろう。

不気味なイメージや周囲からの迫害も魔法使いには付き物だ。よほど魔法が普及している世界ならともかく、使い手が少なければ「よくわからない呪文を唱えて手から炎を放つ男」はどうしても畏怖と警戒の対象になる。そうして嫌われれば魔法使い側の態度も悪化し、悪の道に走る者だって現れるというわけだ。

魔法使い

「魔法」の存在はファンタジーを象徴する重要な要素

アクションシーンを際立たせるためにも、「現実の歴史とは隔絶されたファンタジー世界の物語」であることを提示するためにも、魔法とその使い手は重要だ

「どんな魔法使いか」を示すために重要なのは

魔法の原理はどうなっているのか？

- 神や悪魔、精霊の力を借りている
- 言葉（呪文）や図形に魔法的な意味がある
- 精神力や魂、気といった人間の内なる力が元
- 材料（薬草や鉱物など）に魔法の力がある
- アイテム類に秘められた力を引き出す
- 進んだ科学が「魔法」と呼ばれている

など

魔法使いはどんな存在か？

知識や技術としての「魔法」を使うのにふさわしい、知的なキャラクターとしてイメージされやすい

常識を外れた強大な力を操るだけに、尊敬とともに恐怖の目で見られやすく、時には迫害の対象にも

良い意味でも悪い意味でも一線を画した存在

⑧④ 錬金術師

彼らは魔法使いだったのか、それとも口先だけか

詐欺師か、科学者か

錬金術師。それは文字通り、**金を練成**せんとしたものたちのことだ。彼らによれば「賢者の石」さえ作り出せれば卑金属（特に鉛）から貴金属（特に金）を生み出すことはもちろん、あらゆる病を癒すこともできる、という。国家や貴族などをパトロンとして資金援助を受けて研究に励んだ。

しかし、実際には金など生み出せるはずがない。そこで、錬金術師はしばしば**詐欺師の同類**にもなる。いかに成果をごまかし、パトロンを騙し、資金を引き出し、いざというときは姿をくらますか、という機転が必要になるからだ。

しかし、錬金術はただの詐欺師の方便ではなかった。アルコールの蒸留を始めとする**科学的成果**もあるし、高名な錬金術師パラケルススは**医学・化学の発展**に大きな功績を遺した。

ファンタジー版科学者、魔法使い

多くの物語の中で、錬金術師は**ファンタジー版科学者**として登場する。植物や鉱物、あるいはモンスターの体の一部などを素材としてさまざまな薬品、爆弾、道具を作り出して便利に活用する、というのがよく見られるあり方だ。ファンタジー世界なら賢者の石、そして金を本当に作れたってかまわない。

これらの準備にはあらかじめ時間がかかる場合もあるし、その場でパパッと作れてしまうこともある……それこそ、魔法めいた力で。漫画『鋼の錬金術師』における錬金術師はこの最たるもので、物質を瞬時かつ自在に組み替えてさまざまなものを作ることができる。実に魔法使い的な存在だ。

錬金術的な考え方や要素を活かして、これとはまた別の魔法めいた仕組みが作れたなら、それはあなたの作品を魅力的にする強力な武器となることだろう。

錬金術師

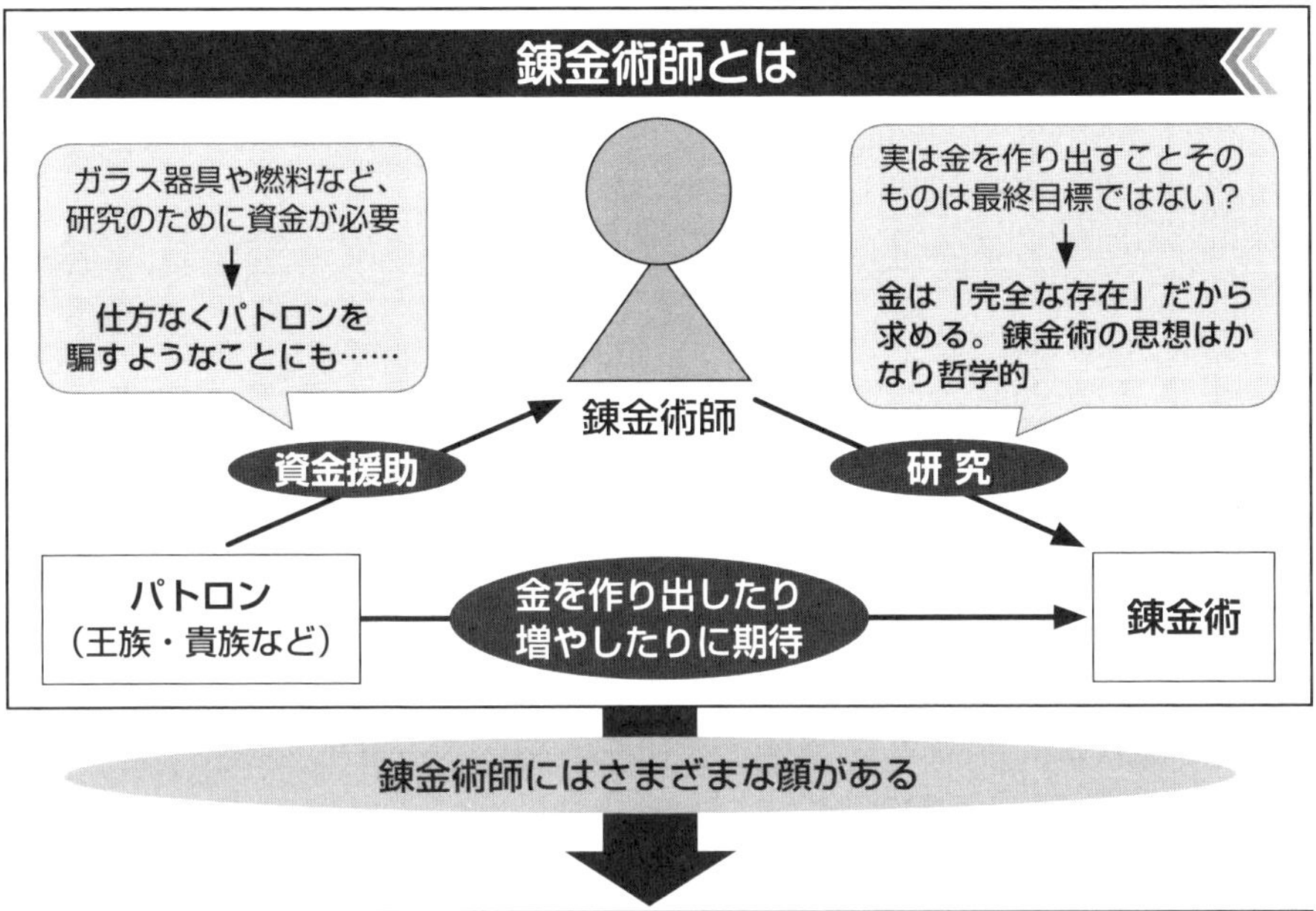

詐欺師としての錬金術師

金を作るという実現不能なことをパトロンに信じさせて、最終的には逃げてしまうのであれば詐欺師と同じではないだろうか？

科学者としての錬金術師

錬金術師たちの研究は、アルコールの蒸留を始めとして後の科学にも大いにつながった。また、医術の面でも錬金術師パラケルススの貢献が大きい

魔法使いとしての錬金術師

魔法が実在するファンタジー世界であれば、錬金術師は魔法的なアイテムを活用したり、物質を瞬時に組み替えたりするある種の魔法使いとして活躍できる

㊽ 超能力者

人にない力を得ることは楽しいことばかりではなく

力を得てしまったその理由は

前項で紹介した魔法使いが超常的な力を「**技術や知識の一種として使う者たち**」としたのに対し、この項で紹介する超能力者は「**体に備わった能力として使う者たち**」として定義する。実際にはこの境界線は物語によってさまざまなのだが（素質と訓練があいまって初めて魔法が使えるという設定も珍しくない）、一つのものさしとして理解してほしい。

さて、超能力者の場合も重要なのは「**なぜ力が使えるのか**」ということだ。先祖代々の血筋のせいかもしれないし、特殊なウイルスに感染したり、放射線を浴びたりして突然変異になったせいかもしれない。実体のない神や悪魔が憑依《ひょうい》したのかもしれない。人間にはもともとそうした力が備わっていて、単純に素質があったり何かのきっかけがあったり（死んで蘇った、とか）して目覚めただけなのかもしれない――。

能力に振り回されるということ

技術や知識として身に付けたものは「使わない」という選択肢がある。しかし、体に備わってしまった場合はどうだろう。その意味で、超能力者は魔法使いよりもさらに厳しい世間の目にさらされることになる。

制御できない能力に振り回されれば心も体も容易に不安定になるし、社会的に迫害されることも多くなるだろう（牙や翼が生えている、心臓が動いていないなど身体に明確な変化があればなおさらだ！）。たとえば、人の心を読める超能力者は勝手に流れ込んでくる他者の悪意に悩まされてるかもしれないし、「何も言わないのにこっちのやりたいことを理解してくる気味の悪い奴」として敬遠されるかもしれない。そうした「**人にはない力**」と「**力を持つことによる苦悩**」との間で揺れ動く様子をどう描くかが、物語に超能力者を登場させるにあたっての最大のポイントといえる。

超能力者

超常の力を操るものにもさまざまな種類がある
（本書での一つの解釈として）

魔法使い
知識・技術の一環として学び、身に付けた能力を扱う

超能力者
先天的あるいは後天的に体に備わってしまった能力を使う

超能力の原理はどうなっているのか？

- ●ウイルスや放射線で突然変異を起こした
- ●先祖から受継いだ血筋に力がある
- ●実体のない神や悪魔に憑依された
- ●人間に最初からある力がたまたま目覚めた（脳の眠っている部分が関係している！）
- ●怪物と接触したら自分も怪物になった

など

超能力者とはどん存在か？

しばしば力を制御できず、自分や周囲を傷つける「不安定」なキャラクターとして描かれやすい

制御できない力を持つことは、魔法使い以上に迫害や孤独につながる。外見に表れているならなおさら

力を持つことの苦難と葛藤、成長を描くのがテーマ

㊇冒険者

危険に首を突っ込む「変わりもの」こそ物語の主体にふさわしい

現代ものやSFなら「何でも屋」

ゲームなどでよく見られるファンタジー物語特有の職業に「冒険者」がいる。現代ものやSFでも**「何でも屋」「トラブルシューター」**という形で同種の職業が見られることは多い。彼らの仕事は多様だ。普段は旅商人の護衛や村を脅かす山賊・モンスターの退治、あるいは市中のちょっとしたトラブルの解決などが主な仕事だが、時にはもっと派手な「冒険」に挑むこともあるだろう。たとえば、未開の大地を探検し、太古の遺跡に潜り込んで守護者と戦い、莫大な財宝を持ち帰ったりするわけだ。

もちろん、相応の力がなければそんな生き方はできない。熟練した戦士や魔法使い、遺跡の罠外しに慣れた盗賊などとパーティーを組んで短所を補い、長所を合わせて困難な冒険に挑む。命を落とす者も多いが、それでも新たな若者が夢を追って冒険者になる……。

世界を救う英雄か、ただのゴロツキか？

冒険者というのは言ってしまえば**「好んでヤバい状況に突っ込んでいく連中」**であるわけで、これは物語を作る側の人間にとっては便利だ。冒険者が遺跡に封印されてしまった魔物やアイテムを解き放ってしまったところから始まる物語というのも定番だし、そのようにして始まってしまった世界の危機を回避するべく奮闘するのもまた冒険者の宿命といっていいだろう。

また、普通の生活をする人たちにとって彼らは**「一攫千金を狙って不安定な生活をするゴロツキ」**にしか見えないかもしれない。賊やモンスターと渡り合うだけの戦闘能力を備えている彼らは味方にすれば頼もしいかもしれないが、いつその武器が自分たちに向けられるかわからないとすれば、そうそう笑顔ばかり向けてもいられないのは当たり前だ。若き冒険者が現実と理想のギャップに直面するのも定番のテーマである。

冒険者

冒険者

ファンタジー世界の冒険活劇
などで登場する架空の職業

現代ものやＳＦなどにおいても「何でも屋」「トラブルシューター」など、同種の職業が見られる

冒険者の仕事・活躍

- ●旅商人の護衛や村を脅かす外敵の退治
- ●街中で起きるちょっとしたトラブルの解決
- ●未開の大地を探検し、太古の遺跡に潜る
- ●地域や国家規模の陰謀に巻き込まれる
- ●世界崩壊の危機を防ぐため、冒険の旅へ

など

傭兵や「何でも屋」めいたささやかな仕事から
スケールの大きい冒険まで、物語により多様

そんな「冒険者」とはどんなキャラクターなのか？

本人たちは……

危険な冒険を成功させるだけの実力とチームワークを持った英雄たち

周囲からは……

自分たちにとってはモンスターかもしれない危険なゴロツキ同然？

理想と現実のギャップに苦しむ若者、
あるいは物語の発端を作るキャラクターとして非常に便利

87 暗殺者／殺し屋

心を殺し、他者を殺す。しかしそこには迷いも……？

自爆テロ的暗殺者と、スマートな暗殺者

金で雇われ、あるいは権力者に命じられての殺人を主な仕事とするものを暗殺者、あるいは殺し屋という。

一つのパターンは何らかの組織に所属しているもの。その典型は信仰や麻薬の力で迷いも痛みもなく目標へ向かって突撃、自分も死ぬかもしれないが相手は必ず殺す――というもので、**自爆テロ的暗殺者**だ。

とはいえ、職業的暗殺者として生きていこうと思ったら、そんな危険な仕事はできない。スマートに、**自分は死なないが相手は殺す優れた技術**が必要になる。ファンタジー世界なら密かに寝室に忍び込んでの刺殺や絞殺、食事を利用しての毒殺、あるいは魔法を使っての呪殺などがそれっぽい。そして現代ならば『ゴルゴ13』ばりに遠距離から狙撃銃を使っての射殺、というところだろうか。もちろん、組織に所属する暗殺者にもそうしたスマートな殺し屋は多くいるだろう。

強敵か、迷える主人公か

どちらのタイプの暗殺者にせよ、物語における最大の役目はやはり敵としてのものになる。「**あの手この手で襲い掛かる暗殺者の魔手をいかに切り抜けるか**」というのは非常に緊迫感のある展開だ。

一方、「主人公こそが暗殺者である」というのもよく見られるパターンだ。彼が信仰や任務に基づいて殺害を行っていくキャラクターなら、次第に人を殺すことへの罪悪感に押しつぶされていったり、あるいは教えられてきたことと現実とのギャップに迷うだろう。職業暗殺者にとってそのような迷いはすでに通り抜けてきた道かもしれないが、しかし何かのきっかけでためらう瞬間はあるだろう。暗殺者という仕事は感情に左右されていてはできない過酷なものであるだけに、それでも心が揺れてしまう瞬間には、とても魅力的な物語が生まれる可能性が高いのである。

暗殺者／殺し屋

暗殺者／殺し屋とは？

組織に雇われ、あるいは個人で活動する職業的殺人者。
殺害によって依頼人の邪魔者を排除する

「アサシン」という名前で有名だが、
これはイスラム教の一派が大麻中毒の信者を暗殺者として
活用し、「大麻を吸う者（ハシシン）」と呼ばれたことから
きているとされる

暗殺者の二つのパターン

熱狂的な信仰や憎悪、麻薬中毒などの理由から、自分の身を省みずに自爆テロを仕掛ける

→組織に飼われる暗殺者の典型的な姿

自分の身の安全を確保し、相手だけを確実に殺害するための優れた技術を持つ

→プロの暗殺者はこうでないと務まらない

もちろん、組織にも使い捨てではない
「本職の」優れた暗殺者はいるだろう

ライバルや敵として

倒しても次々と出てくる、そもそも非常に強力だったり、厄介な敵をいかに退けるか？

など

主人公として

殺害という過酷な仕事、自分の信念への迷いが生まれたとき、その葛藤をどう克服するのか

など

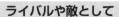

88 村人／市民

物語の中の「普通の人」。だけどそれだけとは限らない

普通の人、ただし……

ここでは、主にファンタジー世界における一般市民の紹介をする。畑を耕す農民、家畜を育てる牧人、商人や職人、そしてその家族である。彼らは**普通の人々**だ。

多くの場合、彼らは**冒険物語の主役にはならない**。彼らは主人公が守るべき対象であったり、旅の中で出会う人々であることがほとんどだ。戦う力はなく、強大な敵や災害の犠牲になることも多いだろう。

この点を逆手にとることもできる。ただの市民が徴兵されて戦場で怯え、苦しみ、死ぬ姿。力はなくとも声をあげ、集団で動くことで状況を変える姿。ただの市民だからこそ自分を守るために誰かを差別し、排斥する姿。あるいは、普通の村人だと思ったら何故だかとんでもなく強くて主人公が苦戦した相手をあっさり倒してしまう姿……色々な展開が考えられる。

外の世界を知らない人々

彼らは**村や町に住み、多くは一生をそこで過ごす**。柵や壁の向こうのことなど知らない者がほとんどのはずだ。ただ、巡礼の習慣がある世界なら、それが数少ない旅の機会になるだろう。

外のことを知らぬ彼らは、自然と外から来た人々に特別な対応をすることになる。旅人が携えてくる商品を歓迎するだけでなく、彼らが知っている情報を聞くことを好む。単に娯楽や好奇心でもあるが、政変や戦争の兆しを察しようとする努力でもあるはずだ。

一方で彼らは旅人への警戒も怠らない。旅人は山賊や盗賊かもしれないし、よくない病を秘めているかもしれないからだ。人の行き来の多い都市の市民ならともかく、辺境の小さな村の人々なら、旅人には慣れていないことが多いはずだ。そこから何か事件が起こるかもしれない。

村人／市民

本書でいう村人や市民は……

自分の仕事を持ち、都市や村に住む人々

- 畑を耕す農民
- 家畜を飼う牧人
- 物作りの職人
- 行商人や店持ち商人
- その家族

↓

戦う力、運命を切り開くような力を持たない、
ごく普通の人々のこと。冒険物語の主要キャラクターにはなりにくい

だからこそ、逆に！

- 自分たちの命惜しさに、他人を裏切ってしまう村人たち
- 戦争に駆り出されて戦場で恐怖する都市の市民
- 勇気を振りしぼって主人公たちに味方する一般市民
- 実はものすごく強かった「普通の村人」

など

村人や市民と外の世界

村人
市民

← 情報や品物

興味と警戒 →

外の世界

多くの場合、生まれ故郷や地域からほとんど外へ出ない。
巡礼などが特例の旅行

旅人が多く訪れる都市ならともかく、辺境の農村などでは余所者には警戒する

89 職人

作ることを突き詰めれば、冒険物語の主人公にもなり得る

普通の人の一種

職人は**身に付けた技術による物作り**を仕事とする人々である。鍛治職人、家具職人、大工、料理人……他にもさまざまな職人がいるだろう。普通の職人は前項までで紹介した村人や市民、あるいは商人と変わらないはずだ。村や町に定住し、もしくは旅の中で暮らして、物を作ったり直したりを生業とする。普通、彼らの技術は徒弟制度で親方に弟子としてついて厳しい修行の中で身に付けるもので、同業者組合（ギルド）に所属して仕事を守ったり、情報交換をしたりする。

特別な物語を背負うことも

そんな職人が物語の主役を張ってもよい。多くの場合、彼らは**特別な技術を持つ職人**だ。主人公たちが目的を達成するために必要な道具を作り出せるのが彼だけだったり、主要キャラクターを印象付けるアイテムを整備・調整できる者が他にいなかったり、という具合だ。このタイプの職人は主人公たちの冒険の目的になったり、良い相談役・援助者になったりする。

主役になるような職人は、**何か強い目的を持つ**ケースが多い。独り立ちしたい、世界一の職人になりたい、誰にもできなかったようなすごい仕事がしたい……。あるいは、職人は師匠との結びつきが強いものだから、受け継がれた使命が何かあるのかもしれない。

ただ、どれだけ立派な目的があっても、ただの職人では冒険ものの主役にはなり難い。**腕っぷしが立つ**方がバトル展開にも持っていけて、物語も盛り上がりやすいだろう。職人になる前に何らかの戦闘力を身に付けていたり、あるいはその職業に関連した技術で戦えたりするわけだ。たとえば、刀鍛冶が「自分で打つものの使い方を知っておかないといい仕事はできない」と剣術の達人だったり、即興で短時間だけ使える魔法の剣を「打つ」ことができたりするわけだ。

職人

職人のポジション

職 人

身につけた技術によって物作りをし、生計を立てる

- 鍛冶師
- 大工
- 石工
- 木工職人
- 左官職人
- 細工職人
- ガラス職人
- 馬具職人
- 仕立て屋

など

村人や市民の一員として定住したり、放浪したり

親方の下で技術を学び、同業者組合（ギルド）に所属

基本的には普通の人で、冒険物語では脇役が多い

しかし、職人たちが冒険物語の主役になることもある！

特別な技術を持つ職人

余人では代えがたい技術があれば、職人も物語の重要キャラクターになり得る

主人公たちの目的に必須のアイテムを作れる

主人公たちが強いのは職人のアイテムのおかげ

→ 冒険の目的になったり、重要な援助者だったり

特別な目的・使命を持つ職人

冒険をしなければ達成できないような、特別な目的がある……

世界一の職人になる

達成したい仕事がある

師匠から与えられた使命

不出来な仕事をなかったことに

冒険物語なら、バトルシーンで活躍するための戦闘能力も欲しいところ

↓

過去の経験や、職人技術に関係する能力であることが多い

90 商人

商人は金儲けだけを考えていたらいいのか!?

商人の道は社会の血管

本項で紹介するのは中世ヨーロッパ風のファンタジー世界など、比較的発展していない世界における商人のことである。彼らは大きく二つに分類することができる。一つは**都市に固定店舗を開く定住者**で、もう一つは**徒歩や馬車で各地を回る行商人**だ。扱う品物や規模は人によってまったくさまざま。彼らが物品や情報を運ぶことによって社会は動いていく。商人といえば**「利益第一の小ずるい連中」**というイメージになりがちだ。実際、商人の交渉はしばしば自らの利益を積み上げるために詐術を駆使するようなものになる。しかし、その一方で「お前は信用ならないから交渉はしない」と言われればおしまいなのも商人たちの現実だ。だから、彼らほど**信用や信頼、評判を大事にする**職業はないとも言える。その微妙なバランスをどう取るかこそが商人各々の腕の見せ所なわけだ。

ファンタジー世界の商人は地味か?

商人の武器は「財力」と「情報」だ。特に情報については定住商人であれ、行商人であれ、彼らの商売が成功するかどうかは情報にかかっているので（戦争を当て込み武器を仕入れたら、和睦に終わって大損なんてことも）、非常に敏感になっている。冒険活劇においてこの二つは地味だが非常に大事な要素なので、商人が主人公たちの敵にせよ、味方にせよ、重要な役割を果たすことができるだろう。

また、そもそも商人たちの生き様自体がなかなかドラマチックな冒険になり得る。莫大な借金を背負わされて一発逆転を狙う若き商人、あるいは偶然つかんでしまった世界の命運を握る情報やアイテムの使い道に迷うベテラン商人の活躍というのは、なかなか心躍る冒険になりそうだ。そこに商人ならではの信用と利益の二律背反を絡めるのもいいだろう。

商人

商人の仕事→物を売り買いし、経済を動かすこと

定住商人

都市に店を持ち、定住して商売を行う

行商人

都市や村をめぐり、物を運んで商売する

どちらの商人にしても、彼らがいるからこそ都市には食糧が供給され、村々の人々も自分では作れないような物品を手に入れることができる

↓

商人の存在は社会にとって血管のようなもの！

これだけ重要な役割を果たすにもかかわらず、商売と商人を軽視する社会があるのも事実（金貸しのような一部の商売では特にそう）

だからこそ、商人たちは目先の利益を追求するだけでなく形のない信用も得なければならない

↓

冒険のスポンサーや陰謀の黒幕として

⇩

商人の武器である「情報」と「財力」を活かして、敵としても味方としても大きな働きができる！

主人公や脇の重要キャラクターとして

⇩

商人の扱う品物や情報が大きな物語のきっかけになったり、商人の葛藤と生き様そのものを物語に

⑨① 司祭

「神を信じて」いるのが当たり前!?

一神教の世界、多神教の世界

司祭とは本来キリスト教における階級の一つなのだが、ここでは中世ヨーロッパ風ファンタジー世界における宗教者・聖職者の総称として使う。

キリスト教という一神教が信じられていた中世ヨーロッパにおいて**「神がいること」は、たとえば現代の私たちにとっての「地球が丸い」と同じくらい当たり前のことだった**。自分たちが生きていることが神の恩《おん》寵《ちょう》だと信じるのもそうだ。このような状況において**聖職者の権威が時に王や貴族をしのぐ**ほど高まるのはごくごく普通のことだったのである。

これがファンタジー世界になるとどうなるだろうか。司祭が神の力を借りて傷を治すなど具体的な形で奇跡を起こせるようであればより権威が高まっているかもしれないが、そもそも、そのような奇跡を多くの人が信じていたのだから、そんなに変わらないかもしれない。また、ファンタジー世界では北欧神話やギリシャ神話をモチーフにしたような多神教が信仰されている場合も多い。その場合はそれぞれの神をあがめる教団同士が張り合い、結果としてむしろ人々が宗教を冷めた目で見るようなこともありそうだ。

宗教者もいろいろ

神を深く信仰することは、時に人を善い方向にも悪い方向にも引っ張る可能性がある。前者なら**「誠実で他者のために働ける優しい人」**で、後者なら**「神の教えに反する者を認めず融通の利かない頑固者」**であるわけだ。また、「年配の司祭」という例について考えてみても、**「一見不真面目だが実は他の宗派との融和にも取り組む大人物」**もいれば**「同じ信者には優しいが異教の信者はそもそも人間とみなさない狂信者」**もいるだろう。どれにしても、物語を盛り上げるのに役立ちそうなキャラクター性である。

司 祭

中世ヨーロッパ風世界の司祭はどんな存在？

神が存在して人々にさまざまな恵みを与え、あるいは罰を与えることはまったく当然のことで、神の代理人である司祭への尊敬も厚い

司 祭 ← 信 仰 ― 人 々

司 祭 ― 権 威 → 人 々

時には王や貴族を上回るほどの影響力を持ち、そのため莫大な財力を獲得しているケースも存在（逆にまったくの清貧を貫く例も少なくない）

「奇跡」のある世界では

癒しの魔法を使う司祭たちは
さらなる尊敬を獲得？

↓

中世的世界では奇跡は当たり前に信じられていたので変わらない？

多神教的世界では

多様な神を信仰する
教団が乱立する？

↓

教団同士の衝突が発生し、全体としての信仰心はむしろ低下する？

⬇

信仰心の厚さから慈愛の心や責任感に目覚め、世の中を良くするために奔走 ←→ 神を妄信するあまり融通が利かなくなったり、責任感の強さから暴走してしまったり

信仰心や信念は良くも悪くも人間性に作用する

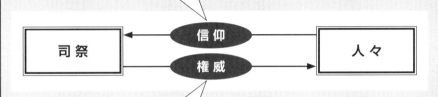

92

「賊」

RPGの雑魚モンスターにあらず

旅人を襲い、村を襲う賊

　本項では**山賊**、**野盗**、**海賊**など、共通した性質を多く持つ都市外の犯罪者（都市内で活動する強盗集団なども近いところがある）たちを「賊」として一括りで紹介する。日本人の感覚ではファンタジーのみの住人に思えるかもしれないが、**現代でも紛争地域などでは現実**に活動しており、冒険小説などにおいて魅力的な敵や味方として活躍してくれるだろう。

　山賊や野盗は主に**荒野や山、森などを縄張りとする強盗集団**だ。そこを通行する旅人や商人を待ち伏せして襲い、「通行料」などと称して荷物の一部を奪ってしまったり、あるいは「荷物はすべていただき、人間は奴隷商人送り」などとして稼ぐのである。一方、海賊の縄張りは当然ながら**海で**、**商船を襲ってその積荷を奪う**。また、陸の賊にせよ海の賊にせよ、旅人を襲うだけでなく、村を襲撃して収穫物を強奪することもある。黒澤明《くろさわあきら》の映画『七人の侍』で村を襲う野武士などはまさにこのような「村を襲う賊」の典型例といえるだろう。彼らにとって、村とは定期的に略奪物を生み出す生産施設のようなものなのだ。

それぞれの背景事情

　このような事情から「賊」はただの敵、モンスターの類にしか見えないかもしれない。しかし、彼らは彼らでなかなか面白い背景を抱えているものである。

　たとえば、やせた土地の村には農業だけで生活することができず、**副業の山賊稼業でどうにか食いつないでいる者**がいるかもしれない。**国家から反逆者として追われた一団**が地方で野盗に身をやつし、捲土重来《けんどちょうらい》を狙っている、というのはどうか。海賊だって「**私掠**《しりゃく》**船**《せん》」といって国家の命を受けた海賊が他国の船を襲うというのは実際にあった話だ。そうした「一癖ある」賊を登場させるのも面白いのではないか。

「賊」

「賊」とは

主に徒党を組み、都市の外で強盗・略奪を働く
犯罪者たちを本書ではこの言葉でまとめる

●**山賊・野盗**：山林や荒野が縄張り

●**海賊**：船を使い、海が活動範囲
（ＳＦものにおける「宇宙海賊」もこの中に入る）

「通行費」などと称して
荷物や金銭を奪い、
人を売り払う

旅人や行商人

定期的に襲撃して
生産物の強奪を繰り返す

近隣の村々

あまり派手に活動しすぎると目をつけられ
討伐される可能性が出てくるので、
「ほどほど」に稼ぐ賊も珍しくない

冒険活劇における「やられ役」が定番ではあるが

主な「異種族」の例として

政治的陰謀によって都を追われた第一王子とその直属の騎士団は、辺境で山賊に身をやつしつつ好機を待つ

二つの国が互いに争って海外貿易を活発化させる時代、両国は海賊を密かに雇って相手の船を攻撃させた！

⑨③ 異種族

人間とは違う彼らだからこそ描ける物語がある

物語から生まれた多様な異種族

人間とよく似た、しかし確実に違う姿と文化を備えた異種族もまた、ファンタジーの華の一つといえる。代表的なのは耳が長く身軽で森に住む**エルフ**や金属に親しく洞窟に住む**ドワーフ**などだが、他にも体の一部が動物のものになっていたり獣そのものの姿に変身したりする**獣人**、直立歩行するトカゲとしか言いようのない姿をした**リザードマン**、背中から生えた翼で空を舞う**翼人**などがしばしば見られるものだろうか。

これら異種族の多くは神話や民話にその源流を持ちつつ、各種のフィクションで現在の姿になった。たとえば、エルフは本来ヨーロッパの神話・民話に登場する妖精で、いたずら好きだったり高貴だったりと多様なイメージを持っていた。それがトールキンの『指輪物語』や水野《みずの》良《りょう》の『ロードス島戦記』などで使われ、現在の私たちが知るエルフの姿が確立したのである。

「人間との違い」を活用する

異種族の多くは**独自の能力や生活風俗、価値観**を持つ。せっかく物語の中に彼らを登場させるのであれば、それらを活かさないのはあまりにももったいない。たとえば、強い酒を好むドワーフの火酒を人間が飲んで引っくり返ったり、翼人専用のホテルはベッドではなく止まり木が置かれたものだったり（背中の翼のせいで横になれない）、先祖代々不仲とされるエルフとドワーフがにらみ合ったかと思ったら実はただのポーズで、若者同士の間ではそのような確執がすでに消えていることが説明されたり、といった具合である。

また、**異種族に仮託して現実の民族問題を描く**のもよく使われる手法だ。民族同士の対立や根深い歴史的な問題をそのまま描いてしまうと生々しすぎて娯楽作品にふさわしくなくなってしまうが、それを異種族にすることで見た目の印象は少なからず変わるのだ。

異種族

「知性があり、ほかの種族と敵対しない種族」
をまとめて「人間」と呼ぶことが多い

人 間 ← 外見や能力、価値観の違い → 異種族

主な「異種族」の例として

- ●エルフ：
  耳が長くスマートな体型。森に住み弓が得意
- ●ドワーフ：
  背は低く強靭な体格。洞窟に住み金属に親しい
- ●獣人：
  体の一部が獣だったり、獣に変身したりする
- ●リザードマン：
  直立歩行するトカゲ。爬《は》虫類的特長が強い
- ●翼人：
  背中に翼を持ち、空を飛べるが生活に不便も

彼らの多くは神話や民話に出典があり、
そこからさまざまなフィクション作品に登場する中で
大まかに現在のようなイメージを獲得した

異種族を活かす物語としては

- ●せっかく異種族を出すのなら、各種族同士の価値観や立場、風俗の違いを見せていくべき
- ●現実の舞台にすると生々しくなりすぎる民族問題などを異種族に仮託することで物語性を高められる

94 辺境の異民族

辺境に住む者たちはただの「野蛮人」にあらず！

中華に対する「四夷《しい》」

本項でイメージするのは、たとえば中国から見たモンゴルのような、**遠方で独自の文化・価値観を発達させた異民族**のことである。彼らは中央の人間からすれば野蛮人かもしれないが、実際にはものさしが違うだけで優れた文化を生み出していることも多い。

中国を世界の中心と捉えた中華思想においては、四方に存在した異民族を「四夷」と呼び、それぞれ**東夷《とうい》**、**南蛮《なんばん》**、**北狄《ほくてき》**、**西戎《せいじゅう》**と名付けた。この価値観が日本へともたらされた結果、京の人々が関東や東北といった東の人々を「東夷《あずまえびす》」と呼び、また戦国時代にユーラシア大陸を南回りでやってきたヨーロッパ人を「南蛮人」と呼んだ。たとえば、ファンタジー世界を作るにあたり、「大陸北方の草原地帯に散在する遊牧民族」を登場させる際、彼らが「中央を支配する帝国から北狄と呼ばれていた」などとすると、雰囲気が出る。

外敵か、植民地か、それとも……

彼ら辺境の異民族を物語に登場させるにあたって、最もわかりやすいのは**襲来してくる外敵・侵略者**としての立場だ。十三世紀にヨーロッパを脅かしたモンゴル帝国のイメージである。それとは逆に、大航海時代以降にヨーロッパ人が南北アメリカ大陸やアフリカ、アジアを席巻して植民地を拡大したように、侵略対象としての異民族もまた魅力的な存在だ。

また、価値観の違いを前面に出す手法もある。たとえば、辺境からやってきた異民族の青年が、豊かな代わりに文化が退廃してしまった中央の人々の有様を指摘する（本人は指摘しているつもりはないが、自然と浮き彫りにしてしまう）、というのはなかなか面白い物語ではないか。さらに、この指摘はそのまま物質文明にどっぷり使った現代のわれわれへの皮肉としても作用するわけだ。

辺境の異民族

中央 ← 価値観や風俗、勢力規模の違い → 辺境

中華思想と「四夷」

古代中国の思想に基づく辺境とその住人の呼び名。
東夷《あずまえびす》や南蛮人などの言葉の由来

北狄

西戎　中華　東夷

南蛮

侵略し、侵略される対象としての辺境

時に恐ろしいほど野蛮な辺境の異民族の襲撃、あるいは文明の力で辺境を植民地化する中央の蛮行など

中央と辺境の価値観や文明の差異に注目

豊かだが物質文明に飲み込まれて退廃した中央と、貧しいが精神的には健全な辺境の対比は定番といえる

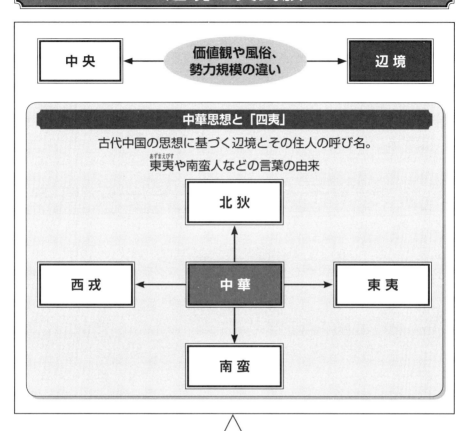

95 祈祷師

人々のために祈りをささげ、神や霊と対話する魔法使い

祈祷師《きとうし》に与えられた役目

祈祷師とは**神や精霊、先祖の霊や力ある妖怪などに祈りをささげ、豊かな実りや大漁、病気の治癒、敵の呪殺などを願う者**のこと。その意味で彼らは魔法使いであり、また司祭でもある。本項ではネイティブ・アメリカンのシャーマンやヨーロッパの土着信仰を継承する魔女などのイメージを中心に紹介したい。

彼らは小規模な部族や村などではしばしば**リーダー**やその**補佐役・助言者**の位置を占める。部族に襲いかかる災厄をあらかじめ予知し、必要なら呪術によって撃退しなければならない彼らの責任は大きい。

一方、祈祷師が重く扱われないケースもある。キリスト教圏における魔女は「有用だが気味の悪い存在」として畏怖の目で見られた。その場合、祈祷師は**村はずれや森の中**で暮らし、必要なときだけその技術を提供することになるだろう。

魔法使いと祈祷師の関係性

祈祷師を物語の中で活躍させるのであれば、一風変わった魔法使いにして、司祭として登場させるのが一番手っ取り早い。系統立った学問や技術としてではなく、神や霊と語り合ってその力を借りる、というのは読者の目にも新鮮に映るもののはず。

また、一見すると呪文や図形を活用する魔法とはまったく違う、野蛮にしか見えない魔法を活用する祈祷師だったが、実は根本的な原理は同じもので、そこには魔法のシステムに隠された秘密が——などという展開に持っていくのも面白いかもしれない。**洗練された魔法使いと原始的な祈祷師を対比させ、しかし両者が融和していく**様子を描いていくわけだ。

あるいは実際のシャーマンや魔女の例に従って、**長年に蓄積されてきた自然についての知識や医療技術などを活用する**「知恵袋」として活躍させるのもいい。

祈祷師

「祈祷師」とは

力ある存在（神や精霊、先祖の霊や妖怪など）に
祈りをささげる、あるいは代々伝わる知識を活用する

↓

- 雨雲を呼び、長雨をもたらして豊穣を招く
- 敵を呪い殺す、あるいは逆にけがや病を癒す
- 未来を予知して危険を回避し、幸運を招く

尊敬を得られるなら
↓
部族や村の指導者になったり、あるいは指導者の補佐役として集団を導く

警戒されるなら
↓
その能力や知識は重宝されつつも、村はずれや外に隔離されることに

↓

物語に登場させるならその独自性を活かしたい

↓

祈祷師 ← **魔法の性質や理論の違い** → **魔法使い**

実際に両者を登場させ対比させるのではなくても、一般に読者が知っているものとは違う魔法の使い方を見せていくだけで、物語としての「ウリ」になる

⑯ 天使

神のしもべたる天使は、人と神の挟間で……

翼を持つ、神の代行者

天使は**神の御使い**である。彼らが地上に現れることは多く、神の命を受けた時だ。神の言葉を預かって地上の人間たちに伝える時、神に代わって実力行使をする時、彼らはその姿を人間たちの前に晒《さら》す。聖者が奇跡を起こすための力を授けに来ることもあるし、聖母マリアが神の子イエスを処女懐胎した時に現れたのは女性として描かれる天使ガブリエルだ。キリスト教において天使は九つの階級があるとされ、最下位が天使、最上位が熾天使だ。

一般に、天使は**背中に一対の白い翼を背負った人間**としてイメージされることが多い。しかし、聖書などに描かれる天使は必ずしもそのような姿とは限らない。たとえば『エゼキエル書』には四つの翼と四つの顔——人間、獅子《しし》、牡牛、鷲《わし》——を備えた異形の天使ケルビムが登場する。

神と天使の関係

天使は**神に従うもの**だ。だから、普通その行動原理は神の命を聞き、神の役に立つことを第一義とすることになる。主人公たちが神の望む通りに動いているなら強力な味方になってくれるだろうし、神に逆らっているなら恐るべき敵になる。地上における神の代行者として人間をはるかに超えた力を振るうはずだ。

しかし、天使といえど己の意思や人格を持っているなら、神への疑いを持ったり、人間に惹かれたりすることもあるはずだ。その場合、あなたの世界ではどうなってしまうのだろうか。神への忠誠を失った天使はその場で消えてしまうのかもしれないし、天使の軍団から離れて独自の行動をするのかもしれない。堕天使、悪魔となって、姿そのものが変わってしまうこともあるだろう。**神と人間の狭間で悩み苦しむ天使**というのも定番のモチーフと言える。

天使

天使の立ち位置

神 → 創造 命令 → 天使 → 干渉 → 人間

神の地上代行者として、メッセージを伝えたり、力を振るったり。
人間一人一人につく「守護天使」の仕事をすることもある

天使の姿は……

天使は一般に「一対の翼を背中に持つ（美しい）人間」として描かれる

明確に女性として描かれるのは大天使ガブリエルだが、近年のイメージでは他にもいてもおかしくない

↓

古いイメージでは異形の天使もいた

神の軍団である天使はしばしば階級・職種なども決められている（キリスト教の場合）

↓

1：熾天使（セラフィム）
2：智天使（ケルビム）
3：座天使（スローン）
4：主天使（ドミニオン）
5：力天使（ヴァーチュー）
6：能天使（パワー）
7：権天使（プリンシパリティ）
8：大天使（アークエンジェル）
9：天使（エンジェル）

天使の苦悩

神 ← 忠誠 ← 天使 → 興味 愛情 → 人間

地上に派遣された天使はしばしば、人間と神の間で板挟みになってしまう

↓

ここから生まれる葛藤が、天使キャラクターを描くときの醍醐味《だいごみ》

97 悪魔

悪の陣営の代表格。その正体はいったい？

天使と対立し、人間を誘う

キリスト教系の悪魔の多くは**堕天使**、つまり神と決別して堕落した者たちだ。天使の長ルシファーは傲慢を極めて神に反旗を翻し、敗れ、天から落とされて悪魔サタンになった……という。また、世界を見張るのが役目だったはずの天使たちが人間の女に魅了されて堕落し、さまざまな技術を伝えたという物語も伝わっている。天使にルーツを持たない悪魔もいる。他の宗教における神だった者たちがキリスト教の神話に取り込まれて悪魔になったケースだ。また、仏教において悪魔といえば僧侶の修行を妨害する者たちだ。

悪魔は**人を誘惑し、害を与える**が、これを利用せんとする試みもあった。ソロモン王は七十二柱の悪魔と契約して自在に操ったとされる。魔女や悪魔主義者も悪魔と交わってその力を得ようとしたが、彼らはしばしば魔女狩りで追い立てられた、という。

悪魔の姿、悪魔との関わり

これらのイメージを受けた物語の中の悪魔はどんな存在だろうか。

外見としてはねじくれた角、黒や褐色の肌、コウモリに似た皮膜の翼が定番だろうか。善の神に敵対する悪の陣営の代表的勢力であり、人間を堕落に誘うが、契約に応じて人間に力を貸すこともある。誰かを呪ったり、契約者を強化したり、特別な知識や財宝を与える、などだ。しかし悪魔は狡猾なので、契約の内容を曲解して人間を追い詰めることもある。

このように悪魔は**恐ろしい存在**で、しばしば強敵として作中に登場する。しかし、恐ろしさは反転するところが物語としての面白さであろう。神と戦わなければならない主人公に悪魔が力を貸したり、間抜けな悪魔が不利な契約を結ばされて従わざるを得なくなる展開などが定番だ。

悪魔

悪魔はどんな存在だろうか？

さまざまな宗教・神話・伝説に登場するが、一般的イメージをまとめると……

害をなしたり、誘惑したり、知識や技術を与えたり。アダムとイブの楽園追放や、仏教において修行僧を誘惑して妨害する悪魔など

単純に、善（光）の陣営である神や天使と、悪（闇）の陣営である悪魔は対立する

↓

悪魔が元天使なら因縁も

人間 ← 干渉 ― 悪魔

人間 ― 利用 → 悪魔

悪魔 ↔ 対立 ↔ 神や天使

魔術師が悪魔と契約したり、魔女がサバト（集会）で悪魔の力を借りたりと、人間の側もしばしば悪魔を利用しようとする

↓

悪魔との契約は忌み嫌われ、魔女狩りの対象に。
悪魔に契約を捻じ曲げて解釈され、破滅するなんてことも

物語の中での悪魔

① 強大な敵、厄介な味方

如何にも悪魔らしい、邪悪な存在。陰謀をめぐらして主人公たちを追い詰めたり、強大な敵として立ちふさがったり。決して油断できない相手

② 神に歯向かう反逆者

神や天使によって「悪」「闇」の側へ追いやられた悪魔たちは、主人公たちが同じ立場へ置かれた同類であるならば、力を貸してくれるかもしれない

③ 意外と間抜けな悪魔も……？

悪魔と言っても、皆が知性的で恐ろしい相手とは限らない。
主人公に騙され、いやいやこき使われている悪魔がいても面白い

⑨⑧ モンスター

モンスターだって人を襲うばかりが能じゃない！

モンスターの分類

騎士、異種族、魔法使い＆超能力者とファンタジーの華となるキャラクターを紹介してきたが、ある意味でそれらに匹敵するほどファンタジーを象徴する存在なのが、本項で紹介するモンスター（怪物）だ。

一口にモンスターといっても、その性質はさまざま。ゴブリンやオークといった**「醜く攻撃的な異種族」**もいれば、**普通の動植物が巨大化・凶暴化**したものもいて、さらにキメラやペガサスといった**神話や民話に起源を持つ**ものもいる。ここまで紹介してきたのは、その世界の自然の一部として存在する生き物たちだが、魔法で作られたゴーレムやスライム、別の世界からやってきた天使や悪魔といった**自然ならざるモンスター**というのもあるだろう。そもそも、人間と見れば見境なく襲ってくるのか、敵対しない限りは関わってこないのか、むしろ友好的なのかという違いもある。

ただの敵か、訳ありの味方か

モンスターも基本的には「敵」として物語に登場させることになるだろう。それは主人公たちに蹴散らされる雑魚としてかもしれないし、あるいはその世界の当たり前の生き物として雰囲気を表現するためかもしれない。そしてもちろん、邪悪な意思を秘めた強大なモンスターが事件の黒幕として主人公の前に立ちふさがるというのも定番だ。

一方、主人公の味方や、あるいは積極的な味方ではなくても力を貸してくれたり、少なくとも「敵対しない」ことで協力してくれるモンスターというのも十分に魅力的だ。たとえば、主人公そのものが人間社会に交じって生きているモンスターであったり、主人公のペットや相棒としてモンスターがついてきたり、森をねぐらにするモンスターたちと交渉して道を通してもらったりという具合である。

モンスター

現実には存在しないようなモンスター（怪物）の類もまた、ファンタジーの雰囲気を盛り上げるのには欠かせない存在の一つである

サブキャラクターとして

- ●人型の異種族だが、人間に対して攻撃的
- ●魔法的な現象のせいで変化してしまった元人間
- ●巨大化・凶暴化して人間を襲う動植物
- ●実際の神話や民話に起源を持つ怪物
- ●人間が魔法や技術で作り上げた人口の存在
- ●別の世界からその世界にやって来た来訪者

など

これらのモンスターたちもまたその世界の住人で、社会を構成したり、食物連鎖の一部だったりすると考えれば物語のリアリティを強化できる

敵としてのモンスター

主人公たちに蹴散らされる雑魚から、歯ごたえがあって時には主人公を追い詰めもする強敵、そして物語全体のボスにもなる強大な怪物まで

味方としてのモンスター

主人公そのものが正体を隠したモンスターであったり、頼れる味方や相棒、ペットがモンスターだったり、年老いたドラゴンが知恵を貸してくれたり

中立のモンスター

人間と関わらないように山奥に隠れ住むモンスターや、そもそも人間に興味がない神や精霊、敵にも味方にもなるかもしれない独立勢力など

⑲ドラゴン

巨大モンスターの代表格と言えば

西洋の竜は巨大な怪物

前項ではモンスター（怪物）を包括して紹介した。だが、実際には一般的にファンタジー小説に出てくるだけでも多種多様なモンスターが存在する。ここからは有名どころをいくつか紹介する。

まずは**大型モンスターの代表格**、ドラゴンだ。世界中にさまざまな形で伝承があり、地域によってその姿や性質が少なからず異なる。

西洋のドラゴンはまさに**怪物**だ。巨大なトカゲめいた姿をしており、四足で翼のあるもの、六足で翼のないもの、二足で翼のあるもの（ワイバーンともいう）などその姿はバリエーションが豊富だ。口から炎を吐くのがスタンダードだが、登場する作品によっては電撃や吹雪、毒ガスを吐くこともある。知性レベルもただのトカゲから人間以上まであるが、鳥の如く宝石や財宝を蓄えることを好むのはほぼ共通している。

東洋の龍は神の如く

一方、東洋のドラゴン（龍、竜）は蛇めいた細長い姿をしていることが多い。沼や川、海などと結びつき、雨や嵐の化身とされるなど、**水と自然の象徴**として語られる。西洋のドラゴンと違って絶対悪とみられることは少なく、神や妖怪の一種として、人間との関係は中立か友好に近いと言っていいだろう。

特殊なドラゴンとしてはギリシャ神話のヒュドラや日本神話の八岐大蛇《やまたのおろち》のような他頭蛇の類が知られる。また、聖書神話にも黙示録の獣として十本の角と七つの頭を持つドラゴンが登場する。このように西洋では悪魔とドラゴンが同一視されることも多いようだ。

この巨大なドラゴンは如何にして倒すのか。空を飛びながら炎の息を吐かれては人間にはどうにもならない。一枚だけ逆さの鱗《うろこ》（逆鱗）を貫けば倒せるともいい、竜殺しの魔剣があるともいう。

ドラゴン

ドラゴン（龍／竜）
といえば……

- 巨大モンスターの代名詞。ラスボスの貫禄十分だが、「実は真のボスがいる！」となった時の絶望感もなかなか
- 蛇やトカゲ、恐竜の化石などをモチーフにしたか、爬虫類的な外見を持つのが代表的特徴
- 洋の東西で姿かたちや特徴、性格などが大きく違うが、「天災を象徴する存在」というところはかなり共通

西洋風のドラゴン＝多く、邪悪な怪物

外見

巨大なトカゲが基本。四つ足で地上に生息、四つ足＋翼（実質六脚で空を飛ぶ）、翼＋二つ足（いわゆるワイバーン）など多様。口から火を噴くことが多い

性格

トカゲ同然で野獣の如き存在であったり、長年生きて賢者の如き知恵を持ったり。「黙示録の獣」に代表されるような、悪魔そのものであることも。宝物を好む

主人公たちを苦しめる陰謀をめぐらすラスボス・強敵から、一行の行く道をふさぐ強大な障害となる存在まで。基本は敵

東洋風の龍＝神秘的存在

外見

にょろにょろと細長い、蛇めいた姿をしていることがほとんど。手に「如意宝珠」と呼ばれるアイテムを持つことも

性格

東洋風の龍は雨や嵐などを司る神、あるいは強大な妖怪の一種であり、西洋風のドラゴンと違って悪魔視はされず、人間への対応もさまざま

主人公たちを助けてくれる強力な後援者から、生息地を巡って人間と対立する強大な敵まで

⑩⑩ 吸血鬼

多様な能力と多様な弱点を備えた有名モンスター

人間と関わりの深い怪物

ドラゴンに対し、人間サイズモンスターの代表は吸血鬼（ヴァンパイア）であろう。**人とほぼ同じ姿をした、血を吸う怪物**である。ドラゴンと同じように、「血を吸う鬼」としての吸血鬼も世界中にさまざまな伝説がある。だが、私たちがイメージする吸血鬼といえば、それは西洋のヴァンパイアのことであろう。

伝承では死者（凶悪犯や自殺者など）が墓から蘇って人を襲い、殺すのだとされる。しかし、私たちのイメージする吸血鬼にはこれらの伝承に加え、文学の与えた影響が大きい。ブラム・ストーカー『吸血鬼ドラキュラ』やル・ファニュ『カーミラ』など、貴族的な吸血鬼が登場するロマンあふれる文学作品がヒットした結果、吸血鬼には貴族的イメージが付加されることになった。人間のイメージで形作られるものとして、**人間との関係が深い**のが吸血鬼の特徴である。

多様な能力、多様な弱点

吸血鬼の特徴として、**多様な能力を備えている**ことがある。優れた身体能力や人の血を吸って相手を同類にする能力だけでなく、狼やコウモリ、霧に変身したり、赤く光る眼で見つめて自分のしもべにすることまでできるという。何よりも「不老不死」こそが吸血鬼の真の能力であろう。だが、そうして長く生きることは吸血鬼の心を病ませ、退屈に飽きさせることも多い。

一方、吸血鬼には**弱点も多い**。太陽の光に弱く、ニンニクに弱く、炎に弱く、白木の杭に弱い。流れる水を渡ることができず、十字架や聖句に弱い。人の血を吸って生きる能力は、逆に言えば血でしか生きられないということにもつながる。

吸血鬼の能力と弱点は登場する世界によっても違うし、なんとなれば一つの世界においても個人や吸血鬼内の一族ごとに違うことがある。解釈のしどころだ。

吸血鬼

吸血鬼とは？

血を吸うモンスターの伝説は世界中にあるが、
いわゆる「ヴァンパイア」のイメージソースは特定の所から来ている

ヨーロッパのヴァンパイア伝説
凶悪犯、自殺者、破門者、埋葬が早すぎたものなどが墓場から蘇る

→ **吸血鬼** ←

主に近世になってからの創作作品
『ドラキュラ』や『カーミラ』など、史実の人物をモデルにした吸血鬼作品がヒット

↓

血を吸い、特別な能力を持つ、不老不死の怪物。
貴族的なイメージが強い

さまざまな意味で人間との関係が深いモンスターと言える

↓

能力が多彩！

- 不老不死
- 怪力
- 空を飛ぶ
- 変身（コウモリ、狼、霧）
- 赤い目で魅了
- 血を吸って相手を同類に
- 血を操る

など

↓

世界設定次第で他にもさまざまな能力が考えられる

弱点も多彩……

- 火に弱い
- 銀の武器に弱い
- ニンニクに弱い
- 十字架や聖書の言葉に弱い
- 流れる水を渡れない
- 白木の杭に弱い
- 血でしか生きられない

など

↓

地域ごとどころか、個人ごとにも弱点が違ったりする

↓

**能力・弱点共に多彩なのが吸血鬼の特徴。
主要なモンスターとして登場させるなら設定にひと工夫したい**

101 武士

日本を代表するキャラクターだが、悩みはリアル

武士の起源と実情

時代小説（主に江戸時代を舞台に、剣客や捕物、市《し》井《せい》の人々の生活などを描く小説群）や日本をモチーフにしたファンタジーなどを描くのであれば、武士（あるいはそれに類する存在）は欠かせないキャラクターといえる。

狩猟を職業とする人々や軍事を職務とする貴族が祖とされる武士は、長く日本を実質的に支配してきた軍事階級である。西洋の騎士に対応する存在と考えていいだろう。本来、彼らの役目は戦場で敵と戦って戦果を挙げることだったが、江戸時代が到来して数百年に渡って平和が続くようになると、巨大官僚組織である江戸幕府の一員として働くことこそが仕事になる。**主君への絶対的な忠誠を旨とするいわゆる武士道**が成立したのはこの頃で、それ以前の戦国時代にはむしろ裏切りも含めた機転を美徳とする向きさえあった。

武士の苦悩と役目とは

江戸時代の武士をキャラクターとして登場させるのであれば、**「本来軍事階級でありながら立場としては官僚で、武士の本分であるはずの合戦など起きない」**という矛盾に切り込んでいくと面白い。道場で剣術を学んでもそれで出世する機会などほとんどなく、一方で頭の良さや上司へのおもねりといった軟弱に見える美点によって活躍する同輩がいる――これはキャラクターの葛藤を描くのになかなか面白いテーマだ。

また、当時の武士が最も心血を注いだのは**家を守ることだった**。そのためには職務でしくじることは許されないし、大きな問題を起こしてもならない。きちんと結婚し、子どもをもうけるのは当然のことで、場合によっては子が産めない妻と離縁して新たな妻を迎えるケースさえあった。このあたり、家族のために頑張る現代サラリーマン諸兄にも通じるところがある。

武士

武士とは

時代小説や和風ファンタジーなら絶対に欠かせない軍事階級。
西洋の騎士に対応する存在である

もともとは狩猟民や軍事貴族、地方の有力農民など

↓

戦乱の時代に頭角を現し、軍事階級として発展

この時期の武士は裏切り上等、
家と領地を守るためなら何でもした!?

↓

太平の江戸時代が到来すると軍事の仕事はなくなり、
巨大官僚機関・江戸幕府の一員として役人に

主君への絶対的な忠誠を誓う
「武士道」が成立したのはこの頃とされる

↓

江戸時代が終わると武士という階級も消滅する

武士の悩みといえば……

武士の本分とは……

軍事階級としての伝統は残っているのに、実際の武士は官僚でしかないという実情

↓

その矛盾に若き武士はどうやって自分なりの答えを見出すのか？

武士の役目とは

先祖代々伝わってきた家を自分の代で絶やさず、次代へ伝える義務

↓

不祥事を起こさず、失敗もせず、子どもをもうけて教育せねばならない

⑩② 忍者

プロフェッショナルなスパイか、魔法使いか

闇を駆ける密偵

時代小説における武士と並ぶ人気キャラクター、それが忍者である。歴史的に正しい忍者は**情報収集や破壊工作を主な役目とするスパイ**的な存在だったようだが、物語の世界ではしばしば**魔法じみた力を使いこなす**超人として描かれる。忍者は色の濃い装束（黒装束が有名だが、実際には黒だとむしろ闇に溶け込まないのだという）を身にまとって夜を駆ける。主な武器は、武士のものより短い取り回しに便利な刀や、投げて扱う手裏剣などだが、火薬や毒物といった武士の嫌う卑怯な武器の類も使いこなす。

また、忍者は基本的に組織へ所属しており、武士に雇われる際にもそこから派遣されることが多かったとされる。組織とは関わりのないフリーの忍者もいたが、一度組織に所属してそこから離れた忍者は「抜け忍」として厳しく追われたともいう。

リアルとファンタジーの振り幅

物語に忍者を登場させるならリアルとファンタジーの振り幅をどのくらいに設定するかが肝になる。あくまで現実的な「プロフェッショナルなスパイ」としての「忍者」なのか？　それとも、分身の術や変わり身の術を使いこなし、あげくに体表の色をカメレオンのように変えて周囲に溶け込むような「ニンジャ」なのか？　このどちらなのかによってキャラクター性は大きく変わってくる。

また、忍者的キャラクターは特に日本以外にいてはいけないというわけではない。同じように**特殊な技術を体得し、隠密任務を請け負うキャラクターが中世ヨーロッパ風のファンタジー世界にいたってかまわない**。その場合は「東洋の国から流れてきたニンジャ集団」でもいいし、「その地域で生まれた特殊部隊」でもいいだろう。

忍者

史実の「忍者」

主に戦国時代に活躍したとされる特殊集団。特別な訓練を積み、情報収集や破壊工作など、密偵としての活躍が主だったとされる。
色の濃い装束を身にまとって夜の闇にまぎれ、室内や山野で戦いやすい武器を使ったという

現代風に言うなら「スパイ集団」だった

忍者

フィクションの中の「ニンジャ」

講談の中でヒーローや敵役として語られる中でイメージがふくらみ、ある種の「超人」になった。情報収集や暗殺などが主な任務であることは変わらないが、魔法じみた技や能力を活用して何十人もの相手を倒すようなことも！

ファンタジックな超人ヒーローのイメージ

忍者を「プロフェッショナルなスパイ」として描くか、
超人ヒーローとして描くかで作品の雰囲気は
大きく変わることになるだろう

**忍者のエッセンスを活かした「密偵」キャラクターを、
外国を舞台にした物語や中世ヨーロッパ風ファンタジーに
登場させるのも面白いかもしれない**

103 陰陽師

日本を代表する魔法使いは主に役人だった

占いをする役人?

日本にも魔法使いの伝説・伝承はある。真言を唱え、不思議な力を発揮する密教僧や、神を我が身に下ろす巫女《みこ》（巫子）あたりがよく知られている。しかし、最も日本的な魔法使いは陰陽師《おんみょうじ》であろう。平安時代の大陰陽師・安倍晴明《あべのせいめい》で有名である。

そもそも陰陽師とは何なのか。実は彼らは主に役人であった。その仕事は時代によっても異なるが、**占筮《せんぜい》（筮竹を使っての占い）**、**地相を見ること**、**天体観測**、**暦の作成**、**儀式や呪術を行う**などで、国に仕える占い師のようなものと考えてよいだろう。

陰陽師の思想の根幹になっているのは中国から渡ってきた**陰陽五行思想**である。文字通り、物事が陰と陽、そして木火土金水の五行によって成り立っている、とする考え方だ。史実の陰陽師たちはこれらの思想に基づき占いなどに従事していたわけだが、フィクションの世界ではより魔法的な力が使える、ということになるだろう。呪力を込めた符で戦う姿がよく描かれる。

陰陽師の能力として特に知られているのが**式神の使役《しえき》**だ。彼らは変幻自在の鬼神を手足の如く操るといい、安倍晴明は十二神将を引き連れてきた、という。あなたの作品では陰陽師にどんな式神を付属させるか。その式神にはどんな能力があるのか。考えどころだ。

民間の陰陽師

役人だけが陰陽師ではない。史実でいえば、平安時代、**民間には僧侶の姿をした陰陽師**がいて、法師陰陽師と呼ばれた。公に仕える役人としての陰陽師と、民の依頼で働く陰陽師では、価値観も、練度も、使う術も、明確に違ってくるだろう。民間の陰陽師は誰かを呪ったり困らせたりという仕事が多くなるはずで、犯罪者まがいの仕事も増えるに違いない。こうした陰陽師同士のスタンスの違いを描くのも面白そうだ。

陰陽師

和風の魔法使い、と一口に言っても種類は色々

巫子　密教僧　修験者　忍者　陰陽師

陰陽師とはどんな存在だったのか？

① 平安時代の大陰陽師、安倍晴明で有名

人間と狐のハーフ、十二神将を使役、芦《あし》谷《や》堂満《どうまん》との対決など、逸話多数

↓

晴明が主人公の作品も、重要キャラクターの作品も、現代の末裔《まつえい》などの作品も多数

② 陰陽道は占いの一種？

中国から伝来した **陰陽五行説** に基づき、国家や個人の将来を占う技術

この世が陰と陽、木火土金水の五行でできているという考え方。
五行は活性化する関係（相生）と損なう関係（相克）がある

↓

筮竹による占い、地相を見ること、暦を作ることなど非常に複合的な技術や知識の組み合わせになっている（時期によっても違う）

③ 魔法使いとしての陰陽師は……

- あらかじめ用意し力を込めた符を操ったり
- 鬼神と契約し、式神としてその力を自在に使ったり
- そのほか、安倍晴明にまつわる逸話などが参考になるだろう

④ 陰陽師は役人？

一般的な陰陽師
役所に勤め、組織（陰陽寮）に所属して陰陽道を使う

← 価値観などの違い →

民間の陰陽師
史実では僧侶の格好をし、民間で呪いなどを行った

⑩④ 道士／仙人

不老不死の夢が行きつく先、それが仙人

不老不死を求める者たちと　その行き着くところ

道士は**中国の道教における僧侶**の位置を占める人のことだ（古くは方士とも）。道教は中国の歴史や風土に結びついた民族宗教であり、その最終的な目標として掲げられるのが仙人になることである。そのため、道教における神々の多くは神仙たちだ。

仙人は深山や海の彼方に住む。彼らは**不老不死**であり、これにたどり着くのは中国の漢民族永遠の夢であるといっていい。秦《しん》の始皇帝《しこうてい》が不老不死を目指してあらゆる方法を試し、仙薬を求めて伝説の島である蓬莱《ほうらい》へ道士・徐福《じょふく》を派遣したがついに薬を得ることは叶わなかった、という話がこの象徴であろう。

方術と仙術

道士や方士の操る術は**方術**と呼ばれた。**占いや力のある符を操る術**、呪いの術などがあったとされるが、その中心にあったのはやはり「仙人になる術」であった。そのために薬を作り、あるいは善行を積んだ。本来仙人になる条件は「仙才」「仙骨」と呼ばれる生まれつきの才能が必要とされたが、それを覆すための手法が求められたのだ。あるいは一度死んで仙人になる方法もあって、これを「尸解仙《しかいせん》」という。

仙人になった後はどうなるか。仙人の能力は不老不死だけではない。**空を飛び、分身し、身を隠し、また千里先を見通す**ことができたという。普通の食事が不要になり、霞《かすみ》を食べて生きられたというのもこの一種であろう。

また、物語の中の仙人はしばしば強力なアイテムを作り出し、これを活用する。いわゆる**「宝貝（パオペエ）」**である。特に漫画化もされた小説『封神演義』には火を噴く槍から自分の姿を消す冠、勝手に飛び回る刀、敵を吸い込んで溶かす瓶など、多種多様な宝貝が登場して驚異的な活躍をする。

道士／仙人

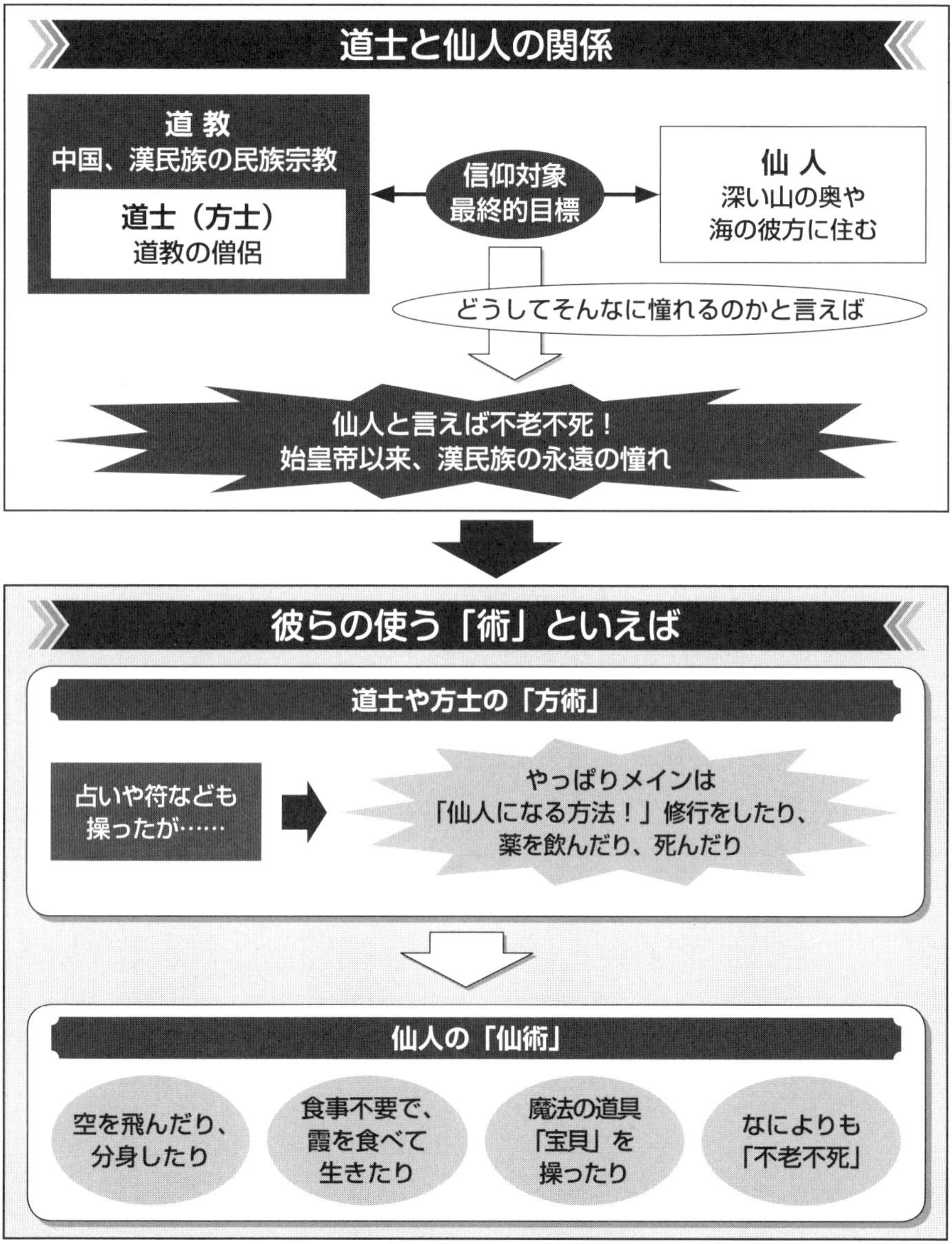
道士と仙人の関係
道教
中国、漢民族の民族宗教
道士（方士）
道教の僧侶
信仰対象
最終的目標
仙人
深い山の奥や
海の彼方に住む
どうしてそんなに憧れるのかと言えば
仙人と言えば不老不死！
始皇帝以来、漢民族の永遠の憧れ
彼らの使う「術」といえば
道士や方士の「方術」
占いや符なども
操ったが……
やっぱりメインは
「仙人になる方法！」修行をしたり、
薬を飲んだり、死んだり
仙人の「仙術」
空を飛んだり、
分身したり
食事不要で、
霞を食べて
生きたり
魔法の道具
「宝貝」を
操ったり
なによりも
「不老不死」

105 超科学者

キャラクター的にもストーリー的にも魅力的で便利ではあるが……

マッドサイエンティスト!?

その時代、その地域のレベルをはるかに超えた技術を身に付け、魔法じみた発明品を作り出してしまう存在――それが超科学者である。現代社会において巨大人型ロボットや光線銃などを作り上げてしまう者がいたら、それはもう立派な超科学者だ。

彼らはしばしばエキセントリックな性格をしており、人格や倫理観に欠陥を抱えていることも珍しくない。ただただ発明を続けることにしか興味がなくて敵味方双方に自分の制作物を渡していたり、常人なら眼を背けるような非人道的な実験に手を染めたりするわけだ。そのため、**「マッドサイエンティスト」**と呼ばれることも多い。中にはあくまで常人の良識を保ったままの超科学者もいるだろうが、そのような人物は、自分の生み出した発明品が世に与える影響について、小さくない苦悩を抱え込むことになるはずだ。

便利すぎるキャラクターにならないように

現代ファンタジーやＳＦもので物語の小道具として超テクノロジーの産物を絡めていくなら、敵にせよ味方にせよ超科学者は必須の存在である。主人公やそのライバルのアクションを支えるアイテム類の多くに彼が関わっていたり、あるいは「それがどんなものであるか」を説明するのが彼の役目だったりするだろう。このようなキャラクターは物語が行き詰まった際に「こんなときもあろうかと」とアイテムを取り出して解決させることも可能な便利な存在だが、それだけに便利に使いすぎないように注意しなくてはならない。

物語に彼のキャラクター性を絡めるなら、**「どのくらいマッドなのか」**が重要だ。その超科学者の中では良識と狂気の天秤《てんびん》がどのように傾いているのか？　何か明確な目的があって発明をしているのか、それとも単純に好奇心だけが理由なのだろうか。

超科学者

超科学者とは

物語の舞台になる場所の水準をはるかに超えた
発明品を作り上げてしまう科学者、技術者

↓

科学的要素の入った現代ファンタジーやＳＦでは
主人公の敵としても味方としても花形的なキャラクター

多くの場合、超科学者はエキセントリックな性格をしたキャラクター
として描かれる

→ そのため「マッドサイエンティスト（狂科学者）」などと
呼ばれることも！

↓

研究のためには周囲のことなんて
考えないくらいでないと、超科学者にはなれない!?

物語の中の超科学者

味方 支援者	← どちらにもつかない、 あるいは裏切り →	敵 黒幕

どの立場に立つとしても、物語を動かしていくにあたって
非常に便利なキャラクター
→ご都合主義になりすぎないよう注意！

106 過去人／未来人

時を越えた旅行者は何をもたらすのか？

過去人の場合

タイムトラベル（能動的な時間移動。これが偶然によるものだと「タイムスリップ」と呼ばれる）はSFにおける人気テーマの一つだ。過去や未来から現代へやって来る、あるいは現代人が過去や未来に行くというのが基本的なパターンである。

まずは未来へ行くパターンについて考えてみよう。過去人が現代にやって来るにせよ、現代人が未来へ向かうにせよ、ここでポイントになるのは**価値観のギャップ**だ。時代が変わればものの考え方は大きく変わる。江戸時代の武士と現代のサラリーマンの価値観が全然違うのはもちろんのこと、実は同じ武士でも戦国時代と江戸時代では少なからずギャップがあったりする（逆に時代や立場が変わっても、変わらないものや通じるものはあって、それはそれで面白い）のだ。その「違い」に光を当てるのがポイントだ。

未来人の場合

一方、未来人——すなわち（本人から見て）過去へ出現した人間の場合はどうだろうか。もちろん、こちらのケースでも多くの場合は価値観ギャップがある。**未来人の目から見ると過去人は「野蛮」ということになりやすい**ので、「対立が起これば激化しやすい」とさえ言える。逆に「フィクションの影響で過去を理想視してはいたけれど、実際に行ってみると辛いことも多くて……」というのも面白そうだ。

さらに未来人の場合、**タイムパラドックス**の問題が重要になる。未来人が過去で何かをしたとき、その影響で歴史は変わるのか？　「変わる」とした場合は、「変わった結果その未来人がいなくなったら、結局歴史改変の事実そのものがなくなるのでは」となって矛盾＝パラドックスが生まれるわけだ。これをどう解決するかは作者の腕の見せ所といえる。

過去人／未来人

時間移動＝タイムトラベル（能動）やタイムスリップ
（受動）によって別の時代に現れる人間

「来訪者」パターンの典型例といえる

過去人

発展した技術への驚き、豊かな社会への感激が
表に出やすいが、一方で肉体能力で驚かせることも

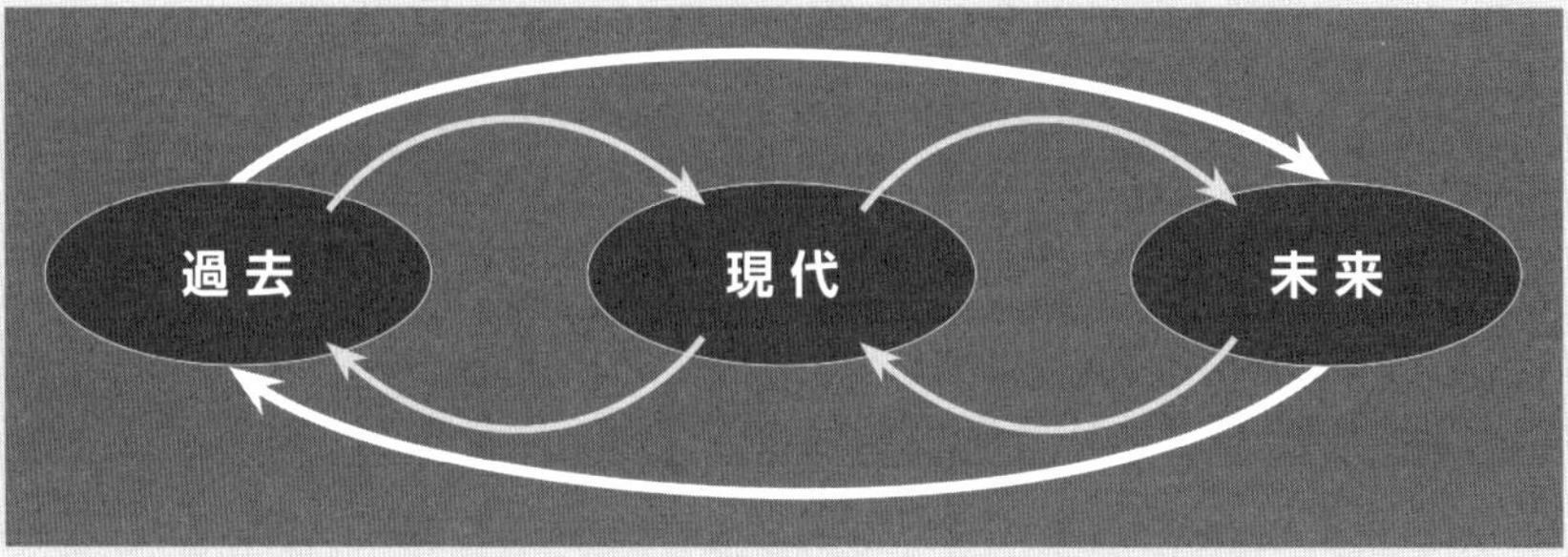

未来人

進んだ時代から来ている場合は過去への蔑視や、
逆に行きすぎた憧憬などを持つケースも多い

未来人が現代や過去で何かをすると、
歴史が変わってしまう可能性がある

↓

タイムパラドックス問題をどうやって解決する!?

107 異世界人

それは限りなく遠く、しかし近くもある世界――？

現代ミーツファンタジー？

過去人や未来人は時代こそ違えど同じ世界からの来訪者だったが、本項で紹介する異世界人は別の世界からやって来た存在である。

さまざまな形があり得るが、その中でも「**現代人が剣と魔法のファンタジー世界に飛ばされてしまった**」パターンと、その逆に「**魔法のある世界の住人が現代日本にやって来る**」パターンがそれぞれ王道といっていいだろう。どちらにせよ、異世界人はその世界のものとは大きく異なる価値観を持ち、知識や技術、能力などにおいても特殊なものを備えていることが多い。

たとえば「ファンタジー世界に現れた現代人」は、進んだ科学技術の産物や政治経済の知識などその世界にないものを備えていたり、あるいは秘めていた魔法や戦闘の才能が発現する――というのがよく見られるパターンである。

並行世界と出合うということ

並行世界（パラレルワールド）の住人も異世界人の一種だと考えていいだろう。並行世界は現実の私たちの世界とよく似ているがちょっとだけ違っている（主人公が死んでいるだけなど）のかもしれないし、歴史が大きく変わっている（織田信長が本能寺で生きていた！）のかもしれないし、そもそもまったく別の姿をしているのかもしれない（地球は恐竜から進化した人類の天下だ！）。このような並行世界は最初から私たちの世界の隣にあったのかもしれないし、タイムトラベルの影響で生まれたのかもしれない。

ただの異世界と違って並行世界は**主人公たちが本来暮らす世界と類似したもの**であることが多く、そのために二つの世界の住人が出会ったとき「ここは違う」「ここは同じ」と衝撃を受ける割合が高まる。ここが注目すべきポイントだ。

異世界人

異世界をめぐる事情

剣と魔法のファンタジー世界などを始め、何らかの特別な、現実には存在しないような要素を持つ世界であることが多い

異世界

現代日本

並行世界

過去人・未来人と同じく価値観ギャップが生じるのはもちろんのこと、世界ごとの「違い」が物語の中で重視されることが多い

↓

魔法の「ない」世界の住人が「ある」世界に行ったなら、どんな驚きを示すだろうか？

量子力学的な考え方によって説明される、「あったかもしれないもう一つの（あるいはそれ以上の）世界」。パラレルワールドとも

●現実とよく似た世界
●違う歴史をたどった「現代」
●人類が繁栄していない世界

など

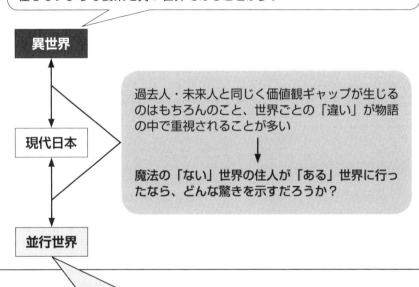

108

転生者

生まれ変わることは、人に何をもたらすのか？

生まれ変わって新たな生を

輪廻転生《りんねてんせい》という考え方がある。生き物は「死ぬ」と「生まれ変わり」を繰り返す、というのだ。これをもとに、一度死んで生まれ変わったキャラクターのことを転生者という。

多くの場合、転生者の肉体は若々しく、その内側にある魂と精神は老獪な大人のものだ。しかも、転生前には特別な知識や技術を備えていたケースが多い。この組み合わせによって普通ではできないような活躍をする……というのが転生者の基本パターンである。近年ではウェブ小説を中心に異世界への転生ネタが増えたが、もちろん別に異世界でなくとも地球上での転生例はいくらでもある。また、魂は物理法則に縛られないのだから、空間はもちろん、時間の影響だって受けなくていいはずだ。未来からの転生というケースがあったっていいだろう。

転生した魂、転生された肉体

転生者は普通、魂だけをもって新しい肉体に転生することになる。新しい人生に技や知識は持ち込めても、道具や財産は持ち込めないわけだ。持ち込むならどこかに隠しておいて回収するとか、魔法的な手段に頼ることになる。

転生した際、元の魂はいつ目覚めるのか？　目覚めた時、肉体に本来備わっていた魂はどうなるのか？　これはもう作品により違う。元の魂の知識だけが継承されるケース。元の魂が優越して新しい魂が消えてしまうケース。共存して二重人格化するケース。融合して第三の人格を作るケース。目覚めるまでは記憶が封印されているだけで、結局は同じ魂であるケース。どうしたら面白いか、考えてみてほしい。新しい人生への困惑、元々の目的と食い違うことの葛藤など、色々とドラマの種が作れるはずだ。

転生者

転生とはどういうことだろうか？

インドを始め世界中の宗教観にみられる「輪廻転生」の考え方に基づく

前世 —死→ 死んだ生き物の魂が生まれ変わり、新たな生涯を始めることになる

↓

同じ世界の未来へが基本だが、異世界や、時間をさかのぼっても面白い → 今世

輪廻転生の考え方に基づけば皆何らかの前世を持っていることになるが、
普通は前世のことは思い出さないか、夢程度

- その世界では前世の記憶がはっきりあるのが普通？
- 主人公は特別だから前世のことを思い出した？
- 何かの陰謀や事件のせいで記憶がある？

など

転生にまつわる色々な事情

① 持っていけるのは魂一つ？

転移（移動）ではなく転生（生まれ変わり）だから、前世と共通するのは魂だけ？

↓

- ●知識や経験は前世を引き継ぐ
- ●道具類は普通引き継げない
- ●体は別物（何かの操作があって同じ？）
- ●トラブルがあって一部失うなども

② どう目覚めた？　転生先の魂はどうなった？

輪廻転生のシステム次第で、いろいろなパターンが考えられる

ケース1
生まれたときから前世の意識があって、今世の意識は特にない

ケース2
もともと今世の意識があるのに、ある日突然前世の知識・経験だけ得る

ケース3
今世の人間としての意識、前世の人間としての意識、両方が共存した多重人格

など

⑩⑨ 死者

「死」は完全なる終わりではないのかもしれない……

「死に損ない」の怪物たち

現実を生きる私たちにとって、「死」はいつか必ずやって来る終わりにほかならない。「死んだ生き物はよみがえらない」というのが科学的な一般常識である。しかし、物語の中では時に人は**死に逆らってよみがえったり、死んだのに別の形でこの世にとどまったり**ということがある。そのようなキャラクターをここでは「死者」と呼ぶ。

死者の最もありふれた形は**ゾンビ**（勝手に動く腐った死体、という姿が普通）や**幽霊**（半透明で物質の体を持たない魂だけの存在として描かれることが多い。日本ではたいてい足がないが、海外では違う）など、**「死に損ない」**の妖怪・モンスターの類だろう。彼らは生前の記憶や姿を完全あるいは不完全に保持しているかもしれないし、何か一つの言葉や愛する人の面影など断片的な記憶しか覚えていないのかもしれない。すべて忘れた結果、ただの怪物になっている可能性もあるし、あるいは「死者」としての別の人格を生み出しているのかもしれない。一度死に、天使や悪魔、妖怪としてよみがえったというのも面白そうだ。

肉体以外の死もあり得る

肉体的ではなく**別の意味で「死んだ」キャラクター**というのもあり得る。陰謀に巻き込まれて身を隠し、戸籍上死んだことになっている**「社会的な死者」**や、激烈なトラウマや一度仮死状態に陥ったことのショックによって心が死んだようになってしまった**「精神的な死者」**などがそれにあたるわけだ。ハードボイルドな主人公やライバルの背景としてなかなかにカッコいいものといえるだろう。

どちらにせよ、死者をただのモンスターとしてではなく一個のキャラクターとして描くなら、「なぜ死んだのか」「その結果どうなったか」に着目したい。

死者

ファンタジックな世界では死も絶対ではない

普通人
死んだらおしまい

死

「死者」
死後も動き続ける

具体的に、どんな「死者」がいるだろうか

●ゾンビ
→勝手に動き出した死体。腐敗していることが多く、体の一部が欠けていることも珍しくない

●幽霊
→魂だけの死者。日本の幽霊といえば足なしがポピュラーだが、海外ではそうでもない

●転生した天使や悪魔など
→死んだ人間の魂が別の姿になることも

その記憶と人格はどうなるのか？

●完全に覚えている
●断片的にだけ覚えている
●まったく忘れ、ただの怪物同然に
●別の人格が生まれる

など

「社会的に死んだ男」「心が死んだ男」など、
比喩的な意味での死者というキャラクターも魅力的

ハードボイルドなヒーローによく似合う！

110 不死者

不老不死は人類永遠の夢と言うけれど

不死のさまざまなパターン

前項では死者を紹介したが、ファンタジックな世界にはそもそも**「死んでいない」**キャラクターが存在し得る。それが「不死者」だ。仏教では「生病老死から逃れることはできない」と教えるが、一方で「病からも、老いからも、そして死からも自由になって生を楽しみたい」というのは人類永遠のテーマだ。

まず注目すべきはその不死者が**「なぜ不死か」「どう不死なのか」**だ。不死の怪物・吸血鬼が血を吸って他者も不死にするように、超常の存在と接触したせいなのか？　中国の仙人のように修行の果てにたどり着いたり、神話の英雄のように「神の座に迎え入れられて不死になった」というのもありそうだ。超科学者が自分の意識をコンピュータやロボットに移してしまったのもある種の不老不死かもしれない。「不老不死になる薬」の伝説も数多く語られているし、そもそも「生まれつきそういう体だった」もあり得る。

また**「炎で焼かれても剣で斬られても殺されない」**不死もあれば、**「弱点を突かれればあっさり死ぬ」**不死もあり、**「老いに強いだけで、殺されれば死ぬ」**不死もある（この場合は不老というべきか）。

死なないのか、死ねないのか

老いることと死ぬことは人間にとって当たり前の現象であり、それがなければ精神的・社会的に大きな影響がある。自分だけが若いままで友人たちが次々とこの世を去れば、孤独を強く感じるだろうし、社会的にも生きにくくなるだろう。そのため、普通の人間と同じ心を持った不死者は不死であることにしばしば悩み、心を病むことになる。一方、心のあり方を完全に変えてしまった不死者はそのことでは悩まないが、その代わりに人間との間に大きなズレが生じてしまう。前者は吸血鬼、後者は神や仙人によくあるタイプだ。

不死者

不死者とは

人間の宿命である老化や死から解放された存在

↓

ただ老化しないだけか、弱点さえ突かれなければ死ぬのか、
絶対に老いも死もないのか？

一口に「不死」とはいっても……

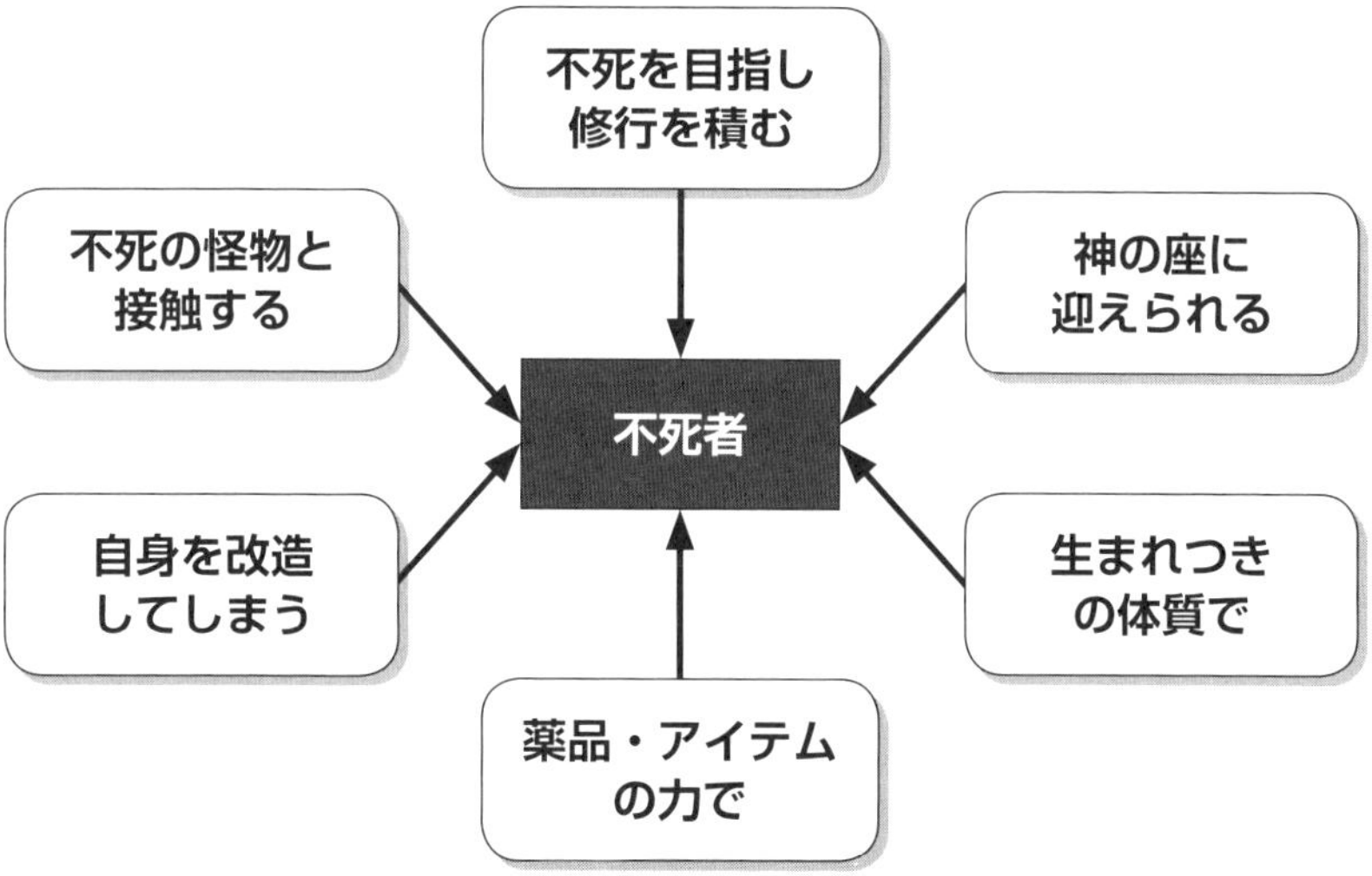

不老不死は人類永遠の夢ではあるが……

人間の心を持ったままでは孤独に押しつぶされ、
心が不死に適応すれば人間ではいられない

不老不死が不幸につながることも

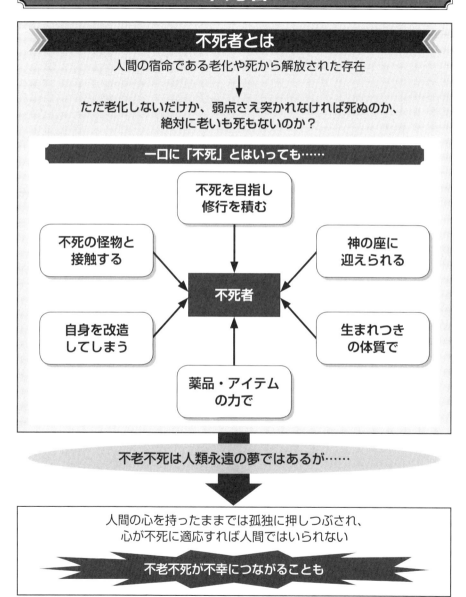

111 喋る道具

生命なき道具だって、物語の主要キャラクターになれる！

命なき道具が魂を持ち……

ファンタジックな世界において、喋る存在は命あるものだけとは限らない。**魔法の力や人の思いが無機物に魂を与え、意識を目覚めさせる**ことがある。それが本項で紹介する「喋る道具」だ。インテリジェンス・アイテムなどともいう。日本には妖怪の一種として「付喪神《つくもがみ》」の伝承があり、これは百年経った器物に精霊が宿って人に害をなすという。喋る道具のことだと考えていいのではないか。

喋る道具は元になった道具そのものの形をしていることが多い。剣なら剣、杖《つえ》なら杖で、持ち主によって振るわれることで力を発揮する。しかしものによっては自ら浮かび上がって使い手を必要としなかったり、自ら持ち手の代わりになる人間や人型モンスターを作り出せることもある。元の道具の形から離れて、目鼻や手足が生えてきて動き出せるタイプもいるだろう。

道具の宿命は使われること

喋る道具は当然だが道具だ。そして**道具の存在意義は「使われること」**だ。だから、喋る道具は「（人間に）使われたい」という目的を持っていることが多い。

とはいえ、全ての喋る道具が容易《たやす》く人間の役に立ってくれるとは限らない。自分に相応しい使い手なのか試すため、試験を課してくるかもしれない。特別な目的のために作られたものであれば、そこから外れた用途ではなかなか助けてくれないだろう。使われたい、と執着するあまり、悪人に使われて悪行を働くものもいるに違いない。逆に、かつての主人に手酷く裏切られたせいで人間を憎んでいるものだっているかもしれない。そんな道具の力を借りたければ、彼のトラウマを解きほぐさなければならない。

そのような道具としてのあり方にこだわってこそ、喋る道具を物語に登場させる意味もあるはずだ。

喋る道具

ファンタジー世界であれば、知性を持つ道具が主要キャラクターになってもいい

制作者に知性や魂を与えられた魔剣	人間や神が姿を変えた道具	人を斬りすぎて魂を獲得した妖刀	長年愛用されて妖怪になった道具

日本古来の妖怪「付喪神」は 100 年経過した道具が変化して誕生する。ファンタジー世界にも魔法の影響で同じようなことがあってもいいのでは

など

喋る道具はどんな特徴を持つか？

① 道具の姿

あくまで「道具」	人の姿になる	道具に手足が……
本体である道具そのもので、他人に使ってもらわなければ本領は発揮できない	本体とは別に、あるいは本体そのものが人間そっくりの姿になって行動できる	本体である道具から手足が伸び、目が出て、化け物めいた姿になって動き出す
もっとも道具らしさが出てくるパターン	こうなると人間と見た目は変わらない	付喪神がしばしばこんな姿を取る

② 道具の心

喋る道具は **「道具」** である

道具というのは人に使われることこそが存在意義だ。

だから、それを肯定するにせよ、否定するにせよ、喋る道具の行動原理の中心には「人に使われる」がなければならない

「自分は優れた道具であるから、資格のない者には使われてやらない！」	「使い手の善悪は関係ない。とにかく自分を使ってくれればそれでいい！」	「もう人間に使われるのはこりごりだ。むしろこっちが使ってやる！」
↓	↓	↓
持ち手に試練を与える	悪人に忠義を尽くす	トラウマに基づき行動

など

⑫ 異星人（宇宙人）

銀河の果てから果てを駆けめぐる彼らの物語は――

異星人はSFの華だ！

ファンタジーの華が異種族なら、SFの華は異星人だ。いわゆる**スペースオペラ（宇宙を舞台にした冒険活劇）**には多様な宇宙人が登場することが多い。彼らは広い宇宙の端々で発生し、宇宙船を駆って銀河を飛び回って、交流や衝突を繰り返す。

このような場合、ファンタジーの異種族よりも人類離れした異星人がよく見られる傾向にあるようだ。たとえば目が飛び出している、頭が複数存在する、四足歩行する、人間というよりタコに近い（伝統的な火星人のイメージ）など、**異様な外見**をしているパターン。あるいはテレパシーが発達しすぎて発声機能が退化したり、種族の中で個人という概念がなかったりといった**特異な性質**を備えているパターン。そして植物由来だったり鉱石由来だったりとそもそも**生き物としての質自体が大きく違う**パターンなどだ。

もちろん**地球人そっくり**だったり、違っても耳の形や肌の色程度で大きくは変わらないというパターンも珍しくない。その場合、「どうしてこの広い宇宙でよく似た種族が出現したのか」という問題を解決するため、「地球人が銀河中に進出したのだ」「はるか昔、何者かが地球人型の人類を各地に殖民させたのだ」といった設定が付けられることもあるようだ。

どんな星からやってきたのか？

異星人を描くにあたっても、ほかの「人間以外」のキャラクターと同じく価値観のギャップが重要だ。彼らは地球人とどう違うのか、どんな考え方をするのかがしっかり描けないのなら、異星人を登場させる必要がない。その上で、**「どんな星の出身なのか」**というところから突き詰めていくと（暑い星／寒い星、砂漠の星／海の星、重力の強い星／弱い星……）物語に深みが出る。

異星人（宇宙人）

地球人

まだ宇宙に出ていない地球人に接触してくるのか、
地球人が銀河に飛び出した時代の物語なのか

異星人

地球人とは大きくかけ
離れた姿を持つ種族
（タコ型など）

価値観や生態が
まったく異質な種族
（個の概念がないなど）

そもそも生物としての
根本が違う種族
（鉱物由来種族など）

地球人とそっくりであったり、
微妙に違ったりする種族

価値観のギャップやそれぞれの特質、保有する技術の違いを物語に活かしていくのはもちろんのこと、何かＳＦならではの面白さが欲しいところだ

彼らはどんな星で誕生・発展し、
その環境からどんな影響を受けたのだろうか？

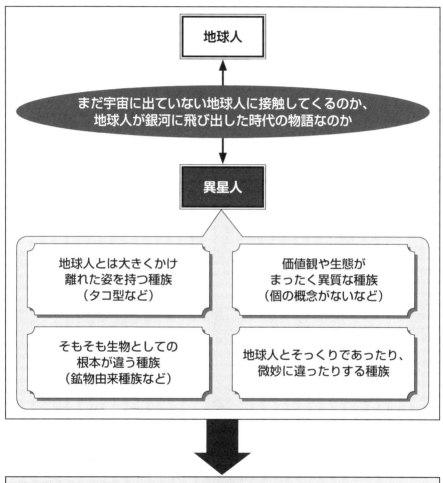

113 特殊な血筋

その「血」に秘められた物語、そして運命とは

特別な血筋、特別な人間

「血」を特別視する価値観は古今東西問わず広く見られるものだ。ここでいう血というのは人間の体内を流れる血液ではなく、**血筋――先祖代々の継承によって構成される家系**のことにほかならない。優れた人間の子だから優れているに違いない、そしてその孫も……というのは現代の価値観からすると、少しプリミティブに過ぎるが、一方で根強く残る考え方でもある。

しかもそれがただの血筋ではなく、**何か特殊なもの**――祖先が神である、世代を重ねる中で魔物の血が混じったなど――であるならなおさらだ。これが現代ファンタジーやSFになると、さらに遺伝子という概念も導入され、「特殊な遺伝子を継承する家系」がしばしば物語の中で登場し、大きな役目を担うことになる。「特別な血筋」はキャラクターに特別性を与えるには最もポピュラーな手法の一つなのだ。

血は人を幸福にするか、それとも……

特別な血筋を背負うキャラクターは、**「自分の生まれをどう思うか」**という問題と向き合わざるを得ない。あるキャラクターはそのことをプラスに捉え、**「だから自分は普通の人間より上なんだ」**と考えるようになる。これは責任感や良い意味での誇り高さにつながることもあれば、他者に対する優越感や蔑視に転じることもある。

一方、別のキャラクターは血筋をマイナスに捉え、**「自分は呪われている、普通の人間に生まれたかった」**と考えてしまうわけだ。そこから「だからせめて少しでも善いことを」と考える可能性もあれば、「今さら善いことなんてしてもしょうがない」と悪事に走る可能性もある。また、血筋・家系という性質上、彼らは集団・徒党を組みやすく、そこからまた物語を作ることもできる。

特殊な血筋

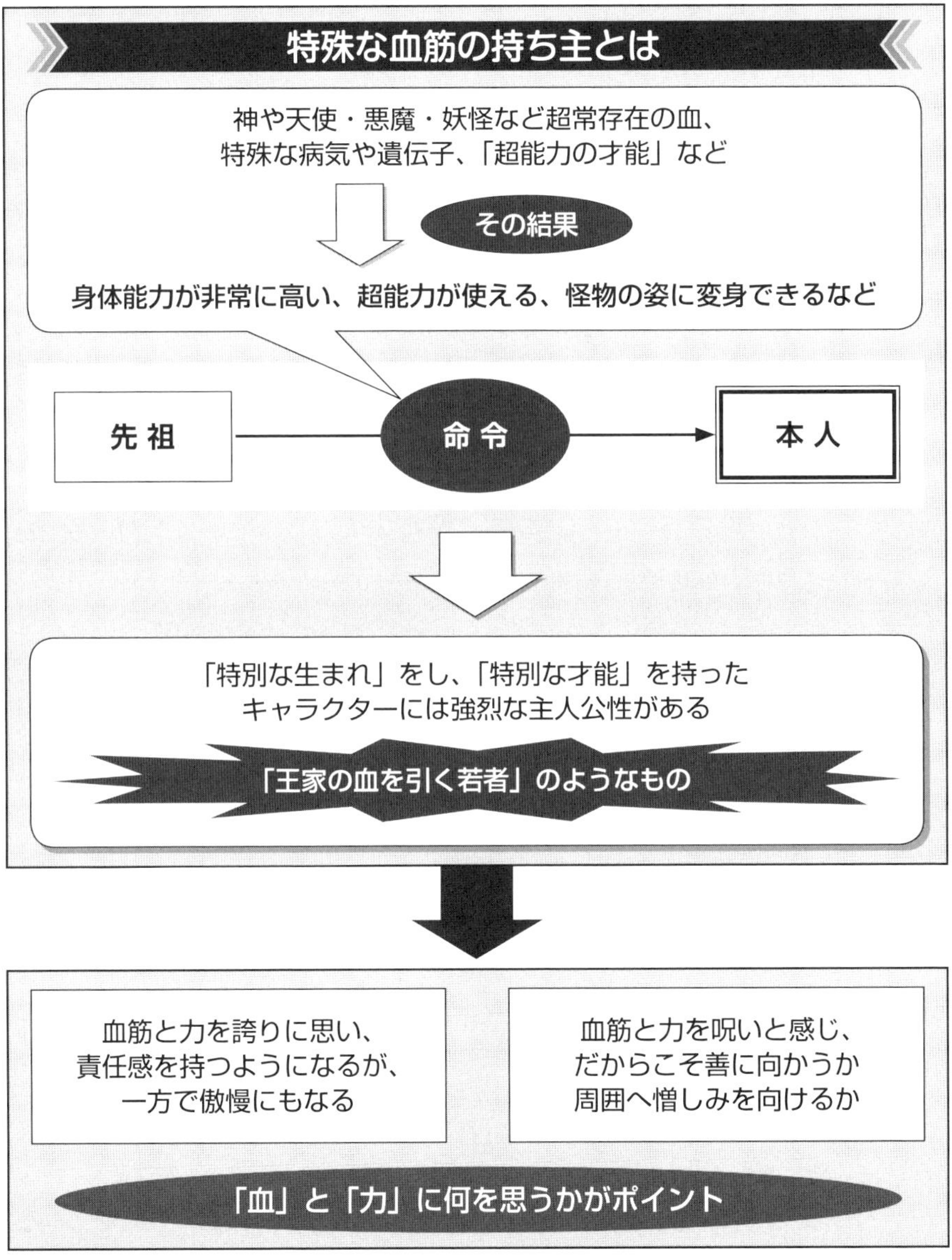
特殊な血筋の持ち主とは
神や天使・悪魔・妖怪など超常存在の血、
特殊な病気や遺伝子、「超能力の才能」など
その結果
身体能力が非常に高い、超能力が使える、怪物の姿に変身できるなど
先祖
命令
本人
「特別な生まれ」をし、「特別な才能」を持った
キャラクターには強烈な主人公性がある
「王家の血を引く若者」のようなもの
血筋と力を誇りに思い、
責任感を持つようになるが、
一方で傲慢にもなる
血筋と力を呪いと感じ、
だからこそ善に向かうか
周囲へ憎しみを向けるか
「血」と「力」に何を思うかがポイント

114

ロボット

人が作った自立する機械の思いは？

人間とロボットの関係

ロボットとは**自動で動く機械全般**のことだが、物語の中にキャラクターとして登場する場合、多くは人型をしている。特にSFものでは兵器や乗り物の一種として大型ロボットが登場することも珍しくない。

現実に存在するロボットはまだぎこちなくしか動けず、その頭脳である人工知能（左ページ参照）も人間と対話できるようなレベルではない。しかし、人間とそっくりになったロボットは**社会においてどんな風に扱われるだろうか**。自然に生まれていない「だけ」の人間として扱われるのか、道具や兵器として酷使され続けるのか。あるいは、自我を得たロボットたちは不完全な存在である人間を排除して自分たちの王国を築こうとするのか――。人類を脅かしたロボット軍団を壊滅させたら、ただ人間の命を守っていただけだったというのは、いかにもロボットらしい悲劇の物語だ。

ロボット

ロボット

広い意味では、自動で動く機械全般のことを指す

↓

物語に登場するのは「人型」ロボットが多い

ロボットと人間の関係は……

- ●人間とロボットが平等に共存する
- ●ロボットは人間の奴隷に過ぎない!?
- ●ロボットが人間を駆逐する世界
- ●ロボットはあくまで人間の命令を守り……

など

115 人工知能

それは人間と似たプログラム

作られたものだからこそ……

ＡＩ（アーティフィシャル・インテリジェンス）ともいうが、つまり**「人間と同じように振る舞うプログラム」**のことだ。自我のあるロボットにも、その「心」として高度な人工知能が搭載されているはず。他にも、乗り物や道具類のコンピュータに搭載されて人間をアシストしたり、あるいはネットの世界を飛び回ってハッカーのように振る舞う人工知能というのがいるかもしれない。本来は人間によってプログラムとして作られるものだが、高度に発達したネット世界においては自然発生するある種ファンタジックな存在が生まれるというのもありそうだ。

人間の手によって作られた人工知能は、それがどれだけ本人の意思によるものに見えても、究極的にはプログラムされた通りのものでしかない可能性がある。そこから悲劇が起きることもあるだろう。

人工知能

人工知能

人間のように振る舞うプログラム、機械の「心」

- 基本的には人間によって作られた存在
- 高度に発展したネット世界の中で自然発生も……？

↓

- ●人型ロボットの「頭脳」
- ●アイテムに宿ってパートナーをサポート
- ●ネット世界を駆け巡るハッカー的存在
- ●自分を人間だと思い込んだ人工知能も？

116 サイボーグ

機械の力を得る代償は人間性の喪失

半機械の超人

人型ロボットが「**機械で作った人**」であったのに対し、サイボーグは「**人と機械の融合**」である。目や腕など失った体の一部を機械で補ったり、あるいは生身を超える力を得るためにあえて健康な肉体に機械を埋め込むことで、サイボーグが誕生する。

サイボーグには何ができるだろうか。人間を超えるパワーやスピード、また神経を強化することによって得られるすさまじい反射神経。頭脳をコンピュータと結び付け（電脳化）、ネットに直接アクセスするなどの機能を得る「人間コンピュータ」化。内臓を強化することによって薬物や毒物を無効化したり、逆に体内で薬物を作り出すことによる身体強化。単純に武器や兵器を体に埋め込む。究極的には頭脳やデータ化した魂だけが「本人」で、複数の「体」を自在に入れ替えるサイボーグさえあり得るかもしれない。

生身を失えば人間らしさも失うのか

フィクションに登場するサイボーグたちにつきまとう大問題、それが「**人間性の喪失**」だ。生身を機械に置き換えることは便利である反面、五感で得られる感覚が味気ないものに変わったり、身体を大事にしなくなったり（いくらでも取り替えられるものをなぜ大事にする?）、とサイボーグが人間らしさを失っていくことにもつながる。魂や魔法などファンタジックな要素を含む世界においては、「**体に機械を入れることは魂の穢《けが》れにつながる**」と考えることもあるだろう。

超人的な力を得るためにサイボーグになり、機械の割合を上げることは、ついには人間をやめて完全な機械になってしまうことにさえつながる。**脳さえコンピュータ化したサイボーグと人型ロボットを分ける境界線はあるのだろうか?**　サイボーグを扱うならそうした人間性の問題に踏み込んでいきたいところだ。

サイボーグ

サイボーグとは

体の一部あるいは全部を機械に置き換えた結果、
超人的な能力を手に入れた「半機械人間」

機械が人間に与える能力

- 筋肉を機械に置き換え、人間を超えるパワーやスピードを得る
- 神経を機械化・強化した結果のすさまじい反射神経
- 頭脳をコンピュータと結び付け（電脳化）、
  ネットに直接アクセスする「人間コンピュータ」化
- 機械の内臓による薬物や毒物の無効化
- 体内で薬物を作り出すことによる身体強化
- 武器や兵器の埋め込み（指先が拳銃！）
- 複数の「体」を自在に操り、入れ替える

など

生身 → サイボーグ ← 機械

機械が人間に与える影響

生身を機械に置き換える割合が上がれば上がるほど、人間の精神にまで影響を与えることがある

↓

人間本来の感覚や価値観を失うことに！

それは「魂の穢れ」なのかもしれない

⑪⑦ 神

あまりにも多様な神々の世界

神の性質はさまざま

絶大な力を持って人々にあがめられる存在。それが神だ。その性質は人によって、いや神によってさまざま。ある神は慈悲深く人を救い、別の神は災害によって人を脅かす。一柱《ひとはしら》の神がその両面の顔を持っていることも珍しくない。雷や風、大地など自然を象徴する神もいれば、正義や愛など概念を司る神もいる。生まれつきの神、人間が昇華された神、もとは魔物だった神、別の神話から取り込まれた神など、出自も多様だ。大まかには古代の人々が感じた自然への畏敬が神に現れることが多いようだ。

日本でいう「八百万《やおよろず》の神」のように、万物に神が宿るという考え方もあれば、「唯一絶対の神が存在するだけ」という宗教もある。後者のような一神教においては、そもそも神は固有名詞を持たない。ほかに神がいないからだ。

神のあり方もさまざま

物語の中の神はどんな存在だろうか。たとえば、**一神教の神は多くが厳格で絶対的な存在**であり、そもそも人間と軽々しく接触したりしないことが多い。実質的な下級神である天使のような存在が神と人との仲立ちをするのが普通だ。

一方、**多神教の神はしばしば非常に人間臭い存在**であり、感情を爆発させて失敗したり、人と恋に落ちたり、ということもしばしばある。中には人間たちに交じって暮らしているような神だっているだろう。

あるいは**「神と名乗っているが実は違う」ケース**もあり得る。神を名乗るペテン師なのか、自分が神と心から信じる狂人か。力のある怪物や精霊、魔法使いが神を名乗るのか。絶大なテクノロジーを備えた未来人や異星人、古代の進んだ科学の産物などが、現地の人々からは神に見えたというのも面白い。

神

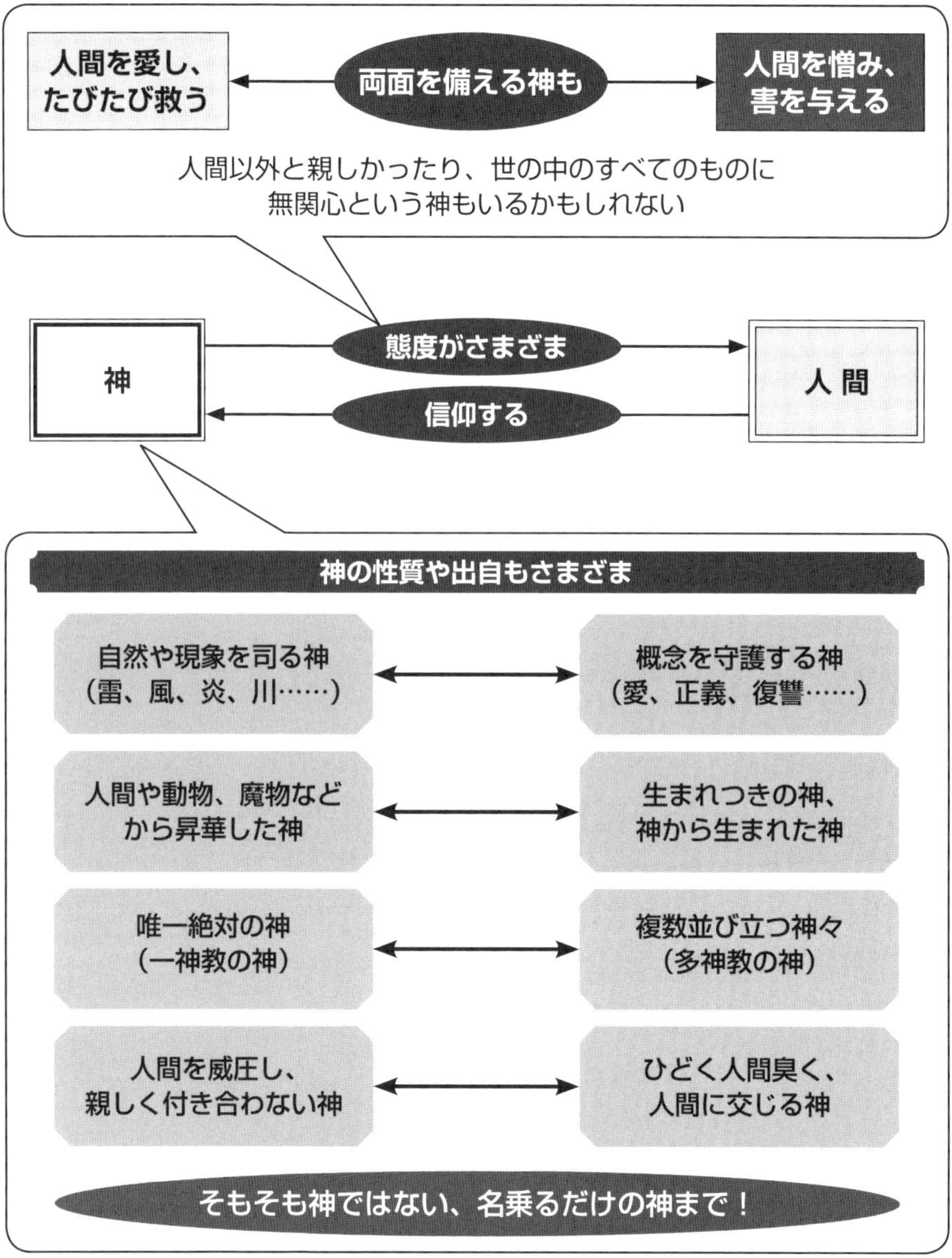
人間を愛し、
たびたび救う
両面を備える神も
人間を憎み、
害を与える
人間以外と親しかったり、世の中のすべてのものに
無関心という神もいるかもしれない
神
態度がさまざま
信仰する
人 間
神の性質や出自もさまざま
自然や現象を司る神
（雷、風、炎、川……）
概念を守護する神
（愛、正義、復讐……）
人間や動物、魔物など
から昇華した神
生まれつきの神、
神から生まれた神
唯一絶対の神
（一神教の神）
複数並び立つ神々
（多神教の神）
人間を威圧し、
親しく付き合わない神
ひどく人間臭く、
人間に交じる神
そもそも神ではない、名乗るだけの神まで！

さて、キャラクター百十七パターンを紹介し終えたわけだが、いかがだっただろうか。旧版の時から十七パターン増やした増補改訂版となってなお、残念ながら完ぺきとは言えない。あのパターンがない、このパターンは自分の認識と違う、もっと紹介するべき要素があった——いろいろな意見はあることだろう。しかし、あえて言わせていただきたい。「それはそれでいいのだ」と。

エンターテインメント作品の多くはフィクション、つまり架空の絵空事だ。すなわち、その中で登場するキャラクターの職業や性格などは事実をベースにしつつもしばしば脚色され、事実とは異なる形を取ることが多い。

もちろん、守らないといけないこともある。たとえば、弁護士など資格試験に合格しないとなれない職業にそれなしで就くには合法的な理由（ごく一部だが、司法試験を経なくても弁護士や検事になれる例はある）が必要だ。それは現実の法令に則ってもいいし、まったくの架空でも作品の中で合理的な説明がされていて、現実具体性が担保されていればいい。

たとえば、実際にはすでに廃止されている過去の条件がその物語の中では持続していることにするとか、あるいはまったく新しく、しかしあってもおかしくないような条件を作るなどだ。

こうしたこともあり、現実の職業、歴史上に実在する職業を描く場合はきちんとそのルールや倫理を学んでおくことが必要になる。

その職業の人間がやらないことはミステリーのキーになるし、あまりに荒唐無稽だと読者が冷めてしまうからだ。本書で紹介できたのは各職業やパターンの基本的な要素だけなので、ぜひ自分でも調べて知識を深めていただきたい。ぺりかん社の『なるにはＢｏｏｋｓ』シリーズや、村上龍『新13歳のハローワーク』（幻冬舎）などが参考になるだろう。史実上の職業ならグレゴリウス山田『中世実在職業解説本13世紀のハローワーク』（一迅社）もおすすめだ。

おわりに

本書と姉妹編と合わせて、ストーリーのもの、キャラクターのもの、またジャンルも色々取り交ぜて二百以上のパターンを紹介した。皆様にはぜひこの二冊を使って、魅力的でオリジナリティあふれる作品を作ってほしいと思う。

しかし、やはりパターンは素材に過ぎない。料理の味は素材で決まるとは言うものの、その味を生かすも殺すも料理人次第であることを忘れてはならない。これをどう活かすかが大事で、本書や姉妹編でも創作法についてはある程度紹介したものの限界がある。そこで、可能であれば著者の別の本についても参照いただければ幸いである。著者及び榎本事務所は皆さんの役に立つ本を数多く刊行し続けてきた。それらが必須とは言わないが、あると大いに勉強になることだろう。たとえば、『絶対誰も読まないと思う小説を書いている人はネットノベルの世界で勇者になれる。ネット小説創作入門』（秀和システム）はネット小説にフィーチャーしつつ「興味のあるところから物語を作っていこう」というコンセプトで書いていて、キャラクターも重視しているので、本書と一緒に役立ててほしいところだ。

もちろん他にもさまざまな本を出させていただいてきたので、株式会社榎本事務所のウェブサイト（http://enomoto-office.com/）などを参照していただければ幸いである。

榎本秋

○追記

私を含む榎本事務所のメンバーが東京・大阪・名古屋・仙台と各所の専門学校やカルチャースクールなどでさまざまな形や日程での講義を行っている。加えて、近年は図書館などでの講義もたびたび行わせていただけるようになった。これについても、ご興味のある方は榎本事務所のホームページにアクセスしていただきたい。

主要参考資料

◉『**日本大百科全書（ニッポニカ）**』小学館

◉村上龍『**新13歳のハローワーク**』幻冬舎

◉『**日本大百科全書**』小学館

◉『**日本国語大辞典**』小学館

◉『**デジタル大辞泉**』小学館

◉山北篤『**ゲームシナリオのためのファンタジー事典　知っておきたい歴史・文化・お約束110**』ソフトバンククリエイティブ

◉森瀬繚監修、クロノスケープ著『**ゲームシナリオのためのSF事典　知っておきたい科学技術・宇宙・お約束110**』ソフトバンククリエイティブ

◉小林裕也『**うちのファンタジー世界の考察**』新紀元社

◉小林裕也『**うちのファンタジー世界の考察＋**』新紀元社

◉田中天、F.E.A.R.著『**Truth In Fantasy53　コスチューム**』新紀元社

◉『**地域からの世界史　世界史を読む事典**』朝日新聞社

増補改訂版
物語づくりのための黄金パターン117
キャラクター編

2019年2月20日　第1刷発行
2022年4月20日　第2刷発行

編著者	榎本秋
著者	榎本海月・榎本事務所
発行者	道家佳織
編集・発行	株式会社DBジャパン 〒151-0053 東京都渋谷区代々木2-23-1 ニューステイトメナー865
電話	03-6304-2431
ファックス	03-6369-3686
e-mail	books@db-japan.co.jp
装丁・DTP	菅沼由香里（榎本事務所）
印刷・製本	大日本法令印刷株式会社
編集協力	鳥居彩音（榎本事務所）

ISBN978-4-86140-046-9
Printed in Japan 2019

※本書は2012年2月15日に株式会社アスペクトより刊行された『図解でわかる！ エンタメ小説を書きたい人のための黄金パターン100 キャラクター編』を底本に、大幅な増補・改定を行なったものです。

刊行書籍一覧

アイディア探しの大定番！
黄金パターン シリーズ

『物語づくりのための黄金パターン69 組織・集団・舞台編』

ストーリーの展開、キャラクターの行動、シーンの描写。それぞれに大きな影響を与えるのが「登場人物はどんな組織や集団に所属しているのか」「そこはどんな場所なのか」だ。そこで物語に登場しそうな組織、集団、舞台について、事典的に活用できるようにまとめた。

好評につき重版！

『増補改訂版 物語づくりのための黄金パターン117』

小説、漫画、アニメなどエンタメ作品で見受けられるパターンを整理し、読み物としても、また事典としても使える一冊。本書を読めば、オリジナリティを発揮するためにはまず土台になるパターンがあってこそ、ということがわかっていただけるはずだ。

その他の創作支援書！

『書きたいと思った日から始める！10代から目指すライトノベル作家』

『この一冊がプロへの道を開く！エンタメ小説の書き方』

『100のあらすじでわかるストーリー構成術』

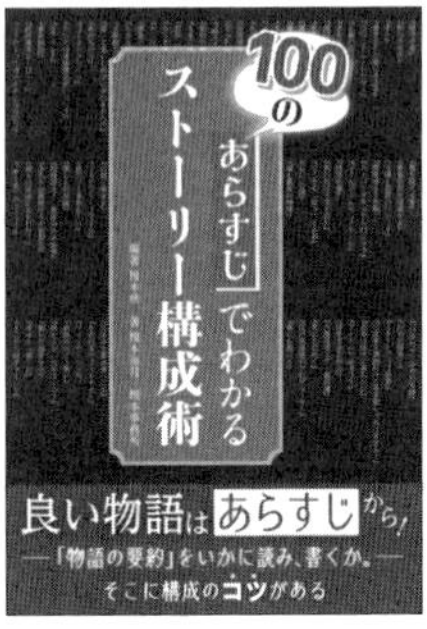

『文学で「学ぶ／身につく／力がつく」創作メソッド』

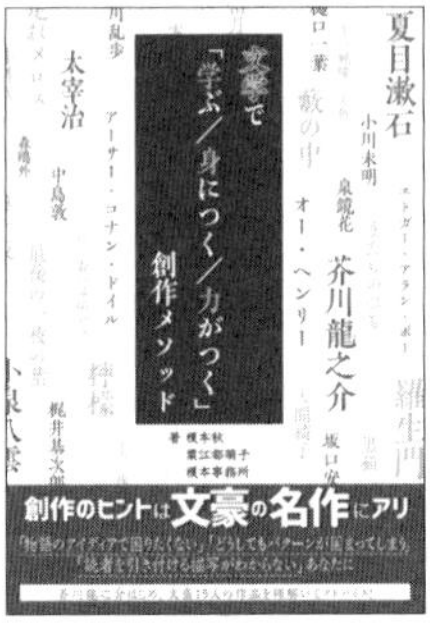

『エンタメ小説を書きたい人のための正しい日本語』

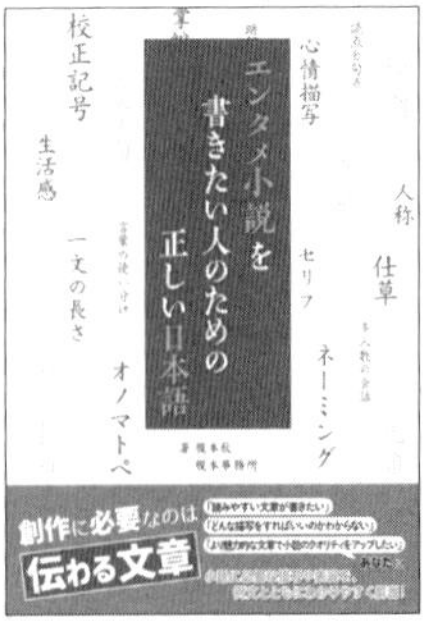